BIBLIOTECA
MARIO VARGAS LLOSA

Alfaguara es un sello editorial del Grupo Santillana
www.alfaguara.com

Argentina
Av. Leandro N. Alem, 720
C 1001 AAP Buenos Aires
Tel. (54 114) 119 50 00
Fax (54 114) 912 74 40

Bolivia
Avda. Arce, 2333
La Paz
Tel. (591 2) 44 11 22
Fax (591 2) 44 22 08

Chile
Dr. Aníbal Ariztía, 1444
Providencia
Santiago de Chile
Tel. (56 2) 384 30 00
Fax (56 2) 384 30 60

Colombia
Calle 80, 10-23
Bogotá
Tel. (57 1) 635 12 00
Fax (57 1) 236 93 82

Costa Rica
La Uruca
Del Edificio de Aviación Civil 200 m al Oeste
San José de Costa Rica
Tel. (506) 220 42 42 y 220 47 70
Fax (506) 220 13 20

Ecuador
Avda. Eloy Alfaro, 33-3470 y Avda. 6 de Diciembre
Quito
Tel. (593 2) 244 66 56 y 244 21 54
Fax (593 2) 244 87 91

El Salvador
Siemens, 51
Zona Industrial Santa Elena
Antiguo Cuscatlan - La Libertad
Tel. (503) 2 505 89 y 2 289 89 20
Fax (503) 2 278 60 66

España
Torrelaguna, 60
28043 Madrid
Tel. (34 91) 744 90 60
Fax (34 91) 744 92 24

Estados Unidos
2105 N.W. 86th Avenue
Doral, F.L. 33122
Tel. (1 305) 591 95 22 y 591 22 32
Fax (1 305) 591 91 45

Guatemala
7ª Avda. 11-11
Zona 9
Guatemala C.A.
Tel. (502) 24 29 43 00
Fax (502) 24 29 43 43

Honduras
Colonia Tepeyac Contigua a Banco Cuscatlan
Boulevard Juan Pablo, frente al Templo
Adventista 7º Día, Casa 1626
Tegucigalpa
Tel. (504) 239 98 84

México
Avda. Universidad, 767
Colonia del Valle
03100 México D.F.
Tel. (52 5) 554 20 75 30
Fax (52 5) 556 01 10 67

Panamá
Avda. Juan Pablo II, nº15. Apartado Postal
863199, zona 7. Urbanización Industrial
La Locería - Ciudad de Panamá
Tel. (507) 260 09 45

Paraguay
Avda. Venezuela, 276,
entre Mariscal López y España
Asunción
Tel/fax (595 21) 213 294 y 214 983

Perú
Avda. Primavera 2160
Santiago de Surco
Lima
Tel. (51 1) 313 4000
Fax. (51 1) 313 4001

Puerto Rico
Avda. Roosevelt, 1506
Guaynabo 00968
Puerto Rico
Tel. (1 787) 781 98 00
Fax (1 787) 782 61 49

República Dominicana
Juan Sánchez Ramírez, 9
Gazcue
Santo Domingo R.D.
Tel. (1809) 682 13 82 y 221 08 70
Fax (1809) 689 10 22

Uruguay
Constitución, 1889
11800 Montevideo
Tel. (598 2) 402 73 42 y 402 72 71
Fax (598 2) 401 51 86

Venezuela
Avda. Rómulo Gallegos
Edificio Zulia, 1º - Sector Monte Cristo
Boleita Norte
Caracas
Tel. (58 212) 235 30 33
Fax (58 212) 239 10 51

MARIO VARGAS LLOSA

Teatro.
Obra reunida

"Entre Amigos"
Deutsch-Spanisch-Lateinamerikanischer e.V.

ALFAGUARA

© Mario Vargas LLosa
   1981, La señorita de Tacna
   1983, Kathie y el hipopótamo
   1986, La Chunga
   1993, El loco de los balcones
   1996, Ojos bonitos, cuadros feos
© Del prólogo: 2001, Mario Vargas Llosa
© De esta edición:
   2006, Santillana Ediciones Generales, S. L.
   Torrelaguna, 60. 28043 Madrid
   Teléfono 91 744 90 60
   Telefax 91 744 92 24
   www.alfaguara.com

ISBN: 84-204-6961-0
Depósito legal: M. 48.840-2005
Impreso en España - Printed in Spain

Diseño de colección:
Pep Carrió y Sonia Sánchez

© Imagen de cubierta:
   Pep Carrió

© Reproducción fotográfica:
   Enrique Cotarelo

Queda prohibida, salvo excepción prevista
en la ley, cualquier forma de reproducción,
distribución, comunicación pública y transformación
de esta obra sin contar con autorización de
los titulares de propiedad intelectual.
La infracción de los derechos mencionados
puede ser constitutiva de delito contra la propiedad
intelectual (arts. 270 y ss. Código Penal).

ÍNDICE

Prólogo 9

La señorita de Tacna 11

Kathie y el hipopótamo 127

La Chunga 253

El loco de los balcones 365

Ojos bonitos, cuadros feos 483

PRÓLOGO

Si en la Lima de los años cincuenta, donde comencé a escribir, hubiera habido un movimiento teatral, es probable que, en vez de novelista, hubiera sido dramaturgo. Porque el teatro fue mi primer amor, desde que, todavía de pantalón corto, vi en el Teatro Segura una representación de *La muerte de un viajante,* de Arthur Miller, por la compañía argentina de Francisco Petrone. Pero, escribir teatro, en la Lima de aquellos años, era peor que llorar: condenarse, o poco menos, a no ver nunca lo que uno escribía, de pie en el escenario, algo todavía más triste y frustrante que, para un poeta o novelista, morir inédito.

Pero, aunque dediqué mi vida a otros géneros, el precoz amor por el teatro nunca se extinguió del todo, y continuó palpitando, allí en la sombra, y dando señales de vida cada cierto número de años, como prueban las piezas de este volumen.

Escribirlas fue siempre un placer, y, también, una lección de modestia y de síntesis, pues, a diferencia del novelista, todopoderoso y libérrimo, el autor de teatro tiene que aceptar su condición de mera pieza en un mecanismo en el que actores, directores, escenógrafos, así como el tiempo y los medios, juegan también un papel principalísimo en el éxito o el fracaso del espectáculo.

Mario Vargas Llosa
Madrid, octubre de 2001

LA SEÑORITA DE TACNA

A Blanca Varela

LAS MENTIRAS VERDADERAS

Aunque, en un sentido, se puede decir que La señorita de Tacna *se ocupa de temas como la vejez, la familia, el orgullo, el destino individual, hay un asunto anterior y constante que envuelve a todos los demás y que ha resultado, creo, la columna vertebral de esta obra: cómo y por qué nacen las historias. No digo cómo y por qué se escriben —aunque Belisario sea un escritor—, pues la literatura sólo es una provincia de ese vasto quehacer —inventar historias— presente en todas las culturas, incluidas aquellas que desconocen la escritura.*

Como para las sociedades, para el individuo es también una actividad primordial, una necesidad de la existencia, una manera de sobrellevar la vida. ¿Por qué necesita el hombre contar y contarse historias? Quizá porque, como la Mamaé, así lucha contra la muerte y los fracasos, adquiere cierta ilusión de permanencia y de desagravio. Es una manera de recuperar, dentro de un sistema que la memoria estructura con ayuda de la fantasía, ese pasado que, cuando era experiencia vivida, tenía el semblante del caos. El cuento, la ficción, gozan de aquello que la vida vivida —en su vertiginosa complejidad e imprevisibilidad— siempre carece: un orden, una coherencia, una perspectiva, un tiempo cerrado que permite determinar la jerarquía de las cosas y de los hechos, el valor de las personas, los efectos y las causas, los vínculos entre las acciones. Para conocer lo que somos, como individuos y como pueblos, no tenemos otro recurso que salir de nosotros mismos y, ayudados por la memoria y la imaginación, proyectarnos en esas «ficciones» que hacen de lo que somos algo paradójicamente seme-

jante y distinto de nosotros. La ficción es el hombre «completo», en su verdad y en su mentira confundidas.

Las historias son rara vez fieles a aquello que aparentan historiar, por lo menos en un sentido cuantitativo: la palabra, dicha o escrita, es una realidad en sí misma que trastoca aquello que supuestamente transmite, y la memoria es tramposa, selectiva, parcial. Sus vacíos, por lo general deliberados, los rellena la imaginación: no hay historias sin elementos añadidos. Éstos no son jamás gratuitos, casuales; se hallan gobernados por esa extraña fuerza que no es la lógica de la razón sino la de la oscura sinrazón. Inventar no es, a menudo, otra cosa que tomarse ciertos desquites contra la vida que nos cuesta vivir, perfeccionándola o envileciéndola de acuerdo a nuestros apetitos o a nuestro rencor; es rehacer la experiencia, rectificar la historia real en la dirección que nuestros deseos frustrados, nuestros sueños rotos, nuestra alegría o nuestra cólera reclaman. En este sentido, ese arte de mentir que es el del cuento es, también, asombrosamente, el de comunicar una recóndita verdad humana. En su indiscernible mezcla de cosas ciertas y fraguadas, de experiencias vividas e imaginarias, el cuento es una de las escasas formas —quizá la única— capaz de expresar esa unidad que es el hombre que vive y el que sueña, el de la realidad y el de los deseos.

«El criterio de la verdad es haberla fabricado», escribió Giambattista Vico, quien sostuvo, en una época de gran beatería científica, que el hombre sólo era capaz de conocer realmente aquello que él mismo producía. Es decir, no la Naturaleza sino la Historia (la otra, aquella con mayúscula). ¿Es cierto eso? No lo sé, pero su definición describe maravillosamente la verdad de las historias con minúscula, la verdad de la literatura. Esta verdad no reside en la semejanza o esclavitud de lo escrito o dicho —de lo inventado— a una realidad distinta, «objetiva», superior, sino en sí misma, en

su condición de cosa creada a partir de las verdades y mentiras que constituyen la ambigua totalidad humana.

Siempre me ha fascinado ese curioso proceso que es el nacimiento de una ficción. Llevo ya bastantes años escribiéndolas y nunca ha dejado de intrigarme y sorprenderme el imprevisible, escurridizo camino que sigue la mente para, escarbando en los recuerdos, apelando a los más secretos deseos, impulsos, pálpitos, «inventar» una historia. Cuando escribía esta pieza de teatro en la que estaba seguro de recrear (con abundantes traiciones) la aventura de un personaje familiar al que estuvo atada mi infancia, no sospechaba que, con ese pretexto, estaba, más bien, tratando de atrapar en una historia aquella —inasible, cambiante, pasajera, eterna— manera de que están hechas las historias.

Washington, marzo de 1980

PERSONAJES

MAMAÉ	Anciana centenaria
ABUELA CARMEN	Su prima. Algo más joven y mejor conservada
ABUELO PEDRO	Su esposo
AGUSTÍN	Hijo mayor, en la cincuentena
CÉSAR	Hijo segundo, algo más joven que su hermano
AMELIA	La hija menor, en sus cuarenta
BELISARIO	Hijo de Amelia
JOAQUÍN	Oficial chileno, joven y apuesto
SEÑORA CARLOTA	Bella y elegante, en sus treinta

DECORADO Y VESTUARIO

Dos decorados comparten el escenario: *la casa de los abuelos,* en la Lima de los años cincuenta, y *el cuarto de trabajo de Belisario,* situado en cualquier parte del mundo, en el año 1980.

La mayor parte de la acción transcurre en la casa de los abuelos. Salita-comedor de un modesto departamento de clase media. Dos puertas, una a la calle y otra al interior de la casa. El mobiliario muestra la estrechez económica, lindante con la miseria, de la familia. Los muebles imprescindibles son el viejo sillón donde la Mamaé ha pasado buena parte de sus últimos años, la sillita de madera que le sirve de bastón, un viejo aparato de radio, la mesa donde tiene lugar la cena familiar del segundo acto. Hay una ventana a la calle, por la que se oye pasar el tranvía.

Este escenario no debería ser realista. Es un decorado recordado por Belisario, un producto de la memoria, donde las cosas y las personas se afantasman, es decir, independizan de sus modelos objetivos. De otro lado, en el transcurso de la acción, este decorado se convierte en otros: una sala en la casa de Tacna donde vivían la abuela y la Mamaé de jóvenes; el comedor de la casa de Arequipa cuando el abuelo era agricultor en Camaná, en la década de los veinte; la casa de Bolivia donde la Mamaé le contaba cuentos a Belisario en los años cuarenta, y el albergue de Camaná donde el abuelo escribe a su mujer la carta que la Mamaé lee a escondidas. El mismo escenario se convierte también en lugares puramente mentales, como es el confesionario del padre Venancio. Conviene, pues, que este decorado tenga una cierta indeterminación que facilite (o, al menos, que no estorbe) esas mudanzas.

El cuarto de trabajo de Belisario es una mesa rústica, llena de papeles, libretas y lápices, y, tal vez, una maquinilla de escribir portátil. Es importante que, por simple que sea, este decorado delate a un hombre cuya vida es escribir, alguien que pasa allí buena parte de su tiempo, y donde, además de escribir, dormir, comer, escarba sus recuerdos, se confiesa a sí mismo y dialoga con sus fantasmas. Belisario puede andar entre los cuarenta o cincuenta años, o ser incluso mayor. Tiene, en todo caso, larga experiencia en el oficio de escribir y lo que ocurre, en el curso de esta historia, debe haberle pasado seguramente cuando escribía las anteriores. A juzgar por sus ropas y aspecto, es un hombre sin recursos, descuidado, de vida desordenada.

Las fronteras entre ambos decorados surgen o desaparecen a voluntad, según las necesidades de la representación.

El vestuario, tal vez, debería ser realista, porque el atuendo de los personajes puede graficar las diferencias temporales entre las escenas. El oficial chileno debe llevar un uniforme de principios de siglo, con botones dorados, correaje y espadín, y la señora Carlota un vestido de época. Los abuelos y la Mamaé deben vestir no sólo con modestia sino ropas que los sitúen en los años cincuenta. En tanto que Belisario, en su traje, peinado, etcétera, debería lucir como una persona de nuestros días.

LA SEÑORITA DE TACNA

Pieza en dos actos

PRIMER ACTO

El escenario está a oscuras. Se oye —desasosegada, angustiada, tumultuosa— la voz de la Mamaé. Se ilumina su cara inmemorial: un haz de arrugas.

MAMAÉ

Los ríos, se salen los ríos... El agua, la espuma, los globitos, la lluvia lo está empapando todo, se vienen las olas, se está chorreando el mundo, la inundación, se pasa el agua, se sale, se escapa. Las cataratas, las burbujas, el diluvio, los globitos, el río... ¡Ayyy!

El escenario se ilumina del todo. La Mamaé está acurrucada en su viejo sillón y hay un pequeño charco a sus pies. Belisario se halla sentado en su mesa de trabajo, escribiendo con furia. Tiene los ojos encandilados y, mientras el lápiz corre por el papel, mueve los labios como si se dictara a sí mismo lo que escribe.

AMELIA

(Entrando.) ¡Caramba, Mamaé, ya te hiciste pipí otra vez en la sala! ¿Por qué no pides, para llevarte al baño? Cuántas veces se te ha dicho. ¿Crees que no me da asco? ¡Ya me tienes harta con esas porquerías! *(Huele.)* Espero que no te hayas hecho también otra cosa.

Hace un gesto de fastidio y la Mamaé le responde con una venia sonriente. Casi en el acto, cae adormecida. Amelia comienza a secar los orines con un trapo. A medida que Amelia hablaba, Belisario se ha ido distrayendo, como si una idea súbita, intrusa, hubiera venido a interferir con lo que estaba escribiendo. Levanta el lápiz del papel, su expresión parece de pronto desalentada. Habla para sí, al principio entre dientes.

BELISARIO

¿Qué vienes a hacer tú en una historia de amor, Mamaé? ¿Qué puede hacer una viejecita que se orinaba y se hacía la caca en los calzones, y a la que había que acostar, vestir, desvestir, limpiar, porque las manos y los pies ya no le obedecían, en una historia de amor, Belisario? *(Bruscamente encolerizado, arroja el lápiz al suelo.)* ¿Vas a escribir una historia de amor, o qué? Voy a escribir o qué. *(Se ríe de sí mismo, se deprime.)* El comienzo es siempre lo peor, lo más difícil, cuando las dudas y la sensación de impotencia son más paralizantes. *(Mira a la Mamaé.)* Cada vez que comienzo, me siento como tú, Mamaé: un viejo de ochenta, de cien años, y mi cabeza es una olla de grillos, como la tuya, cuando eras esa cosa pequeñita, complicada e inútil que daba risa, compasión y algo de susto. *(Se levanta, se acerca a la Mamaé, da vueltas en torno a ella, con el lápiz, que ha recogido del suelo, entre los labios.)* Pero tu memoria aún hervía de vida, ¿no? ¿Ya habías perdido los dientes? Claro. Y tampoco podías usar la dentadura postiza que te regalaron el tío Agustín y el tío César, porque te raspaba las encías. ¿Qué vienes a hacer aquí? ¿Quién te invitó? ¿No te das cuenta que me estorbas? *(Se sonríe y vuelve a su mesa de trabajo, acicateado por una nueva idea.)* Mamaé... Mamaé... ¿Alguna vez alguien le dijo Elvira? No, ni la abuela, ni el abuelo, ni mi mamá, ni mis tíos. *(Se sienta en su mesa de trabajo y comienza a hacer correr el lápiz sobre los papeles, al principio despacio, luego, de manera más fluida.)* La palabra sonaba tan rara a la gente que no era de la familia. ¿Por qué le dicen así? ¿Qué significa, de dónde viene? Pero ellos también terminaban diciéndole Mamaé.

Amelia, que ha terminado de limpiar el suelo, sale. Con las últimas palabras de Belisario entra Joaquín, el oficial chileno. Viste un uniforme de principios de siglo, de colores vivos, con entorchados. Belisario seguirá escribiendo, a lo largo de toda la próxima escena; la mayor parte del tiempo está concentrado en sus papeles, pero, a veces, levanta el lápiz y se lo lleva a la boca y lo mordisquea, mientras inventa o recuerda. A ratos, como distrayéndose, vuelve a mirar a la Mamaé y a Joaquín y se interesa un momento en lo que dicen. Luego, vuelve a sus papeles y escribe o relee con expresiones cambiantes.

JOAQUÍN
(Susurra, como inclinado ante una reja o balcón.) Elvira. Elvira. Elvira...

La Mamaé abre los ojos. Escucha; sonríe con malicia, mira a todos lados azorada. Sus movimientos y su voz son ahora los de una joven.

MAMAÉ

¡Joaquín! Pero, se ha vuelto loco. ¡A estas horas! Lo van a oír mis tíos.

JOAQUÍN

Sé que estás ahí, que me estás oyendo. Asómate un segundo, Elvira. Tengo que decirte algo importante. ¿Sabes qué, no es cierto? Que eres linda, que te quiero, que te deseo. Que cuento las horas que faltan para el domingo.

La Mamaé se incorpora y —alborozada, modosa, reticente— se acerca a la reja o balcón.

MAMAÉ

¡Cómo se te ocurre venir a estas horas, Joaquín! ¿No te ha visto nadie? Vas a arruinar mi reputación. Las paredes de Tacna tienen oídos.

JOAQUÍN

(Devora a besos las manos de la Mamaé.) Ya estaba acostado, amor mío. Pero de pronto sentí como la orden de un general, aquí en el pecho: si te apuras la encontrarás despierta, vuela a su casa. Es cierto, Elvira. Necesitaba verte. Tocarte. *(La Mamaé esquiva las manos ávidas de Joaquín que tratan de cogerle la cintura.)* Si no te veía, esta noche no hubiera pegado los ojos.

MAMAÉ

¿Acaso no hemos estado juntos toda la tarde? Qué lindo paseo dimos por las huertas con mi prima, ¿no?

Cuando te oí, justamente estaba acordándome de los granados, de los peros, de los membrillos, de los duraznos. ¿Y el río no estaba lindo, también? Me gustaría volver a zambullirme en el Caplina, alguna vez, como lo hacía de chiquita.

JOAQUÍN
En el verano, si estamos todavía en Tacna, te llevaré al Caplina sin que nadie nos vea. De noche. Al remanso donde merendamos esta tarde. Nos quitaremos la ropa...

MAMAÉ
¡Cállate, Joaquín, no empieces!

JOAQUÍN
... y nos bañaremos desnudos. Jugaremos en el agua. Te perseguiré y cuando te atrape...

MAMAÉ
¡Por favor, Joaquín! No seas vulgar.

JOAQUÍN
Pero si vamos a casarnos el domingo.

MAMAÉ
Tampoco dejaré que me faltes cuando sea tu mujer.

JOAQUÍN
Eres lo que más respeto en el mundo, Elvira. Mira, te respeto más que a mi uniforme. ¿Sabes lo que significa

el uniforme para un militar, no? Aunque quisiera, no podría faltarte. Te hago enojar a propósito. Porque me gusta que seas así.

MAMAÉ
¿Cómo soy?

JOAQUÍN
Una niñita de mírame y no me toques. Todo te parece malo, todo te da miedo, todo te hace ruborizar.

MAMAÉ
¿No debe ser así una señorita decente?

JOAQUÍN
Claro que sí. No puedes imaginar con qué ansia espero el domingo, Elvira. Tenerte para mí solo, sin chaperonas, saber que dependes de mí para la más pequeña cosa. Cómo voy a divertirme contigo, cuando estemos solos: te sentaré en mis rodillas, haré que me rasguñes en la oscuridad como una gatita. Ah, y esa apuesta te la voy a ganar. Contaré tus cabellos y verás que tienes más de cinco mil.

MAMAÉ
¿Los contarás la noche de bodas?

JOAQUÍN
No, la noche de bodas no. ¿Quieres saber qué haré contigo la noche de bodas?

MAMAÉ

(*Tapándose los oídos.*) ¡No! ¡No quiero! (*Ríen. La Mamaé está enternecida.*) ¿Serás así de cariñoso, después de casarnos? Fíjate lo que me dijo Carmencita, al volver del paseo: «Te has sacado la lotería con Joaquín. Es guapo, de buenos modales, todo un caballerito».

JOAQUÍN

¿Tú también lo piensas? ¿Ya no te importa que sea chileno? ¿Ya te hiciste a la idea de ser una chilena?

MAMAÉ

Eso sí que no. Seguiré peruana hasta que me muera. Y odiando a los abusivos que nos ganaron la guerra.

JOAQUÍN

Va a ser muy gracioso. Quiero decir, cuando seas mi mujer, y estemos en Santiago, en Antofagasta, en la guarnición a la que me destinen. ¿Te vas a pelear todo el día con mis compañeros por la guerra del Pacífico? Si dices esas cosas contra los chilenos, me harás procesar por alta traición.

MAMAÉ

No perjudicaré nunca tu carrera, Joaquín. Lo que pienso de los chilenos me lo guardaré para mí. Y les sonreiré y les haré ojitos a tus compañeros de armas.

JOAQUÍN

Alto ahí, nada de sonrisas ni de ojitos. ¿No sabes que soy celoso como un turco? Y contigo voy a serlo todavía más.

MAMAÉ
Tienes que irte ahora. Si mis tíos te descubren, se enojarían.

JOAQUÍN
Tus tíos, tus tíos. Han sido la pesadilla de nuestro noviazgo.

MAMAÉ
No digas eso, ni en broma. ¡Qué habría sido de mí sin el tío Menelao y la tía Amelia! Me hubieran metido a la casa de los murciélagos de la calle Tarapacá. Al Hospicio, sí.

JOAQUÍN
Sé lo buenos que han sido contigo. Además, me alegro que te hayan criado en una jaula de oro. ¡Pero, en todo un año de noviazgo, casi no te he visto a solas! Sí, ya sé, estás inquieta. Ya me voy.

MAMAÉ
Hasta mañana, Joaquín. ¿En la misa de la catedral, a las ocho, como todos los días?

JOAQUÍN
Sí, como todos los días. Ah, me olvidaba. Aquí tienes el libro que me prestaste. Traté de leer los versos de Federico Barreto, pero me quedé dormido. Léelos tú por mí, acurrucada en tu camita.

MAMAÉ
(*Arrancándose un cabello y ofreciéndoselo.*) Un día te los recitaré al oído y te gustarán. Estoy feliz de casarme contigo, Joaquín.

Joaquín, antes de partir, trata de besarla en la boca, pero ella aparta el rostro y le ofrece la mejilla. La Mamaé regresa hacia su sillón y en el trayecto va recuperando su ancianidad.

MAMAÉ
(*Mirando el libro de versos.*) ¿Qué haría Joaquín si supiera lo del abanico? Lo retaría a duelo, lo mataría. Tienes que romper ese abanico, Elvira, no está bien que lo guardes.

Se acurruca en su sillón y se duerme al instante. Belisario, que ha levantado la vista de sus papeles, parece ahora muy alentado.

BELISARIO
Ésa también es una historia de amor. Sí, Belisario, sí. ¿Cómo fuiste tan tonto, tan ingenuo? ¿Acaso se puede situar una historia de amor en una época en que las niñas hacen el amor antes que la primera comunión y los muchachos prefieren la marihuana a las muchachas? En cambio, esa época y ese lugar son ideales para una historia romántica: Tacna, después de la guerra del Pacífico, con la ciudad todavía ocupada por el Ejército chileno. (*Mira a la Mamaé.*) Eras una patriota convicta y confesa, ¿no? ¿Cuál fue el día más feliz de la vida de la señorita de Tacna, Mamaé?

MAMAÉ
(Abriendo los ojos.) ¡El día que Tacna se reincorporó al Perú, chiquitín!

Se persigna, agradeciendo a Dios tamaña bienaventuranza, y vuelve a adormecerse.

BELISARIO
(Melancólico.) Una historia romántica, de esas que ya no suceden, de esas en las que ya no cree nadie, de esas que tanto te gustaban, compañero. ¿Para qué quieres escribir una historia de amor? ¿Para tener esa miserable compensación, que no compensa nada? ¿Para eso, pasar una vez más por las horcas caudinas, Belisario? ¡Sí, por eso! ¡Maldita aguafiestas, largo de aquí! ¡Abajo la conciencia crítica! ¡Me cago en tu conciencia crítica, Belisario! Sólo sirve para estreñirte, castrarte, frustrarte. ¡Fuera de aquí, conciencia crítica! ¡Fuera, hija de puta, reina de los escritores estreñidos! *(Se levanta, va corriendo donde la Mamaé, le da un beso en la frente, sin despertarla.)* Bienvenida tú, Mamaé. Olvida lo que te dije, perdóname. Sí me sirves, una mujer como tú es justamente lo que necesito. Tú sí eras capaz de vivir una hermosa, conmovedora historia de amor. Tu vida tiene todos los ingredientes, por lo menos para comenzar. *(Va regresando a su mesa de trabajo.)* Muere la madre al nacer ella y el padre poco después, cuando tenía... *(Mira a la Mamaé.)* ... ¿Cuántos años tenías cuando te recogieron mis bisabuelos, Mamaé? ¿Cinco, seis? ¿Ya había nacido la abuelita Carmen? *(Se ha sentado en su mesa de trabajo, tiene el lápiz entre las manos; habla despacio, tratando de encontrar ciertas palabras para ponerse a escri-*

bir.) La familia era entonces muy próspera, podía recoger niñas desamparadas. Hacendados, por supuesto.

MAMAÉ
(Abre los ojos y se dirige a un invisible niño, que estaría sentado a sus pies.) Tu bisabuelo Menelao era un caballero de bastón con puño de plata y reloj con leontina. No soportaba la suciedad. Lo primero que hacía al entrar de visita a una casa era pasar el dedo por los muebles, para descubrir el polvo. Sólo tomaba el agua y el vino en copas de cristal de roca. «La copa da la mitad del gusto a la bebida», le oíamos decir. Una noche, salía a un baile con la tía Amelia, vestido de etiqueta, y nos vio a tu abuelita Carmen y a mí comiendo una mermelada de membrillo. «Convídenme un bocadito, muchachas.» Al probarla, le cayó una gota en el frac. Se quedó mirando la mancha. Luego, sin dar un grito, sin decir una palabra, se volcó encima la fuente de mermelada y se embadurnó la pechera, la levita, el pantalón. Tu bisabuela decía: «Para Menelao la limpieza es una enfermedad».

Sonríe, se adormece de nuevo. Durante el monólogo de la Mamaé, Belisario ha garabateado a veces, a ratos reflexionado y, a ratos, escuchado a la Mamaé.

BELISARIO
(Escribiendo.) Tu bisabuelo Menelao debió ser encantador, Belisario. Sí, un hijo de puta encantador. Te sirve, te sirve. *(Mira al cielo.)* Me sirves, me sirves. Tú y la bisabuela Amelia adoraban a la Mamaé y la criaron como a una hija, sin hacer diferencias con la abuelita Carmen,

y cuando se iba a casar con ese oficial chileno le encargaron el vestido de novia y el ajuar a Europa. ¿A París? ¿A Madrid? ¿A Londres? ¿Adónde te encargaron el vestido de novia, Mamaé? ¿Adónde era la moda encargarlo? *(Escribe, frenético.)* Me gusta, Belisario, te quiero, Belisario, te doy un beso en la frente, Belisario. *(Se distrae.)* ¡Qué rica era la familia entonces! ¡Cómo fue decayendo y mediocrizándose hasta llegar a ti! Qué recatafila de desgracias. *(Mira al cielo.)* ¿Quién te mandó casarte con un capitán de infantería, mamá? Pero tu mala suerte no me apena nada, papá. Hay que ser muy tonto para jugar a la ruleta rusa estando recién casado, papá. ¡Hay que ser muy bruto para matarse jugando a la ruleta rusa, papá! ¡Hay que ser muy idiota para no volverse a casar cuando una se queda viuda tan joven, mamá! ¿Por qué te hiciste tantas ilusiones conmigo? ¿Por qué se les metió en la cabeza a ti, a mis abuelos, a mis tíos, que ganando pleitos en los tribunales Belisario devolvería a la familia la fortuna y el lustre?

> *Su voz queda apagada por el radioteatro que está tratando de escuchar la abuela, sentada en la salita, con la cabeza pegada al aparato de radio en el que un locutor anuncia el final del episodio del día, de una radionovela de Pedro Camacho. Se escucha el ruido del tranvía. La Mamaé abre los ojos, excitada. Belisario las observa, desde su mesa de trabajo.*

MAMAÉ

¡Carmen! ¡Carmen! ¡Ahí llega! ¡Ven, acércate a la ventana! ¡El ferrocarril de Arica!

ABUELA

(*Deja de oír la radio y mira a la Mamaé entre apenada y divertida.*) La verdad es que te envidio, Mamaé. Has encontrado el remedio perfecto para no ver la ruina que nos rodea. A mí también me gustaría volver a mi juventud, aunque fuera en sueños.

MAMAÉ

¡Ayyy! Me arrancaría los ojos. Ya no sirven ni para adivinar las cosas. ¿Lo ves? ¿Es el ferrocarril de Arica? ¿O el autocarril de Locumba?

ABUELA

Ninguno de los dos. Es el tranvía a Chorrillos. Y no estamos en Tacna sino en Lima. Y ya no tienes quince años sino noventa, o por ahí. Te has vuelto una viejecita chocha, Elvira.

MAMAÉ

¿Te acuerdas del baile de disfraces?

ABUELA

¿Cuál de ellos? Fui a muchos bailes de disfraces de joven.

MAMAÉ

En el Orfeón. Ese al que se metió el mandingo.

Comienza a oírse el ruido alegre de una fiesta, compases de baile. Poco a poco se hace presente la música de un vals antiguo.

ABUELA

Ah, ése. Claro que me acuerdo. En ese baile conocí a Pedro; había ido de Arequipa a pasar los carnavales a Tacna, con unos amigos. Quién me iba a decir que me casaría con él. Sí, claro. ¿Fue ése el baile en el que Federico Barreto te escribió un verso en el abanico? No, ése fue otro, un 28 de julio, en la Sociedad de Damas Patriotas. El negro, de veras... ¿Estaba bailando contigo cuando lo descubrieron, no es verdad?

Belisario se pone de pie. Va hasta donde la Mamaé y, haciendo una reverencia finisecular, la saca a bailar. Ella acepta, joven, graciosa, coqueta. Bailan.

MAMAÉ

¿Es usted chileno, mascarita? ¿Peruano? ¿De Tacna, mascarita? ¿Militar, tal vez? ¡Ya sé, adiviné! ¡Es usted médico! ¿Abogado, a lo mejor? Dígame cualquier cosa, hágame una adivinanza y verá que lo identifico, mascarita.

Belisario no dice nada. Se limita a negar con la cabeza y a reír de rato en rato, con una risita nerviosa.

ABUELA

(A la Mamaé, como si ésta siguiera en el sillón.) ¿Y por el olor no te diste cuenta? Pero el bandido se habría echado perfume, claro.

La pareja baila con destreza y felicidad. Pero, en una de las vueltas, el invisible dominó que lleva Belisario se engancha en algún objeto y su brazo queda desnu-

do. La Mamaé se zafa de sus brazos, espantada. Belisario, con una expresión de contento, corre a su mesa y se pone a escribir.

MAMAÉ

(Petrificada de espanto.) ¡Un negro! ¡Un negro! ¡La mascarita era un negro! ¡Ayyy! ¡Ayyy! ¡Ayyy!

ABUELA

No des esos gritos, Elvira. Me parece estar oyendo tu alarido, esa noche. La orquesta dejó de tocar, la gente de bailar, los que estaban en los palcos se levantaron. ¡Qué laberinto se armó en el Orfeón! Tuvieron que llevarte a la casa, con ataque de nervios. Por el bendito negro se nos acabó la fiesta.

MAMAÉ

(Espantada.) ¡Carmen! ¡Carmencita! Mira, ahí, junto a la fuente de bronce de la plaza. ¿Qué le están haciendo? ¿Le están pegando?

ABUELA

Es cierto. Los caballeros lo sacaron a la calle y le dieron de bastonazos. Junto a la fuente de bronce, sí. ¡Qué memoria, Elvira!

MAMAÉ

¡Ya no le peguen más! ¡Está lleno de sangre! ¡No me hizo nada, ni siquiera me habló! ¡Tía Amelia, a ti te harán caso! ¡Tío Menelao, que ya no le peguen! *(Reponiéndose.)* ¿Crees que lo han matado, Carmencita?

ABUELA

No, sólo le dieron una paliza por su atrevimiento. Después, lo mandaron a la cárcel de los chilenos. ¿Qué audacia, no? Disfrazarse y meterse al baile del Orfeón. Nos quedamos tan impresionadas. Teníamos pesadillas, creíamos que cualquier noche se nos entraría por la ventana. Semanas, meses, sólo hablamos del negro de La Mar.

BELISARIO

(Excitadísimo, da un golpe en la mesa, deja de escribir un momento para besar la mano y el lápiz con los que está escribiendo.) ¡El negro de La Mar! ¡Toma cuerpo, se mueve, camina!

MAMAÉ

No es de La Mar. Es uno de los esclavos de la hacienda de Moquegua.

ABUELA

Qué tontería, hija. En esa época ya no había esclavos en el Perú.

MAMAÉ

Desde luego que había. Mi papá tenía tres.

BELISARIO

(Interrumpiendo un instante su trabajo.) ¡Los mandingos!

MAMAÉ

Me pasaban de una orilla a otra del Caplina en sillita de reina.

BELISARIO
(*Escribiendo.*) Dormían en el establo, amarrados de los tobillos para que no se escaparan.

MAMAÉ
No le vi la cara, pero algo había en sus movimientos, en sus ojos, que lo reconocí. Estoy convencida, era uno de ésos. Un mandingo cimarrón...

Se abre la puerta de calle y entra el abuelo. Viene acezando, con los cabellos revueltos y la ropa desarreglada. Viste pobremente. Al verlo, la Mamaé le hace una venia cortesana, como si saludara a un desconocido ilustre, y vuelve a recluirse en su mundo imaginario. Entra Amelia.

AMELIA
(*Se nota que ha estado cocinando.*) Pero, papá... ¿Qué ha pasado?

ABUELA
(*Poniéndose de pie.*) ¿Y tu sombrero, Pedro? ¿Y el bastón?

ABUELO
Me los robaron.

ABUELA
Dios mío, cómo ha sido.

Amelia y la abuela llevan al abuelo hasta el sillón y lo hacen sentarse.

ABUELO

Al bajar del tranvía. Un bribón de esos que andan sueltos por las calles de Lima. Me tiró al suelo. Me arrancó también el... *(buscando la palabra)* el aparato.

ABUELA

¿El reloj? ¡Ay, Pedro, te robaron tu reloj!

AMELIA

¿Ves que tenemos razón, papá? No salgas solo, no tomes ómnibus, no subas al tranvía. ¿Por qué no haces caso? Estoy ronca de tanto decirte que no salgas a la calle.

ABUELA

Además, no eres una persona sana. ¿Y si vuelves a tener el blanco en la cabeza? No sé cómo no escarmientas, después de semejante susto. ¿Ya no te acuerdas? Diste vueltas, horas de horas, sin encontrar la casa.

ABUELO

No voy a pasarme la vida encerrado aquí, esperando que me entierren, hijita. No voy a dejar que este país acabe conmigo así nomás...

ABUELA

¿Te hiciste daño? ¿Dónde te golpeaste?

ABUELO
Porque en ninguna parte se desperdicia como en el Perú a la gente que quiere trabajar. Aquí es delito ser viejo. En los países cultos es al revés. En Alemania, en Inglaterra. A los hombres de edad se les llama, se aprovecha su experiencia. Aquí, a la basura. No me conformo porque sé que rendiría mejor que un joven en cualquier trabajo.

BELISARIO
(Dejando de escribir, dejándose ganar por un recuerdo.) Siempre con lo mismo, dale que dale como un cutipiojo. Eso no se te olvidaba nunca, abuelo.

Trata de volver a escribir, pero, después de garabatear algunas líneas, se distrae y, progresivamente, se interesa en lo que pasa en casa de los abuelos.

AMELIA
Con desesperarte así no vas a resolver nada, sólo malograrte los nervios.

ABUELA
Tienes la cabeza débil, marido, entiéndelo. El médico te ha advertido que si no tomas las cosas con calma, te repetirá el ataque.

ABUELO
Mi cabeza anda muy bien ahora. Les juro que sí, no he vuelto a tener el menor mareo. *(Hace un gesto de pesar.)*

El sombrero y el... el aparato no me importan. El reloj, sí. Lo tenía más de quince años y no se había malogrado nunca. En fin, cambiemos de tema. ¿Oyeron el radioteatro de las ocho?

ABUELA

Lo oí yo, Amelia se lo perdió por estar planchando la ropa del futuro abogado. Figúrate que sor Fátima colgó los hábitos para casarse con el compositor...

AMELIA

Ah, mira, tienes una herida en la muñeca.

ABUELA

Atacar a un viejo, qué cobarde.

ABUELO

Me cogió desprevenido, por la espalda. De frente, hubiera sido distinto. Seré viejo, pero tengo dignidad y puedo defenderme. *(Sonríe.)* Siempre fui bueno peleando. En los jesuitas, en Arequipa, me decían Chispillas, porque, a la primera provocación, retaba a cualquiera. Y nadie me pisaba el poncho.

MAMAÉ

(Volviéndose hacia ellos, alarmada.) ¿Qué dices, Pedro? ¿Retar a Federico Barreto por haberme escrito ese verso? No lo hagas, no seas fosforito. Fue una galantería sin mala intención. No te expongas, dicen que es un gran espadachín.

ABUELO

¿Ah, sí? Bueno, entonces no lo retaré. Además, era un verso muy inspirado. El poeta Barreto tenía buen gusto, hay que reconocerlo. *(A la abuela.)* También a ti te echaba flores ese viejo verde, ñatita.

ABUELA

Esta Elvira, resucita cada cosa... Ven, te pondré mercurio cromo, no se vaya a infectar.

AMELIA

Que te sirva de lección, papá. Te advierto que no te dejo salir solo nunca más, como han ordenado mis hermanos. Por lo menos, no de noche. Da tus paseos de día, por aquí, alrededor de la manzana. O cuando pueda acompañarte yo, o mi hijo.

ABUELO

(Poniéndose de pie.) Está bien, Amelia. *(A la abuela.)* ¿Te das cuenta, Carmen, qué mal debe andar el país para que le roben a un muerto de hambre como yo? Arriesgarse a ir a la cárcel por un bastón que era un palo viejo y por un sombrero amarillento y con agujeros...

ABUELA

(Llevándolo hacia el interior.) Ese reloj te lo regalaron los vocales de la Corte, en Piura, cuando eras prefecto. Qué pena, un recuerdo tan bonito. Bueno, tu nieto Belisario te regalará otro, cuando gane su primer pleito...

Salen, seguidos por Amelia. Se oscurece el escenario.

BELISARIO

Mi primer pleito... Tú también soñabas, abuelita. *(Se enfurece.)* ¿Y qué viene a hacer aquí la abuela? ¿Vas a meter al abuelo Pedro en una historia de amor en la que todavía no hay un beso? No eres capaz de escribirla, Belisario. No sabes escribir, te has pasado la vida escribiendo y cada vez es peor. ¿Por qué, abuelito? Un médico, después de extraer cincuenta apéndices y tajar doscientas amígdalas y de trepanar mil cráneos ya hace esas cosas como jugando, ¿no es cierto? ¿Por qué, entonces, después de escribir cincuenta o cien historias sigue siendo tan difícil, tan imposible, como la primera vez? ¡Peor que la primera vez! ¡Mil veces más difícil que la primera vez! ¡Abuelo, abuelita: desaparezcan, no me distraigan, no me interrumpan, no me estorben! ¡Váyanse a la mierda, abuelos! ¡Déjenme escribir mi historia de amor! *(Queda meditabundo.)* El abuelo hubiera podido ser un personaje de novela. Una vida en el siglo: la ruina lenta, la corrosiva decadencia. Prefecto de Piura en el gobierno constitucional de Bustamante. Antes, introductor del algodón en Santa Cruz de la Sierra, en Bolivia. Antes todavía, agricultor en Camaná. Y, antes, empleado en una firma inglesa de Arequipa. ¿Pero tú hubieras querido ser abogado y poeta, no, abuelito? Eso hubieras sido si no hubiera muerto tu padre cuando tenías quince años. Por eso te destinaron a la abogacía, Belisario: para retomar la tradición jurídica de la familia. *(Por su expresión, se advierte que una idea ha comenzado a insinuarse, en relación con lo que está escribiendo. Coge el lápiz, le da vueltas, acomoda sus papeles.)* Sí, puede servir. Ven para acá, abuelito, siento haberte mandado a la mierda. Claro que te quiero mucho, claro que eres personaje de cuento. Por eso aparecías siempre en los cuentos de la Mamaé. Tú eras el prototipo de esos especímenes que ella adoraba, esos seres remotos y magníficos como los unicornios y los centauros: los caballeros. *(Está escribiendo ahora con interés.)* La vida del abuelo no fue nada mítica, sin embargo. Trabajar como una mula, para mantener no sólo a sus hijos sino a la gente que la abuelita Carmen, la mujer más caritativa de la creación, iba recogiendo por el mundo. Hijos de imbéciles que se volaban la cabeza jugando a la ruleta rusa para ganar una apuesta o señoritas casaderas sin padre ni madre, como la Mamaé.

Al iluminarse el escenario, está allí la señora Carlota. La Mamaé, desde su sillón, la examina con respeto. Se pone de pie y –rejuvenecida– va hacia ella.

MAMAÉ

Buenas tardes, señora Carlota, qué sorpresa. Mis tíos no están, ni Carmencita tampoco. Siéntese, por favor. ¿Le puedo ofrecer una taza de té?

SEÑORA CARLOTA

«Como salida de una acuarela del maestro Modesto Molina.» Eso oí decir de ti en La Alameda, durante la retreta. Es cierto, eres así.

MAMAÉ

Es usted muy amable, señora Carlota.

SEÑORA CARLOTA
El pelo retinto, la piel de porcelana. Las manos bien cuidadas, los pies pequeños. Una muñequita, sí.

MAMAÉ
Por Dios, señora, me hace usted ruborizar. ¿No quiere sentarse? Mis tíos ya no tardarán. Fueron a dar el pésame a...

SEÑORA CARLOTA
Joven, bonita, y, además, una buena herencia en perspectiva, ¿no? ¿Es verdad que la hacienda de Moquegua que tenía tu padre está en curatela y que será tuya cuando cumplas la mayoría de edad?

MAMAÉ
¿Por qué me dice esas cosas? ¿Y en ese tono? Habla usted como si me tuviera enojo por algo.

SEÑORA CARLOTA
Enojo no es la palabra, niñita de mírame y no me toques. Lo que te tengo es odio. Te odio con todas mis fuerzas, con toda mi voluntad. Todo este año te he deseado las peores desgracias de la Tierra. Que te arrollara el ferrocarril, que la viruela te comiera la cara, que la tuberculosis te agujereara los pulmones. ¡Que te cargara la trampa!

MAMAÉ
¿Pero, qué le he hecho yo, señora Carlota? Si apenas la conozco. ¿Por qué me dice cosas tan horribles? Y yo que creí que había venido a traerme el regalo de bodas.

SEÑORA CARLOTA

He venido a decirte que Joaquín no te quiere. Que me quiere a mí. Aunque seas más joven. ¡Aunque seas virgencita y soltera! A él no le gustan las miniaturas de filigrana que quiebra el viento. A él le gusto yo. Porque yo sé algo que tú y las señoritas como tú no aprenderán nunca. Yo sé amar. Sé lo que es la pasión. Sé dar y recibir placer. Sí, eso que para ti es una mala palabra: placer.

MAMAÉ

Ha perdido usted el juicio, señora Carlota. Se olvida que...

SEÑORA CARLOTA

¿Que soy casada y con tres hijos? No me olvido. ¡Me importa un bledo! Mi marido, mis hijos, la sociedad de Tacna, el qué dirán, la religión: ¡un bledo! Eso es el amor, ¿ves? Estoy dispuesta a todo, pero no a perder al hombre que quiero.

MAMAÉ

Si es como usted dice, si Joaquín la quiere a usted, ¿por qué ha pedido mi mano?

SEÑORA CARLOTA

Por el apellido que tienes, por la hacienda que vas a heredar, porque un oficial tiene que asegurar su futuro. Pero, sobre todo, porque no puede casarse con la mujer que quiere. Se casa contigo por conveniencia. Se resigna a casarse contigo. Óyelo bien: se re-sig-na. Me lo ha dicho así, cien veces. Hoy mismo, hace dos horas. Sí, vengo de estar con Joaquín. Todavía me resuenan en los oídos sus palabras: «Eres la única que sabe hacerme gozar, Soldadera». Porque me llama así, cuando me entrego a él: Soldadera, mi Soldadera.

MAMAÉ
(La escucha hipnotizada.) Señora Carlota, cállese ya. Por favor, le suplico que...

SEÑORA CARLOTA
Te estoy escandalizando, lo sé. Tampoco me importa. He venido para que sepas que no voy a renunciar a Joaquín, aunque se case contigo. Ni él a mí. Vamos a seguir viéndonos a tus espaldas. He venido a decirte cuál será tu vida de casada. Preguntarte cada mañana, cada tarde, si tu marido, en vez de haber ido al cuartel, está haciendo el amor conmigo.

MAMAÉ
Voy a llamar a los criados para que la acompañen a la puerta, señora Carlota.

SEÑORA CARLOTA
Y si trasladan a Joaquín, abandonaré a mi marido y a mis hijos y lo seguiré. Y tus dudas, tu suplicio, continuarán. He venido a que sepas hasta dónde puede llegar una mujer enamorada. ¿Ves?

MAMAÉ
Sí, señora, veo. Tal vez sea cierto lo que dice. Yo no sería capaz de actuar así. Para mí el amor no puede ser

una enfermedad. No la entiendo. Es usted bella, elegante, su marido una persona tan distinguida, a quien todo Tacna respeta. Y sus hijos, unos chiquilines tan ricos. ¿Qué más se puede desear en la vida?

SEÑORA CARLOTA
Pues bien, quizá así lo entiendas. Estoy dispuesta a sacrificar todo eso que te parece envidiable, por una palabra de Joaquín. A irme al infierno, si es el precio para seguir con él.

MAMAÉ
Dios la está oyendo, señora Carlota.

SEÑORA CARLOTA
Entonces, sabe que es verdad. Cuando Joaquín me tiene en sus brazos, y me estruja, y me somete a sus caprichos, nada más existe en el mundo: ni marido, ni hijos, ni reputación, ni Dios. Sólo él. Eso no me lo vas a quitar.

MAMAÉ
¿Hace cuánto tiempo que es usted la... la... el amor de Joaquín?

SEÑORA CARLOTA
¿La amante de Joaquín? Dos años. Te voy a contar algo más. Nos vemos todas las semanas en una cabaña de La Mar, al ponerse el sol. A esa hora los negros regresan de las haciendas, cantando. Los oímos. Hemos aprendido sus canciones de tanto oírlas. ¿Qué otra cosa quieres saber?

MAMAÉ
Nada más, señora. Le ruego que se vaya ahora.

SEÑORA CARLOTA
Tú no podrías vivir con Joaquín. Eres demasiado pura para un hombre tan ardiente. Lo dice él mismo. Tienes que buscarte un joven lánguido. Tú no podrías ser soldadera de nadie. Te falta sangre, malicia, imaginación.

MAMAÉ
¡Tiene que irse! ¡Mis tíos llegarán en cualquier momento, señora!

SEÑORA CARLOTA
Que me vean. Que estalle de una vez el escándalo.

MAMAÉ
No estallará por mi culpa. No he oído nada, no sé nada, no quiero saber nada.

SEÑORA CARLOTA
Y, sin embargo, has oído y lo sabes todo. Y ahora, el gusanito comenzará a roerte el corazón. «¿Será verdad que se casa conmigo por conveniencia?» «¿Será verdad que la quiere a ella?» «¿Será verdad que la llama Soldadera cuando la tiene en sus brazos?»

La señora Carlota sale. Belisario, que al principio del diálogo de ésta con la Mamaé ha estado escribiendo, anotando, echando papeles al suelo, de pronto quedó pensativo, luego, interesado en lo que decían las dos mu-

jeres, y, al final, ha ido a acuclillarse como un niño junto al sillón de la Mamaé.

MAMAÉ
(*Está regresando hacia su sillón y, viejita de nuevo, habla para sí misma.*) ¿Será verdad que le dice que soy una niñita de mírame y no me toques? ¿Una remilgada que nunca sabrá hacerlo feliz como sabe ella? ¿Será verdad que estuvo con ella ayer, que está con ella ahora, que estará con ella mañana?

Se acurruca en su sillón. Belisario está a sus pies, como un niño, escuchándola.

BELISARIO
O sea que la mujer mala le hizo dar unos celos terribles a la señorita que estaba de novia.

MAMAÉ
Peor todavía. La inquietó, la turbó, le llenó la cabecita inocente de víboras y pajarracos.

BELISARIO
¿Cuáles son los pajarracos, Mamaé? ¿Los gallinazos?

MAMAÉ
(*Sigue el cuento.*) Y la pobre señorita pensaba, con los ojos llenos de lágrimas: «O sea que no me quiere a mí sino a mi apellido y a la posición de mi familia en Tacna. O sea que ese joven que yo quiero tanto es un sinvergüenza, un aprovechador».

BELISARIO
Pero eso no es cierto, Mamaé. ¡Quién se va a casar por un apellido, por una posición social! Que se quería casar con la señorita porque ella iba a heredar una hacienda, me lo creo, pero lo otro...

MAMAÉ
Lo de la hacienda era falso. El oficial chileno sabía que esa hacienda la habían rematado para pagar las deudas del papá de la señorita.

BELISARIO
Ya estás enredando el cuento, Mamaé.

MAMAÉ
Así que el oficial chileno le había mentido a la mujer mala. Que la señorita iba a heredar una hacienda. Para que lo de casarse por interés, no por amor, resultara más convincente. O sea que no sólo engañaba a la señorita sino también a la señora Carlota.

BELISARIO
¿La mujer mala se llamaba Carlota?

MAMAÉ
Sí. Tenía un apodo feísimo. Le decían: la Soldadera.

BELISARIO
¿Qué quiere decir soldadera, Mamaé?

MAMAÉ
Aj, es una mala palabra. *(Distrayéndose, hablándose a sí misma.)* Pero no era tonta, decía verdades. Como: «¡Una mujer sólo puede ser orgullosa si renuncia al amor».

BELISARIO
Ya te fuiste otra vez por tu lado y me dejaste en la luna, Mamaé.

Se pone de pie y regresa a su mesa de trabajo, hablando entre dientes, mientras la Mamaé mueve los labios un momento, como si siguiera contando el cuento. Luego, se adormece.

BELISARIO
La mujer mala... Nunca faltaba en los cuentos. Y muy bien hecho, en las historias románticas debe haber mujeres malas. No tengas miedo, Belisario, aprende de la Mamaé. Por lo demás ¿el papel no aguanta todo? Que la historia se llene de mujeres malas, son siempre más interesantes. ¿Había dos, no, Mamaé? A veces se llamaba Carlota y era una señora traviesa, en Tacna, a principios de siglo. A veces, era una india de Camaná, que, en los años veinte, por una razón muy enigmática, había sido azotada por un caballero. *(Se ha puesto a escribir.)* A menudo se confundían, entreveraban, y había también ese abanico de nácar que, de repente, irrumpía en los cuentos con un verso garabateado en él por un poeta romántico.

ABUELA

(Entrando.) ¡Elvira! ¡Elvira! ¡Pero qué has hecho! ¿Te has vuelto loca? ¡Pero cómo es posible! ¡Tu vestido de novia! ¡Tan lindo, todo bordado de encaje, con su velo que parecía espuma!

MAMAÉ

Me costó media caja de fósforos y quemarme las yemas de los dedos. Por fin se me ocurrió echarle un poco de parafina. Así ardió.

ABUELA

(Desolada.) Pero si la boda es mañana. Si la gente está viniendo para el matrimonio desde Moquegua, desde Iquique, desde Arica. ¿Te has peleado con Joaquín? ¿La víspera de tu boda, Elvirita? O sea que la casa ha sido arreglada con todos esos ramos de cartuchos y de rosas, para nada. O sea que hace un mes que preparamos dulces y pastas por gusto. Hasta acaban de traer la torta.

MAMAÉ

¿De tres pisos? ¿Como en la novelita de Gustavo Flaubert? ¿Con columnas de mazapán y amorcillos de almendra? Ah, aunque no haya boda nos la comeremos. Estoy segura que el italiano Máspoli se ha esmerado, él siempre me hace tanto cariño...

ABUELA

¿No vas a contarme qué pasa? Nunca hemos tenido secretos. ¿Por qué has quemado tu vestido de novia?

MAMAÉ
Porque ya no quiero casarme.

ABUELA
¿Pero por qué? Hasta anoche estabas tan enamorada. ¿Qué te ha hecho Joaquín?

MAMAÉ
Nada. He descubierto que no me gusta el matrimonio. Prefiero vivir soltera.

ABUELA
¿No te gusta el matrimonio? A mí no puedes engañarme, Elvirita. Es la ambición de todas las muchachas y también la tuya. Hemos crecido soñando con el día que formaríamos nuestros propios hogares, adivinando las caras que tendrían nuestros maridos, escogiendo nombres para nuestros hijos. ¿Ya te has olvidado?

MAMAÉ
Sí, ñatita. Ya me he olvidado de todo eso.

ABUELA
No te has olvidado, no es verdad.

La abuela y la Mamaé continúan su diálogo en silencio. Belisario, que ha levantado el lápiz del papel y está pensativo, concentrado en sus pensamientos, habla como si las estuviera viendo, oyendo:

BELISARIO
Las casas de las dos iban a ser tan ordenadas y tan limpias como la del cónsul inglés. Las sirvientas de las dos iban a estar siempre impecables, con sus mandiles y tocas con mucho almidón, y la abuelita y la Mamaé las iban a mandar al catecismo y las iban a hacer rezar el rosario con la familia. Y ambas se iban a conservar siempre bellas, para que sus maridos siguieran enamorados de las dos y no las engañaran. E iban a educar bien machitos a sus hijos y bien mujercitas a sus hijas. La abuela tendría cuatro, la Mamaé seis, ocho...

Se pone a escribir otra vez.

MAMAÉ
Ni siquiera sabe que no me voy a casar con él. Hoy iba donde el sastre Isaías, a recoger su uniforme de gala para la boda. Se va a llevar una sorpresa cuando los criados le digan que no puede poner los pies en esta casa nunca más.

ABUELA
(Avergonzándose.) ¿Es por miedo, Elvirita? Quiero decir, ¿por miedo a... a la noche de bodas? *(La Mamaé niega con la cabeza.)* ¿Pero entonces por qué? Tiene que haber sucedido algo terrible para que plantes a tu novio la víspera del matrimonio...

MAMAÉ
Ya te lo he dicho. He cambiado de idea. No voy a casarme. Ni con Joaquín ni con nadie.

ABUELA

¿Has sentido el llamado de Dios? ¿Vas a entrar al convento?

MAMAÉ

No, no tengo vocación de monja. No voy a casarme ni entrar al convento. Voy a seguir como hasta ahora. Soltera y sin compromiso.

ABUELA

Me estás ocultando algo grave, Elvira. ¡Quedarte soltera! Pero si es lo más terrible que le puede pasar a una muchacha. ¿No dices tú misma que la tía Hilaria da escalofríos por su soledad? Sin marido, sin hogar, sin hijos, medio loca. ¿Quieres ser como ella, llegar a vieja como un alma en pena?

MAMAÉ

Más vale sola que mal acompañada, Carmencita. Lo único que lamento es el disgusto que les daré a mis tíos. ¿Ya vieron el vestido ardiendo la tía Amelia y el tío Menelao? *(La abuela asiente.)* Qué delicados son. Ni siquiera han venido a preguntarme por qué lo he quemado. Y ellos que han hecho tanto sacrificio para que yo tuviera una boda por todo lo alto. Se han ganado el cielo con el corazón que tienen...

ABUELA

(Dándole un beso en la mejilla.) Nunca te vas a quedar sola, como la tía Hilaria. Porque cuando yo me case, si algún caballero quiere hacerse de mí, te vendrás a vivir con nosotros.

MAMAÉ
Tú también eres buena, ñatita.

Emocionadas, se hacen cariños. Belisario, de pie, se pasea por el proscenio con un alto de papeles en las manos, desasosegado:

BELISARIO
No será una historia de amor, pero romántica sí lo es. Eso, al menos, está claro. Hasta donde tú recuerdas y hasta donde mi madre recordaba, ambas fueron uña y carne. ¿No hubo entre ellas, en esos largos años de convivencia, roces, envidias? ¿No hubo celos en esos años en que lo compartieron todo? *(Las mira a las dos, burlón.)* Bueno, dudo que compartieran al abuelo. Pero sí a los hijos, ¿no es verdad? *(Da vueltas alrededor de la abuela y la Mamaé, examinándolas.)* Es decir, tú los tenías, abuelita, y eras tú, Mamaé, quien pasaba los sustos y los desvelos. Tú dabas mamaderas y cambiabas pañales y hacías guardia junto a las cunas y eras tú la que se quedaba en casa para que los abuelos salieran al teatro, al cine y a las fiestas, cuando todavía podían darse esos lujos. *(Va hasta el escritorio, donde deja los papeles y los lápices. Se arremanga los pantalones, como hacen los niños para vadear un río, y da, de pronto, unos saltitos, brinquitos, como si estuviera haciendo bailar un trompo o jugando a la rayuela.)* Pero con quien demostraste todavía más paciencia, una paciencia infinita, allá en Bolivia, fue con el jurisconsulto en ciernes, el futuro salvador de la familia, Mamaé.

Agustín y César han entrado de la calle durante el monólogo de Belisario. Besan a la abuela, a su hermana y se acercan a saludar a la Mamaé, quien, al verlos venir, sonríe cortésmente y les hace una profunda reverencia. Ellos la acariñan. Ella se deja hacer, pero, de pronto, grita:

MAMAÉ
¡Viva Herodes! ¡Viva Herodes! ¡Ayyy!

Cuando la Mamaé grita ¡Viva Herodes!, Belisario, sin dejar de escribir, parece divertirse mucho. Se revuelve en su asiento, regocijado, y, a veces, interrumpe su trabajo para mirar a la Mamaé e imitar sus gestos, como llevarse la mano al pescuezo y simular que estuviera acogotando a alguien.

ABUELA
Calla, Elvira, no des esos gritos de loca. Qué tontería es esa de chillar ¡Viva Herodes! cada vez que vienen mis hijos. *(A éstos.)* Ay, hijitos, entre la Mamaé, que vive en la luna, y mi marido, que ya no se acuerda de nada, no sé qué va a pasar conmigo. Voy a ver si Pedro está despierto. Se recostó un momento.

Sale. Los tres hijos rodean a la Mamaé.

MAMAÉ
De todos los personajes de la Historia, es el que me gusta más. Los mandó matar a toditos. Yo también acabaría con ellos, no dejaría ni uno de muestra.

CÉSAR
(A su hermano.) Y tú querías que bajara a los chicos del auto, para que saludaran a los papás.

MAMAÉ
¡Porque los odio! ¿Y saben ustedes por qué? Por esos miles y miles de pañales manchados.

AGUSTÍN
(Pasándole la mano por los cabellos.) Te has pasado la vida cuidando hijos ajenos y ahora resulta que detestas a las criaturas.

MAMAÉ
Por esos millones de baberos vomitados, por sus pucheros, por sus babas, por esos mocos que no saben limpiarse, por esas rodillas sucias y con costras. Porque no dejan comer a la gente grande, con sus malacrianzas y sus travesuras en la mesa.

La Mamaé les habla sin enojo, haciéndoles venias y sonrisas, pero da la impresión de que no los oyera o de que no entendiera palabra de lo que ellos le dicen.

AMELIA
Y pensar que cuando Belisario tuvo la viruela fue ella la que me echó del cuarto para dormir al lado de mi hijo.

MAMAÉ
Porque gritan, son caprichosos, todo lo rompen, lo ensucian, lo malogran.

BELISARIO
(Interrumpiendo su trabajo.) Te pasabas el día echándome esa pomada negra que yo odiaba, Mamaé. Granito por granito. Cogiéndome las manos y distrayéndome con cuentos para que no me rascara. ¡Pero ni por ésas me libré de ser feo, Mamaé!

MAMAÉ
Son unos egoístas que no quieren a nadie. Unos sultanes a los que hay que dar gusto en todas sus necedades y majaderías. Por eso, como Herodes, a toditos. ¡Así, así!

CÉSAR
¿Y cuando en Arequipa yo invitaba a la casa a mis compañeros de colegio, Mamaé? ¡Nos preparabas té a los treinta de la clase! Así que, aunque lo jures y rejures, no te creo que odies a los niños.

Amelia le hace una seña a Agustín y ambos se apartan unos pasos. En su mesa, Belisario queda con una expresión intrigada, mirando a Amelia y a Agustín mientras hablan.

AMELIA
Quiero hablar contigo, Agustín.

AGUSTÍN
Sí, hermana.

AMELIA
Es que, quería decirte que... ya no puedo más.

César, al oírla, se acerca a ellos. La Mamaé se adormece.

CÉSAR
¿Qué pasa, Amelia?

AMELIA
Estoy rendida. Tienen que tomar una sirvienta.

AGUSTÍN
Si fuera posible, la hubiéramos tomado hace tiempo. El acuerdo fue que nosotros ayudábamos a Belisario a terminar su carrera y que tú te ocuparías de la casa.

AMELIA
Ya lo sé. Pero no puedo más, Agustín. Es mucho trabajo para una sola persona. Y, además, me estoy volviendo loca en este mundo absurdo. Los papás y la Mamaé están ya muy viejitos. El papá no se acuerda de las cosas. Pide el almuerzo cuando acaba de terminar de almorzar. Y si no le doy gusto, la mamá llora.

CÉSAR
Habla más bajo, hermana, la Mamaé te va a oír.

AMELIA
Aunque me oiga, no entiende. Su cabeza está en otra parte. *(Mira a la Mamaé.)* Con ella es todavía peor, César. Yo tengo paciencia, yo la quiero mucho. Pero pa-

ra todo hay límites. ¿No ven que es como una bebe? Lavar sus calzones, sus camisones embarrados se ha convertido en una pesadilla. Y, además, cocinar, barrer, planchar, tender camas, fregar ollas. Ya no doy más.

CÉSAR

(A Agustín.) La verdad es que, quizás, se necesitaría una sirvienta...

AGUSTÍN

Magnífico, hermano. Tomemos una. Eso sí, supongo que la pagarás tú.

CÉSAR

¿A qué vienen esas ironías, Agustín? Sabes que estoy en mala situación.

AGUSTÍN

Entonces no hables de tomar una sirvienta. ¿Sospechas acaso lo que cuesta esta casa? ¿Se te ha ocurrido coger un lápiz y sumar? Alquiler, mercado, agua, luz, baja policía, médicos, remedios, los tres mil a Amelia, etcétera. ¿Cuánto hace? Catorce o quince mil soles al mes. ¿Y cuánto das tú, quejándote como un Jeremías? ¡Dos mil soles!

Joaquín entra, discreto como un fantasma, vestido con el mismo uniforme del principio. Se sienta junto a la Mamaé.

CÉSAR

¡Esos dos mil soles son para mí un gran esfuerzo! Lo que gano no me alcanza, vivo endeudado y a ti te consta.

¡Son cuatro hijos, Agustín! Este año he tenido que poner a los dos menores en un colegio fiscal, con los cholos y los negros...

MAMAÉ
(*Abriendo los ojos.*) Con los cholos... O sea que era ahí, todas las tardes, a la hora en que los peones volvían de las haciendas. En el barrio de los cholos y de los negros. En la ranchería de La Mar.

AMELIA
Esos tres mil soles que me das no son para mí, Agustín. Sino para los estudios de Belisario. Yo no me compro ni un pañuelo. Para no causarte más gastos hasta he dejado de fumar.

BELISARIO
(*Mirando hacia el público, exagerando.*) ¿Yo, un empleo? ¡Imposible, mamá! ¿Y los códigos? ¿Los reglamentos? ¿Las constituciones? ¿Los tratados? ¿El derecho escrito y el derecho consuetudinario? ¿No quieres que sea un gran abogado, para que un día los ayude a los abuelos, a ti, a los tíos? ¡Entonces tienes que darme más plata, para libros! Qué cínico podías ser, Belisario.

AGUSTÍN
Pero Belisario podría trabajar medio tiempo, Amelia. Cientos de universitarios lo hacen. Tú sabes que siempre los he ayudado a tu hijo y a ti, desde la estúpida muerte de tu marido. Pero ahora las cosas se han puesto muy difíciles y Belisario es ya un hombre. Deja que le busque un puesto...

CÉSAR

No, Agustín, Amelia tiene razón. Que termine la universidad. O le pasará lo que a mí. Por ponerme a trabajar dejé los estudios y mira el resultado. Él fue siempre el primero de la clase. Es seguro que llegará lejos. Pero necesita un título, porque hoy...

Su voz se convierte en un susurro, mientras se eleva la voz de la Mamaé.

MAMAÉ

He pasado por esa ranchería muchas veces. Con el tío Menelao y la tía Amelia, yendo hacia el mar. Los negros, los cholos y los indios venían a pedirnos limosna. Metían sus manos en el coche y el tío Menelao decía: ¡Qué uñas inmundas! A mí me daban miedo. De lejos, La Mar parece bonita, con sus cabañas de paja y sus calles de arena. Pero de cerca es pobre, sucia, apesta y está llena de perros bravos. O sea que se veían ahí.

JOAQUÍN

Sí, ahí. En La Mar. Cada tarde. Nos veíamos y veíamos ponerse el sol.

Sube el rumor del diálogo entre los tres hermanos.

AGUSTÍN

Cada cual tiene sus razones, por supuesto. También tengo las mías. Podría decir: Estoy harto de vivir en una pensión, de andar en ómnibus, de no haberme podido casar, porque, desde que trabajo, la mitad de mi sueldo es para ayudar a los papás, a Amelia, al sobrino. Estoy harto de no poder ir a un buen restaurante, de no tomar vacaciones, de hacer remendar mis ternos. Y, como estoy harto, ya no doy para esta casa más de dos mil soles al mes. Igual que tú. ¿Qué pasaría entonces con los papás, con la Mamaé, con el futuro genio del foro?

AMELIA
¡No te burles, Agustín! Mi hijo será un gran abogado, sí, y tendrá montones de clientes y ganará fortunas. ¡Y no lo pondré a trabajar hasta que termine su carrera! Él no será un fracasado y un mediocre.

AGUSTÍN
¿Como yo, quieres decir?

MAMAÉ
O sea que, cada tarde, después de las guardias, mientras yo te esperaba rezando rosario tras rosario para que pasaran más pronto los minutos, ibas donde ella, a La Mar, y le decías cosas ardientes.

JOAQUÍN
Soldadera, amor mío, tienes manos fuertes y a la vez suaves. Pónmelas aquí, en las sienes. He estado montando a caballo toda la mañana y me hierve la sangre. Apriétame un poco, refréscame. Así. Ah, es como si hundiera la cara en un ramo de flores.

BELISARIO
Tú sí que no te hacías ilusiones conmigo, tío Agustín.

CÉSAR
Cállense, no comiencen otra vez. Basta de hacernos mala sangre; todos los días peleamos por lo mismo. Más bien, por qué no consideran lo que les propuse.

AMELIA
Lo he hecho, César. Y estoy dispuesta a aceptarlo. Me oponía, pero ahora ya no.

CÉSAR
Claro, Amelia. Es lo más sensato. *(Mira a la Mamaé.)* Ella está ya afuera de este mundo, ni notará el cambio. Tú, más descansada, podrás ocuparte mejor de los papás. Vivirán más desahogados en esta casa. E, incluso, es probable que la Mamaé esté más contenta que aquí.

Joaquín ha cogido las manos de la Mamaé; las besa, apasionadamente.

JOAQUÍN
Pero, más todavía que tus manos me gusta de ti otra cosa, Carlota.

MAMAÉ
(Con miedo.) ¿Qué cosa? ¿Qué es lo que más te gustaba de esa mujer?

AGUSTÍN
O sea, metemos a la Mamaé al Asilo y todo resuelto. Claro, es muy fácil. Porque ustedes piensan en el Asilo

privado de San Isidro donde estuvo la tía Augusta. Desde luego que allí no sufriría. Es tan limpio, con enfermeras que cuidan a los viejitos día y noche y los sacan a pasear a los jardines. Hasta les dan cine una vez por semana, ¿no es cierto? *(Con sarcasmo.)* ¿Saben ustedes la fortuna que cuesta ese lugar?

JOAQUÍN

Tu cuello. Deja que lo bese, que sienta su olor. Así, así. Ahora quiero besarte en las orejas, meter mi lengua en esos niditos tibios, mordisquear esas puntitas rosadas. Por eso te quiero, soldadera. Sabes darme placer. No eres como Elvira, una muñequita sin sangre, una boba que cree que el amor consiste en leer los versos de un bobo que se llama Federico Barreto.

AGUSTÍN

La Mamaé no iría al de San Isidro. Iría al Asilo de la Beneficencia, que es gratuito. Y ése, ustedes no lo conocen. Yo, en cambio, me he tomado el trabajo de ir a verlo. Tienen a los viejos en la promiscuidad y la mugre. Casi desnudos. Se los comen los piojos, duermen en el suelo, sobre costales. Y está en el barrio de Santo Cristo, junto al cementerio, de modo que los viejos se pasan el día viendo entierros. ¿Ahí quieren poner a la Mamaé?

MAMAÉ

(Desolada, a punto de llorar.) Todavía no estábamos casados, Joaquín. ¡No podía dejar que me faltaras el respeto! Eso me hubiera rebajado ante tus ojos. Lo hacía por ti,

sobre todo. Para que tuvieras una esposa de la que no te avergonzaras.

CÉSAR

¿Y te parece que aquí vive bien la Mamaé? ¿No hueles, Agustín? ¿No dices tú mismo que cada vez que tienes que tomar una taza de leche en esta casa se te revuelve el estómago? Yo no propongo el Asilo por malvado, sino para aliviarte los gastos. Yo la quiero tanto como tú.

MAMAÉ

¿Y qué tenían de malo los versos? En esa época era así. Una estaba enamorada y leía versos. Así era entre las señoritas y los caballeros, Joaquín. No es verdad que Federico Barreto fuera un bobo. Era un gran poeta. Todas las muchachas de Tacna se morían de envidia cuando me escribió ese verso en el abanico.

AMELIA

(A Agustín.) ¿Crees que no tengo sentimientos? Yo la baño, la acuesto, la visto, yo le doy de comer, no te olvides. Pero... tienes razón. No podemos mandar ahí a la Mamaé. Por otra parte, es cierto que la mamá no lo aceptaría nunca.

JOAQUÍN

Hubiéramos hecho una gran pareja, soldadera. ¡Qué lástima que seas casada! En cambio, ese angelito frígido... ¿Será capaz de complacerme cuando sienta, como ahora, una lava que me abrasa aquí adentro? *(Le habla al oído.)* ¿Quieres que te cuente qué voy a hacer con Elvira cuando sea mi mujer?

MAMAÉ
(Tapándose los oídos.) No quiero saberlo. ¡Cállate, cállate!

CÉSAR
Está bien. Entonces, no he dicho nada. Olvidémonos del Asilo. Yo trato de ayudar, de dar ideas. Y ustedes terminan por hacerme sentir un malvado.

JOAQUÍN
La desnudaré con estas manos. Le quitaré el velo de novia, el vestido, las enaguas, el sostén. Las medias. La descalzaré. Despacio, viéndola ruborizarse, perder el habla, no saber qué hacer, dónde mirar. Me excita la idea de una muchachita aturdida de miedo y de vergüenza.

AGUSTÍN
Pon los pies en la tierra, César. No vas a resolverme el problema con propuestas descabelladas. Si, en vez de esos proyectos irrealizables, dieras cincuenta libras más para los gastos de esta casa, me aliviarías de verdad.

En su mesa de trabajo, en la que ha estado alternativamente escribiendo o escuchando y observando a los hermanos y a la Mamaé y a Joaquín, Belisario comienza a bostezar. Se le nota soñoliento, trabajando cada vez más a desgana.

JOAQUÍN
Y cada vez que vaya apareciendo un poquito de piel, erizada por el susto, me inclinaré a olerla, a gustarla,

a afiebrarla a besos. ¿Te da celos, soldadera? ¿Me imaginas pasando los labios, los ojos, las manos, por ese cuerpecito tierno? ¿Te la imaginas a ella, temblando, con los ojos cerrados? ¿Te da celos? Quiero que te dé celos, Carlota.

MAMAÉ
No te oigo. Me tapo los oídos y me libro de ti. Cierro los ojos y tampoco te veo. Por más que trates no puedes ofenderme, rebajarme a tu vulgaridad. Ay, cabecita loca...

Se golpea la cabeza, para castigarla por esas visiones.

AMELIA
Ahí está el papá, cállense ahora.

Entran el abuelo y la abuela. Agustín y César se adelantan a besar a su padre. Belisario ha dejado la pluma y apoya la cabeza en un brazo para descansar un momento.

BELISARIO
(Entre bostezos.) La Tierra no va a dejar de dar vueltas porque seas incapaz de terminar una historia. Anda, echa un sueñecito, Belisario.

ABUELO
Se han asustado en vano, hijitos. Estoy muy bien, el... el pirata ese no me hizo nada. Al menos, esto ha servido para tenerlos aquí de visita. Hace tantas semanas que no venían.

CÉSAR
Pero si ayer estuvimos aquí toda la tarde, papá...

JOAQUÍN
Y, luego, cuando haya dejado de defenderse, y tenga el cuerpo húmedo de tantos besos, haré que ella, a su vez, me desnude. Como lo haces tú. Le enseñaré a obedecer. La educaré como a mi caballo; mansa conmigo y arisca con los otros. Y, mientras me va desnudando, estaré pensando en ti. En las cosas que sabes hacerme tú. Eso me irá caldeando más la sangre. Demoraré mucho en amarla, y, cuando lo haga, mentalmente estaré amándote a ti, Carlota.

Acaricia los pechos de la Mamaé.

MAMAÉ
No, no, anda, vete, sal de aquí, no te permito, ni en sueños, ni siendo tu esposa. ¡Tía Amelia! ¡Tío Menelao! ¡Carmencita! ¡Ayyy! ¡Ayyy!

Joaquín, con una sonrisa, desaparece. Los tres hermanos y los abuelos, al oír los gritos, se vuelven a mirar a la Mamaé.

ABUELA
¿Qué te pasa, Mamaé? ¿Por qué das todo el tiempo esos gritos de loca?

MAMAÉ
(Sofocada, avergonzada.) Soñé que mi novio trataba de tocarme los pechos, ñatita. ¡Estos chilenos tan atre-

vidos! ¡Hasta en el sueño hacen indecencias! ¡Estos chilenos!

Se santigua, llena de horror. Belisario se ha ido quedando dormido sobre sus papeles. El lápiz se desprende de sus manos y cae al suelo. Se lo oye roncar.

**FIN DEL
PRIMER ACTO**

SEGUNDO ACTO

Al levantarse el telón, los abuelos están oyendo la misa del domingo por el viejo aparato de radio que tienen en la salita de la casa. La voz del sacerdote salmodia en el aparato y la abuela y la Mamaé hacen las genuflexiones y se persignan en los momentos correspondientes. El abuelo escucha la misa con desgana. A ratos, se oye pasar el tranvía. Amelia está disponiendo la mesa para la comida: entra y sale de la pieza sin prestar atención a la misa radiada. En su mesa de trabajo, Belisario está despertando de su sueño. Bosteza, se frota los ojos, relee algo de lo que ha escrito. Y, en ese momento, recuerda o se le ocurre algo que, muy excitado, lo hace levantarse de un salto, coger la sillita en que está sentado y, apoyándose en ella como un viejecito que no puede andar, comienza a avanzar por el escenario arrastrándose, dando pequeños brinquitos (exactamente como veremos después que hace la Mamaé).

BELISARIO
Cuando el robo al abuelo, ¿todavía podía andar? ¿Podías, Mamaé? Sí, era así, en tu sillita de madera, como un niño que juega al caballito. De tu cuarto al baño, del baño al sillón, del sillón al comedor, del comedor a tu cuarto: la geografía de tu mundo. *(Piensa. Repite, engolosinado con la frase.)* La geo-gra-fía de tu mundo, Mamaé. ¡Me gusta, Belisario! *(Corre a su escritorio y escribe. Luego, empieza*

a mordisquear su lápiz, ganado por los recuerdos.) Claro que todavía andabas. Dejaste de andar cuando murió el abuelo. «No se ha dado cuenta», decía mi mamá. «No entiende», decían el tío César, el tío Agustín. *(Mira a la Mamaé.)* ¿No te dabas cuenta que había un fantasma más en esa casa llena de fantasmas? ¡Claro que te dabas, Mamaé! *(Toma unas notas rápidas en sus papeles.)* ¿Querías mucho al abuelo, no, Mamaé? ¿Cuánto, de qué manera lo querías? ¿Y esa carta? ¿Y esa paliza? ¿Y la india mala de Camaná? El caballero siempre aparecía vinculado a esa carta y a esa india en los cuentos de la señorita de Tacna. ¿Cuál era el fondo de esa historia tan misteriosa, tan escandalosa, tan pecaminosa, Mamaé? ¡Misteriosa, escandalosa, pecaminosa! ¡Me gusta! ¡Me gusta! *(Se pone a escribir, con furia.)*

AMELIA
(Que ha servido ya la sopa.) ¡La comida!

La misa ha terminado y, en la radio, ha comenzado una tanda publicitaria, con los anuncios del chocolate Sublime. Amelia la apaga. Los abuelos van a sentarse a la mesa. Se nota al abuelo muy abatido. Con gran esfuerzo, la Mamaé se incorpora de su sillón y da un pasito. Amelia corre a sostenerla.

AMELIA
¿Quieres romperte una pierna? ¿Adónde vas sin tu silla, Mamaé?

La lleva del brazo hacia la mesa.

MAMAÉ
A la iglesia quiero ir. A rezar. A misa, a confesarme. Estoy harta de oír misa por radio. No es lo mismo. Aunque el cura diga que sí. No lo es. Una se distrae, no toma la misa en serio.

La Mamaé y Amelia se sientan. Comienzan a comer.

ABUELA
Tendría que llevarte cargada mi marido, Mamaé. Con tu sillita, te demorarías horas en llegar a la iglesia de Fátima. *(Al abuelo.)* ¿Te acuerdas, Pedro, cómo nos hacías pasar el río cargadas, cuando íbamos a visitarte a Camaná? ¡Qué gritos dábamos!

El abuelo asiente, desganado.

AMELIA
¿Qué te pasa, papá? Hoy no has abierto la boca.

ABUELA
Te hablo y mueves la cabeza, como un cabezudo de feria. Me haces sentirme una tonta. ¿Te sientes mal?

ABUELO
No, ñatita, no me pasa nada. Estoy bien. Es que estaba terminando este... aparato, antes de que se enfríe.

AMELIA
La sopa, papá.

ABUELA
Qué manía esa de llamarle a todo el aparato... Si te olvidas, pregunta. ¿No estás viendo que es una sopa?

MAMAÉ
Una porquería es lo que es.

ABUELO
(Haciendo un esfuerzo por hablar.) No, está rica. Le falta un poco de sal, quizá.

BELISARIO
(Levantando la cabeza de sus papeles.) Todo le parecía rico, a todo le llamaba el aparato, a todo le faltaba sal. Un hombre que no se quejó nunca de nada, salvo de no encontrar trabajo, a la vejez. La abuela, en medio siglo de casados, no le oyó levantar la voz. Así que esa paliza a la india de Camaná parecía tan inconcebible, Mamaé. La sal fue una manía de los últimos años. Le echaba sal al café con leche, al postre. Todo le parecía:

ABUELO
¡Estupendo! ¡Estupendo!

Belisario vuelve a ponerse a escribir.

ABUELA
Yo sé lo que te pasa, Pedro. Antes salías a dar tus caminatas, a ver si el mundo seguía existiendo. Y tus hi-

jos te prohibieron el único entretenimiento que te quedaba.

AMELIA
Lo dices como si lo hubiéramos hecho para torturarlo, mamá.

ABUELO
¿Acaso estoy quejándome de algo?

ABUELA
Preferiría que te quejaras.

ABUELO
Bueno, para tenerte contenta voy a pasarme el día renegando. No sé de qué, ñatita.

ABUELA
No te estoy riñendo, marido. ¿Crees que no me da pena tenerte enclaustrado? Mira, después del almuerzo nos iremos a dar una vuelta a la manzana. Ojalá no me lo hagan pagar caro mis várices, nomás.

Amelia se pone de pie y recoge los platos.

AMELIA
No has tomado la sopa, Mamaé.

MAMAÉ
¿Sopa? Receta para perros con mal de rabia, dirás.

AMELIA

(Saliendo.) Si supieras que, con lo que dan mis hermanos para el gasto, es un milagro que les presente a diario un almuerzo y una comida.

ABUELA

Ir a la iglesia... De veras, Mamaé, qué consuelo era. Un día a la de Fátima, otro a la de los Carmelitas. ¿Te acuerdas que una vez fuimos andando hasta la parroquia de Miraflores? Teníamos que pararnos en cada esquina porque se nos salía el corazón.

MAMAÉ

Cuesta acostumbrarse a que los mandingos canten y bailen en plena misa, como en una fiesta. ¡Qué herejes!

AMELIA

(Entrando, con el segundo plato de comida. Sirve a los abuelos y a la Mamaé y se sienta.) ¿Los mandingos? ¿En la parroquia de Miraflores?

MAMAÉ

En la parroquia de La Mar.

AMELIA

Miraflores, Mamaé.

ABUELA

Está hablando de Tacna, hijita. Antes de que tú nacieras. La Mar. Una barriada de negros y cholos, en las afueras. Yo pinté unas acuarelas de La Mar, cuando era alumna del maestro Modesto Molina...

AMELIA

¿Y la Mamaé iba a oír misa a una barriada de negros y cholos?

ABUELA

Fuimos varios domingos. Había una capillita de tablones y esteras. Después que la Mamaé dejó plantado a su novio, se le metió que iba a oír misa en La Mar o que no oía misa. Y era terca como una mula.

MAMAÉ

(Sigue con su pensamiento.) El padre Venancio dice que no es pecado que canten y bailen en la misa. Que Dios los perdona porque no saben lo que hacen. Es un curita de esos modernistas...

ABUELA

Era un gran entretenimiento, ¿no, Mamaé? Las misas, las novenas, los viacrucis de Semana Santa, las procesiones. Siempre había algo que hacer, gracias a la religión. Una estaba más al día con la vida. No es lo mismo rezar entre cuatro paredes, tienes mucha razón. Era distinto cumplir con Dios rodeada de la demás gente. Estas várices... *(Mira al abuelo.)* A ti te ha pasado lo contrario que a esos jóvenes tan machitos que posan de ateos y, a la vejez, se vuelven beatos.

AMELIA

Cierto, papá. Nunca faltabas a misa, jamás comías carne los viernes y comulgabas varias veces al año. ¿Por qué cambiaste?

ABUELO

No sé de qué hablas, hijita.

ABUELA

Claro que has cambiado. Dejaste de ir a la iglesia. Y, al final, sólo ibas por acompañarnos a la Mamaé y a mí, ni te arrodillabas en la Elevación. Y, aquí, cuando oímos misa por la radio, ni siquiera te persignas. ¿Ya no crees en Dios?

ABUELO

Mira, no lo sé. Es curioso... No pienso en eso, no me importa.

ABUELA

¿No te importa si Dios existe? ¿No te importa que haya o no otra vida?

ABUELO

(Tratando de bromear.) Será que con los años he perdido la curiosidad.

ABUELA

Qué tonterías dices, Pedro. Qué consuelo sería el nuestro si no existiera Dios y si no hubiera otra vida.

ABUELO
Bueno, entonces Dios existe y hay otra vida. No vamos a discutir por tan poca cosa.

MAMAÉ
Pero es el mejor confesor que conozco. *(A la abuela, que la mira sorprendida.)* ¡El padre Venancio! Qué facilidad de palabra, a una la envuelve, la hipnotiza. Padre Venancio, por culpa de esa india de Camaná y de esa maldita carta, he cometido pecado mortal.

Se lleva la mano a la boca, asustada de lo que ha dicho, y mira a los abuelos y a Amelia. Pero ellos están concentrados en sus platos, como si no la hubieran oído. En cambio, Belisario ha dejado de escribir, ha alzado la cabeza y tiene una expresión profundamente intrigada.

BELISARIO
Es seguro que la señorita nunca tuvo la más mínima duda sobre la existencia de Dios, ni sobre la verdadera religión: la católica, apostólica y romana. Es seguro que cumplía con la Iglesia de esa manera inevitable y simple con que los astros se mueven por el universo: ir a misa, comulgar, rezar, confesarse.

La Mamaé, que ha venido andando con gran esfuerzo, se arrodilla ante Belisario como en un confesionario.

MAMAÉ
Perdonadme, padre Venancio, porque he pecado.

BELISARIO

(*Dándole la bendición.*) ¿Cuándo fue la última vez que te confesaste, hija?

MAMAÉ

Hace quince días, padre.

BELISARIO

¿Has ofendido a Dios en estas dos semanas?

MAMAÉ

Me acuso de haberme dejado dominar por la cólera, padre.

BELISARIO

¿Cuántas veces?

MAMAÉ

Dos veces. La primera, el martes pasado. Amelia estaba limpiando el baño. Se demoraba y yo tenía deseos de hacer una necesidad. Me dio vergüenza pedirle que saliera. Ahí estaban Carmen y Pedro, y se hubieran dado cuenta que iba al excusado. Así que disimulaba: «Apúrate un poco con el baño, Amelia». Y ella tomándose todo su tiempo. Me sentía ya mal, con retortijones, y sudaba frío. Así que, mentalmente, la insulté: «¡Estúpida!». «¡Floja!» «¡Maldita!» «¡Amargada!»

BELISARIO

¿Y la segunda vez, hija?

MAMAÉ

Esa pata de Judas me derramó mi frasco de agua de colonia. Me lo habían regalado. La familia no está en buena situación, padre, así que era un gran regalo. Yo dependo de lo que me dan los sobrinos, en Navidad y en mi cumpleaños. Estaba feliz con esa colonia. Olía rico. La pata de Judas abrió el frasco y lo vació en el lavador. Porque no quise contarle un cuento, padre Venancio.

BELISARIO

¿La pata de Judas era yo, Mamaé?

MAMAÉ

Sí, padre.

BELISARIO

¿Me jalaste las orejas? ¿Me diste unos azotes?

MAMAÉ

Yo no le pego nunca. ¿Acaso es mi nieto? Sólo soy una tía, la quinta rueda del coche... Al ver el frasco vacío me dio tanta cólera que me encerré en el baño, y ahí, frente al espejo, dije palabrotas, padre.

BELISARIO

¿Qué palabrotas, hija?

MAMAÉ

Me da vergüenza, padre Venancio.

BELISARIO
Aunque te dé. No seas orgullosa.

MAMAÉ
Trataré, padre. *(Haciendo un gran esfuerzo.)* ¡Maldita sea mi estampa, carajo! ¡Mierda! ¡Mierda! ¡Mocoso de mierda!

BELISARIO
¿Qué otros pecados, hija?

MAMAÉ
Me acuso de haber mentido tres veces, padre.

BELISARIO
¿Mentiras graves?

MAMAÉ
Más o menos, padre.

ABUELA
(Desde la mesa.) ¿Qué dices, Elvira?

MAMAÉ
Que se ha acabado el azúcar. *(A Belisario.)* Había un paquete entero, pero yo lo escondí. Para que Carmen me diera plata. Y, entonces, dije la segunda.

ABUELA
¿Y por qué vas a ir tú a comprar el azúcar? Deja que vaya Amelia.

MAMAÉ
Iré yo, nomás. Quiero hacer un poco de ejercicio. *(A Belisario.)* No era verdad, me cuesta muchísimo andar. Me duelen las rodillas y no guardo bien el equilibrio.

BELISARIO
¿Y para qué esas mentiras, hija?

MAMAÉ
Para comprarme un chocolate. Estaba antojada hacía días. Se me hacía agua la boca al oír en la radio la propaganda del Sublime.

BELISARIO
¿Y no era más fácil que le pidieras al abuelo cinco soles?

MAMAÉ
Está en muy mala situación, padre. Vive de sus hijos y ellos pasan apuros. El pobre hace durar semanas sus hojitas de afeitar, sacándoles filo no sé cuánto rato cada mañana. Siglos que nadie se compra ropa en la casa. Heredamos lo que ya no se ponen los sobrinos. ¿Cómo le voy a pedir plata para chocolates? Así que fui a la bodega, compré un Sublime y me lo comí en la calle. Al regresar, puse en el repostero el paquete de azúcar que tenía escondido. Ésa fue la tercera mentira, padre.

BELISARIO
Eres una persona demasiado orgullosa, hija.

MAMAÉ
Eso no es malo. No es pecado ser orgullosa.

En el curso del diálogo han ido cambiando de posición, hasta adoptar la acostumbrada cuando la Mamaé cuenta los cuentos al niño.

BELISARIO
Yo creo que sí es, Mamaé. El hermano Leoncio dijo el otro día en la clase de catecismo que el orgullo fue el primer pecado, el de Luzbel.

MAMAÉ
Bueno, quizá lo sea. Pero a la señorita de Tacna el orgullo le permitía vivir, ¿ves? Soportar las decepciones, la soledad, la privación de tantas cosas. Sin orgullo, habría sufrido mucho. Además, era lo único que tenía.

BELISARIO
No entiendo por qué le alabas tanto el orgullo. Si ella quería a su novio, y él le pidió perdón por haberla engañado con la mujer mala, ¿no era mejor que lo perdonara y se casara con él? ¿De qué le sirvió tanto orgullo? Se quedó solterona, ¿no es cierto?

MAMAÉ
Eres muy chico y no puedes entender. El orgullo es lo más importante que tiene una persona. La defiende contra todo. El hombre o la mujer que pierde eso se convierte en un trapo que cualquiera pisotea.

BELISARIO
Pero eso ya no es un cuento sino un sermón, Mamaé. En los cuentos deben pasar cosas. Siempre me dejas en ayunas sobre los detalles. Por ejemplo, ¿tenía malos tocamientos la señorita de Tacna?

MAMAÉ
(Asustada, poniéndose de pie.) No, claro que no. *(Más asustada.)* ¿Malos... qué has dicho? *(Horrorizada.)* ¿Malos qué, malos qué cosa?

BELISARIO
(Avergonzado.) He dicho malos pensamientos, Mamaé. ¿No tenía a veces malos pensamientos la señorita de Tacna?

MAMAÉ
(Compadecida, deslizándose dificultosamente hacia su sillón.) Tú eres el que tiene la cabeza llena de malos pensamientos, chiquitín.

Se sienta en su sillón y se acurruca. Los abuelos y Amelia, ajenos, siguen comiendo.

BELISARIO
(Que se ha vuelto a poner a escribir. Habla, mientras garabatea sus papeles.) Sí, Mamaé, es verdad. No puedo dejar de pensar que, bajo esa apariencia espiritual, detrás de esa mirada serena, había también en la señorita una madeja de ríos de sangre tibia, instintos que, de pronto, al-

zaban la cabeza y exigían. ¿O esa austera rutina que era su vida exterior, era, de verdad, toda su vida? *(Deja de escribir. Se vuelve a mirar a la Mamaé. Se dirige a ella, con cierto patetismo.)* De chico, me figuraba que habías sido siempre una viejecita arrugada. Y, ahora, que trato de imaginar tu juventud, no puedo: la viejecita ahuyenta siempre a esa joven que también fuiste. A pesar de tantos cuentos, sigo en la luna sobre la señorita. ¿Qué le pasó luego de quemar su vestido de novia y dejar plantado al oficial chileno?

Con las últimas frases de Belisario, la abuela se ha levantado de la mesa y se acerca a la Mamaé. El abuelo y Amelia continúan comiendo, ignorantes de lo que sigue. El abuelo, a veces, echa sal a su plato con una especie de furia.

ABUELA
¿Por qué no has hecho tus maletas, Elvirita? Pedro quiere partir al alba, para llegar al muelle de Arica antes del sol fuerte. No nos vaya a dar una insolación, sobre todo a ti que tienes la piel tan blanca. *(Pausa.)* ¿Sabes que, en el fondo, me alegro de partir? Cuando murió mi madre, después de esa terrible agonía, fue como si también Tacna se hubiera empezado a morir. Y, ahora, con la muerte de mi padre, esta ciudad se me hace hasta antipática. Vamos a hacer tus maletas, yo te ayudo.

MAMAÉ
No voy a ir a Arequipa con ustedes, Carmencita.

ABUELA
¿Y dónde te vas a quedar? ¿Con quién te vas a quedar en Tacna?

MAMAÉ
No voy a ser una carga para ti en la vida.

ABUELA
No digas tonterías, Elvira. Sabes que mi marido está feliz de que vengas con nosotros. ¿Acaso no somos como hermanas? Serás la hermana de Pedro, también. Vamos a hacer tus maletas.

MAMAÉ
Desde tu boda, me he pasado todas las noches esperando este momento. Desvelada, pensando, hasta que oía la corneta del cuartel de los chilenos. No puedo vivir con ustedes. Pedro se ha casado contigo y no contigo más tu prima Elvira.

ABUELA
Te vienes a vivir con nosotros y se acabó. Es un tema agotado.

MAMAÉ
A la larga sería un estorbo. Una fuente de problemas. Por mi culpa habría disputas entre ustedes. Algún día Pedro te echaría en cara que le hubieras impuesto cargar con una intrusa toda la vida.

ABUELA
Por lo pronto, no será toda la vida, porque mañana te olvidarás de lo ocurrido con Joaquín, te enamorarás y te casarás. Por favor, Elvira, hay que levantarse de madrugada. Tenemos un viaje tan largo.

BELISARIO
(Encantado con el hallazgo, salta en el asiento.) Largo, pesadísimo, complicadísimo. En tren de Tacna a Arica. Tomar el barco en Arica y pasar dos días navegando, hasta Mollendo. El desembarco allí era cosa de circo, ¿no, abuela? Las bajaban a las señoras del barco a la lancha en canastas, como a las vacas, ¿no, Mamaé? Y, después, la cabalgata de tres días hasta Arequipa, por sierras donde había el peligro de ser asaltadas por los bandoleros. *(Se pone a escribir, entusiasmado.)* Ah, Belisario, y eso es lo que tú criticabas tanto en los escritores regionalistas: el color local y la truculencia.

ABUELA
¿Te dan miedo los bandoleros, Elvira? A mí me dan, pero, al mismo tiempo, me encantan. En esas cosas debías pensar y no en tonterías.

MAMAÉ
No son tonterías, ñatita.

ABUELA
Sabes muy bien que no te puedes quedar en Tacna. Aquí no tenemos ya nada. Ni siquiera esta casa, que vendrán a ocupar mañana los nuevos dueños.

MAMAÉ
Me quedaré donde la María Murga.

ABUELA
¿La que fue tu niñera? ¡Qué cosas dices!

MAMAÉ
Es una mujer de buen corazón. Me ha ofrecido un cuarto en su casa, en La Mar. Lo compartiré con su hijito menor, mi ahijado. Ayudaré con los gastos. ¿Acaso no sé bordar? Haré manteles, velos, mantillas de encaje. Y, también, dulces. Los llevaré a la Pastelería Máspoli; el italiano los venderá y me dará una comisión.

ABUELA
Como en una novelita de Xavier de Montepin... Ya te veo viviendo en un arrabal de Tacna, en medio de los cholos y de los negros. Tú, que a todo le haces ascos; tú, la niñita respingada, como te decía mi papá.

MAMAÉ
Seré respingada, pero nunca me he sentido rica. Aprenderé a vivir como los pobres, ya que yo también soy pobre. La casita de la María Murga es limpia.

ABUELA
¿No se te ha aflojado un tornillo? Quedarte a vivir en La Mar. ¿Qué te ha dado por La Mar? Primero, oír misa ahí; luego, ver las puestas del sol en esa barriada. Y, ahora, que vas a vivir ahí, con la María Murga. ¿Te ha

hecho brujería algún mandingo de La Mar? Bueno, se está haciendo tardísimo, y ya me cansé de discutir. Haré yo tus maletas y, si es necesario, Pedro te subirá mañana al ferrocarril de Arica a la fuerza.

La abuela regresa al comedor. Se sienta y reanuda su comida.

MAMAÉ

¿Cuál es la diferencia en que siga aquí o me vaya donde la María Murga? ¿No es éste un cuchitril tan miserable como una choza de La Mar? *(Pausa.)* Bueno, allá la gente va a pata pelada y nosotros usamos zapatos. Allá todos tienen piojos en la cabeza, como dice el tío Menelao, y nosotros *(se lleva la mano a la cabeza)*... Quién sabe, a lo mejor por eso me pica...

El abuelo se pone de pie y avanza hacia la Mamaé. La abuela y Amelia siguen comiendo.

ABUELO

Buenas tardes, Elvira. La estaba buscando. Quisiera hablar unas palabras con usted.

MAMAÉ

(Lo observa un momento. Luego, habla al cielo.) Es difícil entenderte, Dios mío. Parece que prefirieras a los locos y a los pícaros en vez de los hombres buenos. ¿Por qué, si Pedro fue siempre tan justo, tan honrado, le diste tan mala vida?

Belisario se levanta de su mesa de trabajo y avanza hacia la Mamaé.

BELISARIO

¿No era pecado que la señorita le reprochara cosas a Dios, Mamaé? Él sabe lo que hace y si hizo sufrir tanto al caballero por algo sería. Tal vez, para premiarlo mejor en el cielo.

ABUELO

Usted es como hermana de Carmen y yo la considero también mi hermana. No será nunca una forastera en mi casa. Le advierto que no partiremos de Tacna sin usted.

MAMAÉ

Tal vez, chiquitín. Pero la señorita no podía entenderlo. Y se quemaba el cerebro, pensando: ¿Fue por la india de la carta, Dios santo, que hiciste padecer tanto al caballero? ¿Por ese pecadito hiciste que la helada quemara el algodón de Camaná el año en que se iba a hacer rico?

BELISARIO

(Colocándose a los pies de la Mamaé, en la postura en que escucha los cuentos.) ¿El caballero había cometido un pecado? Eso nunca me lo contaste, Mamaé.

ABUELO

Le estoy agradecido porque sé que ha ayudado mucho a Carmen, como amiga y consejera. Vivirá siempre con nosotros. ¿Sabe que he dejado el empleo que tenía en la Casa Gibson? Entré allá a los quince años, al morir mi padre. Yo hubiera querido ser abogado, como él, pero no fue posible. Ahora voy a administrar la hacienda de los señores Saíd, en Camaná. Vamos a sembrar algodón. En unos cuantos años tal vez pueda independizarme, comprar una tierrita. Carmen tendrá que pasar largas temporadas en Arequipa. Usted la acompañará. ¿Ya ve que no será una carga sino una ayuda en la casa?

MAMAÉ
Fue un solo pecado, en una vida noble y limpia. Uno solo, es decir, nada. Y no por culpa del caballero, sino de una perversa que lo indujo a actuar mal. La señorita no podía entender esa injusticia. *(Habla al cielo.)* ¿Fue por la india de la carta que hiciste que las plagas destruyeran también el algodón de Santa Cruz? ¿Por eso hiciste que aceptara esa Prefectura de la que salió más pobre de lo que entró?

BELISARIO
Pero, Mamaé, ya sé que a la señorita le daba pena que él estuviera siempre de malas. Qué me importa ahora la señorita. Cuéntame el pecado del caballero.

ABUELO
La casa que he alquilado en Arequipa le gustará. Está en un barrio nuevo, El Vallecito, junto al río Chilina. Se oye pasar el agua, cantando entre las piedras. Y el cuarto suyo tiene vista sobre los tres volcanes.

MAMAÉ

(Siempre al cielo.) ¿Por la india hiciste que, al salir de la Prefectura, ya no consiguiera trabajo nunca más?

BELISARIO

Me voy a enojar contigo, Mamaé. Voy a vomitar todo el almuerzo, la comida y el desayuno de mañana. ¡Que se muera la señorita de Tacna! ¡Cuéntame del caballero! ¿Robó algo? ¿La mató a esa india?

ABUELO

Es grande, de cinco dormitorios, con una huerta donde plantaremos árboles. Ya están amueblados el cuarto nuestro y el de usted. Los otros, para la familia que vendrá —si Dios quiere—, los iremos amueblando con ayuda de la Providencia y del algodón de Camaná. Estoy optimista con el nuevo trabajo, Elvira. Las pruebas que hemos hecho son óptimas: el algodón se aclimata. Con empeño y un poco de suerte, saldré adelante.

MAMAÉ

No mató ni robó a nadie. Se dejó engatusar por un diablo con faldas. No fue algo tan grave como para que Dios lo tuviera mendigando un puesto que nadie le daba. Para que lo hiciera vivir de la caridad cuando todavía era lúcido y fuerte. *(Ha comenzado hablándole a Belisario pero se ha distraído y ahora está hablándose a sí misma.)* Para que lo hiciera sentirse un inútil y vivir tan angustiado que un día le estalló la cabeza y se olvidó de dónde estaba su casa...

Belisario se pone de pie y retorna a su mesa de trabajo, junto al proscenio.

BELISARIO
(Escribiendo muy deprisa.) Te voy a decir una cosa, Mamaé. La señorita de Tacna estaba enamorada de ese señor. Está clarísimo, aunque ella no lo supiera y aunque no se dijera en tus cuentos. Pero en mi historia sí se va a decir.

ABUELO
Se lo ruego, Elvira. Venga a vivir con nosotros. Para siempre. O, mejor dicho, por el tiempo que quiera. Yo sé que no será para siempre. Es usted joven, atractiva, los mozos de Arequipa se volverán locos por usted y alguno de ellos, un día, le gustará y se casarán.

MAMAÉ
(Levantándose.) En eso está equivocado, Pedro. No me casaré nunca. Pero lo que ha dicho me ha conmovido. Se lo agradezco de todo corazón.

La abuela, que se ha levantado de la mesa, se acerca a ellos.

ABUELA
Listo, Elvirita, ya están tus maletas. Sólo falta el bolsón de viaje. Tienes que hacerlo tú misma, con lo que quieras llevar a la mano. El baúl irá con el resto del equipaje. Ah, y, por favor, a partir de ahora se tutean. Qué es eso de seguir usteándose. ¿Dónde se ha visto, entre hermanos?

Hace que se abracen. Los abuelos llevan a la Mamaé hacia la mesa, donde retorna cada uno a su sitio. Reanudan la comida.

Belisario, que durante el diálogo de la Mamaé y los abuelos ha estado escribiendo muy animado, de pronto interrumpe su trabajo, con una expresión de desaliento.

BELISARIO
¿Es ésta una historia de amor? ¿No ibas a escribir una historia de amor? *(Se golpea la cabeza.)* Siempre lo estropeas todo, lo desvías todo, Belisario. Al final, te morirás sin haber escrito lo que realmente querías escribir. Mira, puede ser una definición *(anotando):* escritor es aquel que escribe, no lo que quiere escribir —ése es el hombre normal— sino lo que sus demonios quieren. *(Mira a los viejecitos, que siguen comiendo.)* ¿Son ustedes mis demonios? Les debo todo y ahora que ya estoy viejo y ustedes están muertos, todavía me siguen ayudando, salvando, todavía les sigo debiendo más y más. *(Coge sus papeles, se levanta, impaciente, exasperado, va hacia el comedor donde la familia sigue comiendo impasible.)* Ayúdenme de verdad, entonces: ábranme los ojos, ilumínenme, aclárenme las cosas. ¿Quién era esa india perversa que se metía de repente en los cuentos del caballero y de la señorita de Tacna? Alguien, algo que debía tocar un centro neurálgico de la historia familiar, ¿no, Mamaé? Te obsesionaba, ¿no es verdad? Había recibido una paliza, se la nombraba en una carta, se te confundía con la señora Carlota por el odio idéntico que les tenías a las dos. *(Da vueltas en torno a la mesa, gritando.)* ¿Qué pasó? ¿Qué pasó? ¡Necesito saber qué pasó! Sí,

ustedes tres se llevaban maravillosamente. ¿Fue así los cuarenta o cincuenta años de vida en común? ¿Nunca cogió el caballero la mano, a escondidas, a la señorita? ¿Nunca la enamoró, la besó? ¿Nunca pasaron entre ellos esas cosas que pasan? ¿O ustedes dominaban los instintos a fuerza de convicción moral y pulverizaban las tentaciones con la voluntad? *(Está regresando a su mesa de trabajo, abatido.)* Esas cosas sólo pasan en los cuentos, Mamaé.

Mientras Belisario monologa, tocan la puerta. Entran César y Agustín, que besan a los abuelos y a la Mamaé.

AGUSTÍN
¿Cómo te sientes, papá?

ABUELO
Bien, hijo, muy bien.

ABUELA
No es verdad, Agustín. No sé qué le pasa a tu padre, pero anda cada día más abatido. Da vueltas por la casa como un fantasma.

AGUSTÍN
Te voy a dar una noticia que te va a levantar el ánimo. Me llamaron de la policía. Figúrate que han pescado al ladrón.

ABUELO
(Sin saber de qué se trata.) ¿Ah, sí? Qué bien, qué bien.

AMELIA
El que te asaltó al bajar del tranvía, papá.

AGUSTÍN
Y lo mejor es que encontraron tu reloj, entre las cosas robadas que tenía el tipo en una covacha, por Surquillo.

ABUELO
Vaya, es una buena noticia. *(Dudando, a la abuela.)* ¿Se habían robado un reloj?

CÉSAR
Lo descubrieron por la fecha, grabada en la parte de atrás: Piura, octubre de 1946.

Se van apagando sus voces, que permanecen, sin embargo, como un lejano murmullo. Belisario deja de escribir y queda jugando con el lápiz entre los dedos, pensativo:

BELISARIO
Piura, octubre de 1946... Ahí están los vocales de la Corte Superior, regalándole el reloj; ahí está el abuelo agradeciendo el regalo, a los postres del banquete en el Club Grau. Y ahí está el pequeño Belisario, orondo como un pavo real, por ser el nieto del prefecto. *(Se vuelve a mirar a la familia.)* ¿Fue ésa la última época buena, abuelos, mamá, tíos, Mamaé? Después, la lluvia de calamidades: falta de trabajo, de dinero, de salud, de lucidez. Pero en Piura ustedes se acordaban con nostalgia de Bolivia: allí la vida había sido mucho mejor... Y en Bolivia recordaban

Arequipa: allí la vida había sido mucho mejor... *(En la mesa, los abuelos siguen charlando con los hijos.)* ¿Fue en Arequipa la época de oro, cuando el abuelo iba y venía a Camaná?

ABUELO
(Joven, risueño, optimista.) Esta vez sí. Vamos a cosechar los frutos de diez años de paciencia. El algodón ha prendido maravillosamente. Los rozos están cargados como nunca nos atrevimos a soñar. Los señores Saíd estuvieron en Camaná la semana pasada. Trajeron a un técnico de Lima, lleno de títulos. Se quedó asombrado al ver los rozos. No podía creerlo, ñatita.

ABUELA
La verdad es que te lo mereces, Pedro. Después de tanto sacrificio, enterrado en esas soledades.

ABUELO
El técnico dijo que, si no nos falla el agua —y no hay razón para que falle pues el río está más lleno que nunca—, este año tendremos una cosecha mejor que las mejores haciendas de Ica.

AGUSTÍN
¿Y entonces me comprarás ese mandil y esos aparatos de médico, papá? Porque he cambiado de idea. Ya no quiero ser un gran abogado, como mi abuelo. Seré un gran médico.

El abuelo asiente.

CÉSAR
¿Y a mí me comprarás el traje de explorador, papá?

El abuelo asiente.

AMELIA
(Sentándose en las rodillas del abuelo.) ¿Y a mí la muñeca de chocolate que hay en la vitrina de la Ibérica, papacito?

ABUELO
Para la cosecha, ya la habrán vendido, sonsa. Pero te mandaré hacer una muñeca especial, la más grande de Arequipa. *(Señalando a la abuela.)* ¿Y a esta ñata buenamoza qué le vamos a regalar si la cosecha es como esperamos?

MAMAÉ
¿No se te ocurre? ¡Sombreros! ¡Muchos sombreros! Grandes, de colores, con cintas, con gasas, con pájaros, con flores.

Todos ríen. Belisario, que se ha puesto a escribir, ríe también, mientras sigue escribiendo.

AMELIA
¿Por qué te gustan tanto los sombreros, mamá?

ABUELA
Es la moda en Argentina, hijita. ¿Para qué crees que estoy suscrita a *Para Ti* y *Leoplán*? Con mis sombreros, estoy trayendo la civilización a Arequipa. Tú también usarás sombreros, para verte más linda.

MAMAÉ
A ver si así conquistas a un abogado. *(Al abuelo.)* Tendrás que contentarte con un yerno leguleyo, en vista de que tus hijos no parecen entusiasmados con el foro.

AGUSTÍN
¿Y a la Mamaé qué le vas a regalar si la cosecha es buena, papá?

ABUELO
¿Qué es eso de la Mamaé? ¿A Elvira le dicen Mamaé? ¿Y por qué?

AMELIA
Yo te digo, papacito. Mamá-Elvira, Mamá-e, la e es por Elvira, ¿ves? Yo lo inventé.

CÉSAR
Mentira, a mí se me ocurrió.

AGUSTÍN
Yo fui, tramposos. ¿No es cierto que fui yo, Mamaé?

ABUELA
Díganle mamá o Elvira, pero Mamaé es feísimo.

AMELIA
Pero mamá ya eres tú, ¿cómo vamos a tener dos mamás?

AGUSTÍN

Ella es una mamá sin serlo. *(Se dirige a la Mamaé.)* ¿Y a ti qué quieres que te regale el papá con la cosecha de algodón, Mamaé?

MAMAÉ

Un cacho quemado.

CÉSAR

Anda, Mamaé, en serio, ¿qué te gustaría?

MAMAÉ

(Viejita de nuevo.) Damascos de Locumba y una copita del mosto que destilan los mandingos.

Los hermanos, adultos otra vez, se miran intrigados.

AGUSTÍN

¿Damascos de Locumba? ¿El mosto de los mandingos? ¿De qué hablas, Mamaé?

CÉSAR

Algo que habrá oído en los radioteatros de Pedro Camacho.

ABUELA

Cosas de su infancia, como siempre. Había unas huertas en Locumba, cuando éramos chicas, de donde llevaban a Tacna canastas de damascos. Grandes, dulces, jugosos. Y un vino moscatel, que mi padre nos daba a probar con una cucharita. Los mandingos eran los negros de las haciendas. La Mamaé dice que cuando ella nació todavía había esclavos. Pero ya no había, ¿no es cierto?

CÉSAR

Siempre con tus fantasías, Mamaé. Como cuando nos contabas cuentos. Ahora los vives en tu cabeza, ¿no, viejita?

AMELIA

(Con amargura.) Vaya, es verdad. A lo mejor tú tienes la culpa de lo que le pasa a mi hijo. Tanto hacerle aprender poesías de memoria, Mamaé.

BELISARIO

(Soltando el lápiz, alzando la cabeza.) No, no es verdad, mamá. Era el abuelo, más bien, el de las poesías. La Mamaé me hizo aprender una sola. ¿Te acuerdas que la recitábamos juntos, un verso cada uno, Mamaé? Ese soneto que le había escrito a la señorita un poeta melenudo, en un abanico de nácar... *(Se dirige a Agustín.)* Tengo que contarte algo, tío Agustín. Pero prométeme que me guardarás el secreto. Ni una palabra a nadie. Sobre todo a mi mamá, tío.

AGUSTÍN

Claro, sobrino, no te preocupes. Si me lo pides, no diré una palabra. ¿Qué te pasa?

BELISARIO

No quiero ser abogado, tío. Odio los códigos, los reglamentos, las leyes, todo lo que hay que aprender en la facultad. Los memorizo para los exámenes y, al instante, se hacen humo. Te juro. Tampoco podría ser diplomático, tío. Lo siento, ya sé que para mi mamá, para ti, para los abuelos será una desilusión. Pero qué voy a hacer, tío, no he nacido para eso. Sino para otra cosa. No se lo he dicho a nadie todavía.

AGUSTÍN
¿Y para qué crees que has nacido, Belisario?

BELISARIO
Para ser poeta, tío.

AGUSTÍN
(Se ríe.) No me río de ti, sobrino, no te enojes. Sino de mí. Creí que me ibas a decir que eras maricón. O que te querías meter de cura. Poeta es menos grave, después de todo. *(Regresa hacia el comedor y se dirige a Amelia.)* O sea que no sigas soñando, Belisario no nos sacará de pobres. Haz lo que te he aconsejado, más bien: pon a trabajar al muchacho de una vez.

Belisario ha regresado al escritorio y desde allí los escucha.

AMELIA
En otras circunstancias, no me importaría que fuera lo que quisiera. Pero se va a morir de hambre, Agustín, como nosotros. Peor que nosotros. ¡Poeta! ¿Acaso es una profesión eso? ¡Tenía tantas esperanzas en él! Su padre se volvería a pegar un tiro, si supiera que su único hijo le salió poeta.

Belisario, regocijado, se ríe y hace con la mano como si se pegara un tiro.

MAMAÉ
¿Te refieres al poeta Federico Barreto? Que no te oiga el tío Menelao. Desde que me escribió ese verso, no quiere ni que se lo nombre en esta casa.

La Mamaé les sonríe a todos, como a desconocidos, haciéndoles venias cortesanas. Belisario, abandonando su mesa de trabajo, se ha puesto las manos en la frente como si fueran dos cuernos y comienza a dar topetazos a los objetos del cuarto y también a los abuelos, a su madre y a sus tíos.

ABUELA
¿Por qué te asombra que quiera ser poeta? Ha salido a su bisabuelo. El papá de Pedro escribía versos. Y Belisario fue muy fantasioso, desde que era así. ¿No se acuerdan en Bolivia, cuando la cabrita?

BELISARIO
¡Es el demonio, abuelita! ¡Te lo juro que es! ¡Está en las estampas, en el catecismo y el hermano Leoncio ha dicho que se encarna en un macho cabrío negro! *(Jurando, besándose los dedos en forma de cruz.)* ¡Por Dios, abuelita!

AMELIA
Pero ésta es sólo una cabrita y no un macho cabrío, hijito.

ABUELA
Y es un regalo de tu abuelito, por las Fiestas Patrias. ¿Se te ocurre que tu abuelo nos iba a mandar de regalo al diablo?

BELISARIO
(Lloriqueando.) ¡Es Belcebú, abuelita! ¡Créeme que es! ¡Por Dios que es! Le he hecho la prueba del agua bendita. Se la eché encima y se espantó, palabra.

AGUSTÍN
A lo mejor esa agua no estaba bien bendita, sobrino.

Belisario se va lloriqueando hacia el sillón de la Mamaé.

MAMAÉ
No se burlen de él, pobrecito. Yo te hago caso, chiquitín, ven para acá. *(Se pone a acariciar, a consolar a un niño invisible.)*

BELISARIO
(Acariciando a una Mamaé invisible.) Si supieras que todavía, en ciertas pesadillas, vuelvo a ver a la cabrita de Bolivia, Mamaé. Qué grande parecía. Qué miedo le tenías, Belisario. Un macho cabrío, el diablo encarnado. ¿Eso es lo que tú llamas una historia de amor?

AMELIA
¿Qué pasa que estás tan callado, papá? ¿Te sientes mal? ¡Papá, papá!

ABUELO
(*Cogiéndose la cabeza.*) Un mareo, hijita. En el aparato, otra vez en el aparato...

La abuela y los tres hermanos, muy alarmados, se afanan en torno al abuelo, quien está semidesvanecido.

CÉSAR
¡Hay que llamar un médico! ¡Pronto!

AGUSTÍN
Espera. Llevémoslo antes al dormitorio.

Entre exclamaciones de angustia, los cuatro se llevan al abuelo al interior de la casa. La Mamaé ha permanecido inmóvil, observando.

MAMAÉ
(*Mirando al cielo.*) ¿Fue por lo de la india? ¿Por ese pecadillo de juventud?

Se pone de pie, con gran dificultad. Coge la sillita de madera que le sirve de bastón y, aferrada al espaldar, comienza la —lenta, difícil— trayectoria hacia su sillón. Belisario, muy serio y decidido, está esperándola a los pies del sillón, en la postura en que escucha los cuentos.

BELISARIO
A estas alturas, tengo que saberlo, Mamaé. ¿Cuál fue el pecadillo ese?

MAMAÉ

(Mientras se desliza penosamente hacia su sillón.) Algo terrible que le pasó a la señorita, chiquitín. Sólo una vez en toda su vida. Por la carta esa. Por la mujer mala esa. *(Hace un alto para tomar fuerzas.)* ¡Pobre señorita! ¡La hicieron pecar con el pensamiento!

BELISARIO

¿Qué carta, Mamaé? Cuéntamelo desde el comienzo.

MAMAÉ

Una carta que le escribió el caballero a su esposa. La esposa, la amiga íntima de la señorita de Tacna. Vivían juntas porque se querían mucho. Eran como hermanas y, por eso, cuando su amiga se casó, se llevó a la señorita a vivir con ella.

BELISARIO

¿A Arequipa?

MAMAÉ

(Ha llegado por fin a su sillón y se deja caer en él. Belisario apoya la cabeza en sus rodillas.) Era una buena época. Parecía que iba a haber una gran cosecha de algodón y que el caballero ganaría mucho dinero y tendría una hacienda propia. Porque el caballero, entonces, administraba unas tierras ajenas.

BELISARIO

La hacienda de Camaná, la de los señores Saíd. Ya sé todo eso. Lo de la carta, Mamaé, lo de la india.

En el fondo del escenario aparece el abuelo. Se sienta. Entra la señora Carlota, con una escoba y un plumero. Viste como en el primer acto, pero, aquí, parece cumplir las tareas de una sirvienta. Mientras barre o sacude, pasa y vuelve a pasar ante el abuelo, con aire insinuante. El abuelo, como a pesar de sí mismo, empieza a seguirla con la mirada.

MAMAÉ
Camaná era el fin del mundo. Un pueblito sin caminos, sin siquiera una iglesia. Y el caballero no permitía que su esposa fuera a enterrarse en ese desierto. La dejaba en Arequipa, con la señorita, para que hiciera vida social. Y él tenía que pasar meses lejos de los suyos. Era muy bueno y siempre había tratado a los peones y sirvientes de la hacienda con guante blanco. Hasta que un día...

ABUELO
(Recita.) Esposa adorada, amor mío: Te escribo con el alma hecha un estropajo por los remordimientos. En nuestra noche de bodas nos juramos fidelidad y amor eternos. También, franqueza total. En estos cinco años he cumplido escrupulosamente ese juramento, como sé que lo has cumplido tú, mujer santa entre las santas.

La señora Carlota, envalentonada con las miradas del abuelo, se quita la blusa, como si hiciera mucho calor. El sostén que lleva apenas le cubre los pechos.

BELISARIO

(*Con angustia contenida.*) ¿Fue una carta que el caballero le escribió a la señorita?

MAMAÉ

No, a su esposa. Llegó la carta a Arequipa, y, al leerla, la esposa del caballero se puso blanca como la nieve. La señorita tuvo que darle valeriana, mojarle la frente. Luego, la esposa del caballero se encerró en su cuarto y la señorita la sentía llorar con unos suspiros que partían el alma. Su curiosidad fue muy grande. Así que, esa tarde, rebuscó el cuarto. ¿Sabes dónde estaba la carta? Escondida dentro de un sombrero. Porque a la esposa del caballero le encantaban los sombreros. Y, en mala hora para ella, la señorita la leyó.

La mano del abuelo se estira y coge a la señora Carlota, cuando pasa junto a él. Ella simula sorprenderse, enojarse, pero, luego de un breve y silente forcejeo, se deja ir contra él. El abuelo la sienta en sus rodillas y la acaricia, mientras sigue recitando la carta:

ABUELO

Prefiero causarte dolor antes que mentirte, amor mío. No viviría en paz sabiéndote engañada. Ayer, por primera vez en estos cinco años, te he sido infiel. Perdóname, te lo pido de rodillas. Fue más fuerte que yo. Un arrebato de deseo, como un vendaval que arrancara de cuajo los árboles, se llevó de encuentro mis principios, mis promesas. He decidido contártelo, aunque me maldigas. La culpa es de tu ausencia. Soñar contigo en las noches de

Camaná ha sido, es, un suplicio. Mi sangre hierve cuando pienso en ti. Me asaltan impulsos de abandonarlo todo y galopar hasta Arequipa, llegar hasta ti, tomar en mis brazos tu cuerpo adorable, llevarte a la alcoba y...

Su voz se va apagando.

MAMAÉ

Todo empezó a darle vueltas a la señorita. El cuarto de baño, donde leía la carta, se convirtió en un trompo que giraba, giraba, y la casa, Arequipa, el mundo, se volvieron una rueda, un precipicio donde la señorita caía, caía. Su corazón, su cabeza iban a estallar. Y la vergüenza le quemaba la cara.

BELISARIO

(Muy grave.) ¿Sentía vergüenza por haber leído que el caballero le había pegado a una sirvienta?

El abuelo y la señora Carlota se han deslizado al suelo.

MAMAÉ

(Trémula.) Sí, mucha. No concebía que el caballero pudiera ponerle el dedo encima a una mujer. Ni siquiera a una india perversa.

BELISARIO

(Muy conmovido.) ¿Nunca había leído una novelita en que un hombre le pegaba a una mujer?

MAMAÉ
Era una señorita decente y no leía ciertas cosas, chiquitín. Pero, además, era peor que leerlas en un libro. Porque ella conocía al autor de la carta. La leía y releía y no podía creer que el caballero hubiera hecho algo así.

ABUELO
El nombre de ella no importa. Es una infeliz, una de las indias que limpian el albergue, un animalito, una cosa. No me cegaron sus encantos, Carmen. Sino los tuyos, el recuerdo de tu cuerpo, que es la razón de mi nostalgia. Fue pensando en ti, ávido de ti, que cedí a la locura y amé a la india. En el suelo, como un animal. Sí, debes saberlo todo...

BELISARIO
(También trémulo ahora, pronunciando las palabras como si lo quemaran.) ¿Y por unos azotes a la sirvienta, se puso blanca como la nieve la esposa del caballero? ¿Y por eso sintió que se acababa el mundo la señorita? ¿No me estarás ocultando algo? ¿No será que al caballero se le pasó la mano y mató a la india, Mamaé?

MAMAÉ
De repente, la señorita empezó a sentir otra cosa. Peor que el vértigo. Le temblaba el cuerpo y tuvo que sentarse en la bañera. La carta era tan, tan explícita que le parecía estar sintiendo esos golpes que el caballero le daba a la mujer mala.

ABUELO
Y, en mis brazos, ese ser chusco lloriqueó de placer. Pero no era a ella a la que estaba amando. Sino a ti, adorada. Porque tenía los ojos cerrados y te veía y no era su olor sino el tuyo, la fragancia de rosas de tu piel lo que sentía y me embriagaba...

BELISARIO
¿Pero en qué forma la hizo pecar esa carta con el pensamiento a la señorita, Mamaé?

MAMAÉ
(Demudada.) Se le ocurrió que en vez de pegarle a la señora Carlota, el caballero le estaba pegando a ella.

ABUELO
Cuando todo hubo terminado y abrí los ojos, mi castigo fue encontrar, en vez de las ojeras azules que te deja el amor, esa cara extraña, tosca... Perdóname, perdóname. He sido débil, pero ha sido por ti, pensando en ti, deseándote a ti, que te he faltado.

BELISARIO
¿Y dónde estaba el pecado en que a la señorita se le ocurriera que el caballero le daba una paliza a ella? Eso no era pecado, sino tontería. ¿Y, además, de qué señora Carlota hablas? ¿Ésa no era la mujer mala de Tacna?

MAMAÉ
Claro que era pecado. ¿No es pecado hacer daño al prójimo? Y si a la señorita se le antojó que el caballero la

maltratara, quería que el caballero ofendiera a Dios. ¿No te das cuenta?

El abuelo se levanta. Con un gesto de disgusto despacha a la señora Carlota, quien se marcha lanzando una mirada burlona a la Mamaé. El abuelo se pasa la mano por la cara, se arregla la ropa.

ABUELO
Cuando vaya a Arequipa, me echaré a tus pies hasta que me perdones. Te exigiré una penitencia más dura que mi falta. Sé generosa, sé comprensiva, amor mío. Te besa, te quiere, te adora más que nunca, tu amante esposo, Pedro.

Sale.

MAMAÉ
Ese mal pensamiento fue su castigo, por leer cartas ajenas. Así que aprende la lección. No pongas nunca los ojos donde no se debe.

BELISARIO
Hay cosas que no se entienden. ¿Por qué le pegó el caballero a la india? Dijiste que ella era perversa y él buenísimo, pero en el cuento es a ella a la que le pegan. ¿Qué había hecho?

MAMAÉ
Seguramente algo terrible para que el pobre caballero perdiera así los estribos. Debía de ser una de esas

mujeres que hablan de pasión, de placer, de esas inmundicias.

BELISARIO
¿Se fue a confesar la señorita de Tacna sus malos pensamientos?

MAMAÉ
Lo terrible, padre Venancio, es que leyendo esa carta sentí algo que no puedo explicar. Una exaltación, una curiosidad, un escozor en todo el cuerpo. Y, de pronto, envidia por la víctima de lo que contaba la carta. Tuve malos pensamientos, padre.

BELISARIO
El demonio está al acecho y no pierde oportunidad de tentar a Eva, como al principio de la Historia.

MAMAÉ
No me había pasado nunca, padre. Había tenido ideas torcidas, deseos de venganza, envidias, cóleras. ¡Pero pensamientos como ése, no! Y, sobre todo, asociados con una persona que respeto tanto. El caballero de la casa donde vivo, el esposo de la prima que me ha dado un hogar. ¡Ayyy! ¡Ayyy!

BELISARIO
(Poniéndose de pie, yendo hacia su escritorio, comenzando a escribir.) Mira, señorita de Tacna, te voy a dar la receta del hermano Leoncio contra los malos pensamientos. Apenas te asalten caes de rodillas, donde estés, y llamas en tu

ayuda a la Virgen. A gritos, si hace falta. *(Imitando al hermano Leoncio.)* «María ahuyenta las tentaciones como el agua a los gatos.»

MAMAÉ
(A un Belisario invisible, que seguiría a sus pies. Belisario sigue escribiendo.) Cuando tu abuelita Carmen y yo estábamos chicas, en Tacna, una temporada nos dio por ser muy piadosas. Nos imponíamos penitencias más severas que las del confesionario. Y, cuando la mamá de tu abuelita —mi tía Amelia— se enfermó, hicimos una promesa, para que Dios la salvara. ¿Sabes qué? Bañarnos todos los días en agua fría. *(Se ríe.)* En ese tiempo parecía una locura bañarse a diario. Esa moda vino más tarde, con los gringos. Era un acontecimiento. Las sirvientas calentaban baldes de agua, se clausuraban puertas y ventanas, se preparaba el baño con sales y, al salir de la tina, una se metía a la cama para no pescar una pulmonía. Así que nosotras, por salvar a la tía Amelia, nos adelantamos a la época. Durante un mes, calladitas, nos zambullimos cada mañana en agua helada. Salíamos con piel de gallina y los labios amoratados. La tía Amelia se recuperó y creíamos que era por nuestra promesa. Pero un par de años después volvió a enfermarse y tuvo una agonía atroz, de muchos meses. Llegó a perder la razón de tanto sufrimiento. A veces es difícil entender a Dios, chiquitín. Tu abuelito Pedro, por ejemplo, ¿es justo que, a pesar de ser siempre tan honrado y tan bueno, todo le saliera mal?

BELISARIO
(Alzando la vista, dejando de escribir.) ¿Y tú, Mamaé? ¿Por qué no tuviste una vida donde todo te saliera bien?

¿Por qué pecadito de juventud te castigaron a ti? ¿Fue por leer esa carta? ¿Leyó esa carta la señorita de Tacna? ¿Existió alguna vez esa carta?

La Mamaé ha sacado, de entre sus viejas ropas, un primoroso abanico de nácar, de principios de siglo. Luego de abanicarse un instante, se lo acerca a los ojos y lee algo que hay escrito en él. Mira a derecha y a izquierda, temerosa de que vayan a oírla. Va a recitar, con voz conmovida, el poema del abanico, cuando Belisario se le adelanta y dice el primer verso:

BELISARIO
Tan hermosa eres, Elvira, tan hermosa...

MAMAÉ
(Continúa recitando.) ... Que dudo siempre que ante mí apareces...

BELISARIO
... Si eres un ángel o eres una diosa...

MAMAÉ
... Modesta, dulce, púdica y virtuosa...

BELISARIO
... La dicha has de alcanzar, pues la mereces...

MAMAÉ
... Dichoso, sí, dichoso una y mil veces...

BELISARIO
... Aquel que al fin pueda llamarte esposa...

MAMAÉ
... Yo, humilde bardo del hogar tacneño...

BELISARIO
... Que entre pesares mi existencia acabo...

MAMAÉ
... Para tal honra júzgome pequeño...

BELISARIO
... No abrigues, pues, temor porque te alabo:...

MAMAÉ
... Ya que no puedo, Elvira, ser tu dueño...

BELISARIO
... Déjame por lo menos ser tu esclavo.

Se pone a escribir otra vez. Con el último verso, ha entrado Amelia, del interior de la casa, sollozando. Se apoya contra una silla, se seca los ojos. La Mamaé permanece como dormida en su sillón, pero con los ojos abiertos. Una sonrisa melancólica ha quedado fijada en su cara. Entra del interior César con el rostro compungido.

AMELIA
¿Ha muerto, no?

César asiente y Amelia se apoya en su hombro y solloza. A él se le escapa asimismo un sollozo. Entra, también del interior, Agustín.

AGUSTÍN
Vamos, cálmense. Ahora hay que pensar en la mamá. Esto es terrible sobre todo para ella.

CÉSAR
Habrá que tenerla con calmantes, hasta que se haga a la idea.

AMELIA
Me da tanta pena, hermano.

CÉSAR
Es como la desintegración de la familia...

BELISARIO
(Continúa recitando.) ¿La Mamaé se ha muerto?

AGUSTÍN
Se fue apagando como una vela, a poquitos. Se le murieron los oídos, las piernas, las manos, los huesos. Hoy le tocó al corazón.

BELISARIO
(Siempre en la misma postura.) Mamá, ¿es verdad que se ha muerto la Mamaé?

AMELIA
Sí, hijito. La pobre se ha ido al cielo.

CÉSAR
Pero tú no vas a llorar, Belisario, ¿no es cierto?

BELISARIO
(Llorando.) Claro que no. ¿Por qué iba a llorar? ¿Acaso no sé que todos tenemos que morirnos, tío César? ¿Acaso los hombres lloran, tío Agustín?

CÉSAR
A comerse esas lágrimas, sobrino, y a portarse como quien sabes.

BELISARIO
(Siempre en su escritorio, mirando al público.) ¿Como el gran abogado que voy a ser, tío?

Haciendo un esfuerzo para vencer la emoción que se ha apoderado de él, Belisario vuelve a ponerse a escribir.

AMELIA
Así, muy bien, como el gran abogado que vas a ser.

AGUSTÍN
Anda a acompañar a la mamá, Amelia. Nosotros tenemos que ocuparnos del entierro. *(Amelia asiente y sale, hacia el interior de la casa. Agustín se dirige a César.)* Entierro que, como sabes, cuesta dinero. Le haremos el más sencillo que haya. Pero aun así: cuesta dinero.

CÉSAR
Está bien, Agustín. Haré un esfuerzo, a pesar de que yo estoy más fregado que tú. Pero te ayudaré.

AGUSTÍN
A mí no, a la Mamaé; que era tan Mamaé tuya como mía. Tienes que ayudarme también con los trámites, ese engorro de municipalidad, cementerio...

César y Agustín salen, hacia la calle. La Mamaé se halla inmóvil, acurrucada en su sillón. Belisario acaba de terminar de escribir, y, en su cara, hay una mezcla de sentimientos: satisfacción, sin duda, por haber concluido lo que quería contar y, a la vez, vacío y nostalgia por algo que ya acabó, que ya perdió.

BELISARIO
No es una historia de amor, no es una historia romántica. ¿Qué es, entonces? *(Se encoge de hombros.)* Nunca dejará de maravillarte ese extraño nacimiento que tienen las historias. Se van armando con cosas que uno cree haber olvidado y que la memoria rescata el día menos pensado sólo para que la imaginación las traicione. *(Mira a la Mamaé.)* Todo lo que mi memoria guardaba de ti era esa imagen de los últimos tiempos: un pedacito de mujer, acurrucada en el sillón, que se hacía pis en los calzones. *(Se pone de pie, se acerca a la Mamaé.)* Eras muy buena, Mamaé, claro que sí. Pero no te quedaba otra alternativa, ¿no es cierto? ¿Por qué me dio por contar tu historia? Pues has de saber que, en vez de abogado, diplomático o poeta, resulté

dedicándome a este oficio que a lo mejor aprendí de ti: contar cuentos. Mira, tal vez sea por eso: para pagar una deuda. Como la historia verdadera no la sabía, he tenido que añadir a las cosas que recordaba otras que iba inventando y robando de aquí y de allá. Como hacías tú con los cuentos de la señorita de Tacna, ¿no, Mamaé?

Le cierra los ojos y la besa en la frente. Mientras se aleja, hacia un costado del escenario, cae el

TELÓN

KATHIE Y EL HIPOPÓTAMO

A Norma Aleandro

EL TEATRO COMO FICCIÓN

EN UN *París* de pacotilla, un hombre y una mujer se ponen de acuerdo para, dos horas cada día, dedicarse a mentir. Para ella es un pasatiempo; para él, un trabajo. Pero las mentiras rara vez son gratuitas o inocuas; ellas se alimentan de nuestros deseos y fracasos y nos expresan con tanta fidelidad como las verdades más genuinas que salen de nuestra boca.

Mentir es inventar, añadir a la vida verdadera otra ficticia, disfrazada de realidad. Odiosa para la moral cuando se practica en la vida, esta operación parece lícita y hasta meritoria cuando tiene la coartada del arte. En una novela, en un cuadro, en un drama, celebramos al autor que nos persuade, gracias a la pericia con que maneja las palabras, las imágenes, los diálogos, de que aquellas fabulaciones reflejan la vida, son la vida. ¿Lo son? La ficción es la vida que no fue, la que quisiéramos que fuera, que no hubiera sido o que volviera a ser, aquella vida sin la cual la que tenemos nos resultaría siempre trunca. Porque, a diferencia del animal, que vive su vida de principio a fin, nosotros sólo vivimos parte de la nuestra.

Nuestros apetitos y nuestras fantasías siempre desbordan los límites dentro de los que se mueve ese cuerpo mortal al que le ha sido concedida la perversa prerrogativa de imaginar las mil y una aventuras y protagonizar apenas diez. El abismo inevitable entre la realidad concreta de una existencia humana y los deseos que la solivianten y que jamás podrá aplacar, no es sólo el origen de la infelicidad, la insatisfacción y la rebeldía del hombre. Es también la razón de ser de la ficción, mentira gracias a la cual podemos tram-

posamente completar las insuficiencias de la vida, ensanchar las fronteras asfixiantes de nuestra condición y acceder a mundos más ricos o más sórdidos o más intensos, en todo caso distintos del que nos ha deparado la suerte. Gracias a los embustes de la ficción la vida aumenta, un hombre es muchos hombres, el cobarde es valiente, el sedentario nómada y prostituta la virgen. Gracias a la ficción descubrimos lo que somos, lo que no somos y lo que nos gustaría ser. Las mentiras de la ficción enriquecen nuestras vidas, añadiéndoles lo que nunca tendrán, pero, después, roto su hechizo, las devuelven a su orfandad, brutalmente conscientes de lo infranqueable que es la distancia entre la realidad y el sueño. A quien no se resigna y, pese a todo, quiere lanzarse al precipicio, la ficción lo espera, con sus manos cargadas de espejismos erigidos con la levadura de nuestro vacío: «Pasa, entra, ven a jugar a las mentiras». Un juego en el que tarde o temprano descubrimos, como Kathie y Santiago en su «buhardilla de París», que se juega a la verdad melancólica de lo que quisiéramos ser, o a la verdad truculenta de lo que haríamos cualquier cosa por no ser.

El teatro no es la vida, sino el teatro, es decir, otra vida, la de mentiras, la de ficción. Ningún género manifiesta tan espléndidamente la dudosa naturaleza del arte como una representación teatral. A diferencia de los personajes de una novela o de un cuadro, los del escenario son de carne y hueso y viven ante nuestros ojos los roles que protagonizan. Los vemos sufrir, gozar, enfurecerse, reír. Si el espectáculo está logrado, esas voces, movimientos, sentimientos, nos convencen profundamente de su realidad. Y, en efecto, ¿qué hay en ellos que no se confunda con la vida? Nada, salvo que son simulacro, ficción, teatro. Curiosamente, pese a ser tan obvia su naturaleza impostora, su aptitud fraudulenta, siempre ha habido (y siempre habrá) quienes se empeñan en que el teatro —la ficción en general— diga y propague la verdad religiosa, la verdad ideológica, la verdad histórica, la verdad moral. No, la misión del teatro —de la ficción en general— es fraguar ilusiones, embaucar.

La ficción no reproduce la vida: la contradice, cercenándole aquello que en la vida real nos sobra y añadiéndole lo que en la vida real nos falta, dando orden y lógica a lo que en nuestra experiencia es caos y absurdo, o, por el contrario, impregnando locura, misterio, riesgo, a lo que es sensatez, rutina, seguridad. La rectificación sistemática de la vida que obra la ficción documenta, como el negativo de una foto, la historia humana: el riquísimo prontuario de hazañas, pasiones, gestos, infamias, maneras, excesos, sutilezas, que los hombres tuvieron que inventar porque eran incapaces de vivirlos.

Soñar, escribir ficciones (como leerlas, ir a verlas o creerlas) es una oblicua protesta contra la mediocridad de nuestra vida y una manera, transitoria pero efectiva, de burlarla. La ficción, cuando nos hallamos prisioneros de su sortilegio, embelesados por su engaño, nos completa, mudándonos momentáneamente en el gran malvado, el dulce santo, el transparente idiota que nuestros deseos, cobardías, curiosidades o simple espíritu de contradicción nos incitan a ser, y nos devuelve luego a nuestra condición, pero distintos, mejor informados sobre nuestros confines, más ávidos de quimera, más indóciles a la conformidad.

Ésta es la historia que protagonizan la esposa del banquero y el escribidor en la buhardilla de Kathie y el hipopótamo. Cuando escribí la pieza ni siquiera sabía que su tema profundo eran las relaciones entre la vida y la ficción, alquimia que me fascina porque la entiendo menos cuanto más la practico. Mi intención era escribir una farsa, llevada hasta las puertas de la irrealidad (pero no más allá, porque la total irrealidad es aburrida) a partir de una situación que me rondaba: una señora que alquila un polígrafo para que la ayude a escribir un libro de aventuras. Ella está en ese momento patético en que la cultura parece una tabla de salvación contra el fra-

caso vital; él no se consuela de no haber sido Victor Hugo, en todos los sentidos de ese nombre caudaloso: el romántico, el literario, el político, el sexual. En las sesiones de trabajo de la pareja, a partir de las transformaciones que sufre la historia entre lo que la dama dicta y lo que su amanuense escribe, las vidas de ambos —sus dos vidas, la de verdad y la de mentira, lo que han sido y lo que hubieran querido ser— se corporizan en el escenario, convocadas por la memoria, el deseo, la fantasía, las asociaciones o el azar. En algún momento del trabajo, entre los fantasmas de Kathie y de Santiago que yo trataba de animar, otros fantasmas se colaron, disimulándose entre sus congéneres, hasta ganar, también, derecho de ciudad en la pieza. Ahora los descubro, los reconozco y, una vez más, me quedo con la boca abierta. Las mentiras de Kathie y de Santiago, además de sus verdades, delatan las mías, y, a lo mejor, las de todo el que, al mentir, exhibe la impúdica arcilla con que amasa sus mentiras.

Londres, septiembre de 1982

La vida, tal como se ha hecho para los hombres, sólo puede soportarse con la mentira.

SIMONE WEIL
Pensamientos desordenados acerca del amor a Dios

*Go, go, go, said the bird: human kind
Cannot bear very much reality.*

T. S. ELIOT
Cuatro cuartetos

PERSONAJES

KATHIE KENNETY
SANTIAGO ZAVALA
ANA DE ZAVALA
JUAN

La acción ocurre en algún momento de los años sesenta en la «buhardilla de París» de Kathie Kennety.

DECORADO, VESTUARIO, EFECTOS

LA «BUHARDILLA de París» de Kathie Kennety no es un lugar caricatural: tiene la verdad de los sitios profundamente creídos, la consistencia de lo real. Kathie, mujer de cierto gusto, ha amueblado su estudio de manera persuasiva, con reminiscencias de las «buhardillas de artista» de los cuadros, novelas, postales y películas, y, también, algo de las auténticas *chambres de bonne* donde se apiñan estudiantes y forasteros pobretones en la margen izquierda del Sena.

En el techo, de dos aguas, se divisan añosas vigas y los muros lucen afiches con la previsible Torre Eiffel, el inevitable Arco de Triunfo, el Louvre, algún impresionista, algún Picasso, y —detalle primordial— la cara o el busto de Victor Hugo. No hay cosas elegantes ni superfluas; sólo las indispensables para dar una idea de confort y calidez: un recinto donde la mujer que lo ocupa se siente a salvo del desorden y la vigilancia del mundo, libre de sacar sus demonios más secretos a la luz para mirarlos cara a cara. Una mesa de trabajo de gruesas tablas, un sofá ancho, ruinoso, atiborrado de mantas, algunos almohadones por el suelo, la grabadora y la máquina de escribir, un pequeño tocadiscos, los obligatorios discos de Juliette Gréco, Léo Ferré, Yves Montand, Georges Brassens, etcétera. Archivadores, libretas, papeles y algunos libros, pero no demasiados, pues la idea que Kathie se hace de la cultura no es libresca.

El vestuario de Kathie y de Santiago no tiene nada de extraordinario ni anormal. La historia ocurre en algún momento de los años sesenta y esto puede reflejarse en lo que visten. Las ropas que lleva delatan el modesto salario y la vida apretada del periodista y profesor que es Santiago, y no estaría mal que Kathie vistiera, en su buhardilla, un atuendo «bohemia Saint-Germain» de los años cincuenta: pulóver negro de cuello tortuga, pantalón ceñido, botas de talón de aguja. El vestuario de Juan y Ana es más impreciso. A diferencia de Kathie y de Santiago, personajes de carne y hueso, que existen contemporáneamente a la acción, ellos son personajes entre recordados e inventados, presentes sólo en la memoria y en la fantasía de los dos protagonistas. Su naturaleza subjetiva —para no decir fantasmal— debería tal vez insinuarse en su indumentaria, aunque sin exageración, evitando toda extravagancia. Una posibilidad es que, puesto que Ana y Juan cambian de psicología, de ademanes, de voces y de nombres al compás de las evocaciones de Kathie y de Santiago, también cambien de vestuario, aunque sea en pequeños detalles —un sombrero, una capa, unos anteojos, una peluca— para subrayar su personalidad translaticia y volátil. Lo mismo puede ocurrir con Kathie y con Santiago cuando desertan su identidad y asumen otra, fabricada por su propia fantasía o la del otro. Pero nada de esto debe ser llevado hasta la irrealidad de lo grotesco, a los disfuerzos del circo, porque *Kathie y el hipopótamo* no es una farsa por la forma exterior de la representación sino por su contexto secreto, la invisible raíz de lo que se dice y se hace en el escenario.

La acción de la obra transgrede los límites convencionales de la normalidad y ocurre en el mundo objetivo y en el subjetivo como si fueran uno solo, moviéndose con entera libertad en una y otra dirección. Los excesos de palabra y de gesto, las distorsiones de la comedia bufa aquí serían contraproducentes, ya que el designio de la obra no es provocar la risa mediante la estilización brutal de la experiencia humana, sino llevar al espectador insensiblemente, mediante las técnicas combinadas del humor, el suspenso y el melodrama, a aceptar la confusión de órdenes separados de la realidad: lo visible y lo invisible, lo sucedido y lo soñado, el presente y el ayer. La vida objetiva se impregna de subjetividad y la vida subjetiva adquiere la concreción física y temporal de lo objetivo. Los seres de carne y hueso tornan a ser, en cierto modo, irrealidad, y los fantasmas, seres de carne y hueso. El asunto profundo de *Kathie y el hipopótamo* es, acaso, la naturaleza del teatro en particular y la de la ficción en general: la que se escribe y se lee, pero, sobre todo, la que, sin saberlo, practican los seres humanos en su vida diaria.

Los efectos visuales pueden ser útiles en la representación, pero es sobre todo la música, presencia activa, operante, la que va suscitando las distintas atmósferas —París, el África negra, el mundo árabe—, es decir el exotismo de pacotilla de buena parte de la historia.

Tal vez no sea innecesario decir que en esta farsa he tratado, como en mis novelas, de conseguir una ilusión de totalidad. «Total» debe entenderse no de manera cuantitativa sino cualitativa en este caso. La obra no trata de representar extensivamente la experiencia humana sino mostrar que ella es objetiva y subjetiva, real e irreal, y que ambos planos conforman la vida. El hombre habla, actúa, sueña e inventa. No sólo es historia y razón, sino fantasía y deseo; no sólo cálculo, también espontaneidad. Aunque ninguno de los dos órdenes está enteramente esclavizado al otro, ninguno podría prescindir de su contraparte sin destruirse a sí mismo. La irrealidad es un viejo recurso que tenemos para escapar de la realidad cuando sentimos que ella es invivible, pero es también, al mismo tiempo que escapismo, un método de conocimiento sinuoso para entender esa realidad que, si fuéramos incapaces de escabullirnos de ella, sería para nosotros confusión, caos, agobiadora rutina. Las aventuras de la imaginación enriquecen lo real y nos ayudan a mejorar la vida. Si no soñáramos, ella parecería siempre incorregible; si no fantaseáramos, el mundo nunca cambiaría.

KATHIE Y EL HIPOPÓTAMO

Comedia en dos actos

PRIMER ACTO

Al levantarse el telón, se oye una música parisina, de los años cuarenta o cincuenta. Santiago está dictando en una grabadora, mientras Kathie pasea en torno de él, revisando unos apuntes, rememorando. Cuando comienza a entenderse lo que dicen sus voces, la música de fondo se vuelve una melodía árabe, de flautas, chirimías y tamborcillos...

KATHIE
Me quedé junto a la Esfinge hasta que se hizo de noche y, de repente, se prendieron las luces.

SANTIAGO
Absorta, hechizada, permanezco contemplando la Esfinge sin advertir que cae la noche. De pronto, una luz espectral ilumina su serena sonrisa. Ahí estamos, frente a frente, yo, la mujer de carne y hueso, y ella, la de entrañas de piedra, cabeza enhiesta y garras de león.

KATHIE
Había montones de estrellas. Sentía no sé qué, solita en ese lugar, a esas horas, en medio de tanta tumba egipcia.

SANTIAGO
Deambulo entre sepulcros piramidales y colosos faraónicos, bajo el firmamento nocturno, sinfín de estre-

llas que flotan sobre El Cairo en un mar azulino de tonalidades opalescentes.

KATHIE
Era una imprudencia estar ahí. ¿Quién me iba a defender en caso de peligro? Pero me acordé de mi revólver y se me quitó el susto.

SANTIAGO
Ningún ser viviente me rodea: ni humano ni animal ni vegetal. Apenas lo advierto, mientras reflexiono sobre la remota humanidad que erigió esos monumentos, los hombres que vivían confundidos con lo ultraterreno como los peces con el agua. Mantengo un silencioso diálogo con la Esfinge. De pronto, mi sueño se triza y la realidad recobra su imperio: ¿qué hago allí, sola, exponiéndome a mil peligros, desde un chacal hambriento hasta un forajido sin alma? Pero me tranquiliza recordar el pequeño revólver de empuñadura de concheperla que me acompaña por el mundo como un perro fiel.

KATHIE
En eso, quién sabe de dónde, se me apareció el tipo. No pude ni gritar. ¡Qué miedo! ¡Qué miedo! ¿Qué me iba a hacer?

Entra Juan.

SANTIAGO
Una figura masculina, de chilaba roja y turbante blanco, surge repentinamente ante mí, como segregada

por el aire caliente del desierto o por la historia egipcia. Es alto, delgado, de ojos negros y dentadura blanquísima. ¿Me va a agredir? ¿Me va a afrentar? ¿Debo correr, pedir auxilio, llorar?

KATHIE
(Dirigiéndose, ahora sí, a Santiago.) No me gusta eso último.

SANTIAGO
Lo borramos, entonces. ¿Desde dónde no le gusta?

KATHIE
Desde que se me aparece el tipo.

Santiago se inclina sobre su grabadora, para borrar la última parte del dictado. Juan se acerca a Kathie. Ambos sufren una transformación: parecen dos jovencitos, charlando en la esquina del barrio.

JUAN
¿Tipo? Querrás decir enamorado.

KATHIE
¿Tú mi enamorado? Jajá, permíteme que me sonría.

JUAN
Te permito lo que quieras, menos que no seas mi enamorada.

KATHIE
No soy tu enamorada.

JUAN
Pero lo serás.

KATHIE
¿No te cansas de que te diga no, Johnny?

JUAN
Cuando se me mete algo en la cabeza, soy contra el tren, sapita: me seguiré declarando hasta que me digas sí. Serás mi enamorada, mi novia y terminaremos casándonos, ¿qué te apuesto?

KATHIE
(Muerta de risa.) O sea que hasta me voy a casar contigo...

JUAN
¿Y con quién te vas a casar si no es conmigo?

KATHIE
Me sobran pretendientes, Johnny.

JUAN
Tú elegirás al mejor.

KATHIE
Qué creído eres.

JUAN

Sé muy bien quiénes se te han declarado. ¿Y por qué los mandaste a todos a freír monos, se puede saber? Porque, en el fondo, te mueres por mí.

KATHIE

¡Qué creído eres, Johnny!

JUAN

Sólo soy creído cuando tengo base. ¿Te lo demuestro?

KATHIE

A ver, demuéstramelo.

JUAN

¿Soy o no soy mejor que Bepo Torres?

KATHIE

¿En qué eres mejor que Bepo Torres?

JUAN

Corro olas mejor que él, que ni puede pararse en la tabla. Además, tengo más pinta que él.

KATHIE

¿O sea que te crees el más pintón del barrio?

JUAN

Me creo más pintón que Bepo Torres. Y también que Kike Riketts. ¿En qué me gana Kike, a ver? ¿Corriendo olas me gana? ¿En pinta me gana?

KATHIE
Te gana bailando.

JUAN
¿Kike? Jajá, permíteme que me sonría. ¿Bailando el mambo me gana? *(Da unos pasos.)* ¿El chachachá? *(Otros pasos.)* ¿La huaracha? *(Otros pasos.)* En las fiestas a mí me hacen rueda cuando bailo, te consta. Al pobre Kike yo le enseñé a hacer figuras, yo le enseñé a bailar *cheek to cheek*.

KATHIE
Te gana bailando la marinera y el vals criollo.

JUAN
¡La marinera! ¡El vals criollo! ¡Qué huachaferías! ¡Ésos son bailes de vejestorios, sapita!

KATHIE
¿Te mueres de celos, no? De Bepo, de Kike, del Gordo...

JUAN
¿Del Gordo? ¿Celos yo, del Gordo Rivarola? ¿Qué tiene el Gordo que no tenga yo? ¿Un Chevrolet convertible del cincuenta? ¡Yo tengo un Studebaker convertible del cincuenta y uno! Por favor, sapita, por favor. Ni a Bepo, ni a Kike, ni al Gordo, ni al Sapo Saldívar, ni a Harry Santana, ni a mi hermano Abel, ni a ninguno de los que se te han declarado les tengo celos. Ninguno de ellos tiene ni para comenzar conmigo, y tú lo sabes...

KATHIE
(Reflexionando, olvidándose de Juan, saliendo un instante del recuerdo o la invención.) Kike, Bepo, Harry, el Gordo Rivarola... Parece que hiciera siglos.

JUAN
(Que no la ha escuchado.) Y, por último, hay otra razón. ¿Te la digo, francamente?

KATHIE
(Volviendo a lo imaginario.) Dímela, francamente.

JUAN
Porque yo tengo plata, sapita.

KATHIE
¿Tú crees que a mí me importa eso? Mi papi tiene más plata que tu papi, sonso.

JUAN
Justamente, sapita. Conmigo puedes estar segura de que a mí me gustas tú, de que si yo quiero casarme contigo es por ti y no por otra cosa. ¿Puedes estar segura de lo mismo con los otros? Ayer mi viejo se lo dijo a tu viejo: «Ten cuidado con esos moscardones que rondan a tu hija. Quieren pegar el braguetazo de su vida».

KATHIE
(Confusa.) No digas lisuras, Johnny.

JUAN

(*Confundido, también.*) Si braguetazo no es lisura. Bueno, si lo fuera, *sorry*. Te quedaste muda, ¿ves? Es la verdad, pregúntale a tu viejo. No pudiste darme la contra, ¿ves? Ya te estoy convenciendo. Creo que la próxima vez que me declare ya no me mandarás a freír monos, sapita...

Su voz ha ido declinando y Kathie se ha ido apartando de él, olvidándolo. Juan permanece en el escenario, como un chiquillo que vagabundea, silbando, mirando las moscas, con las manos en los bolsillos. Santiago ha terminado de borrar la última parte del dictado en la grabadora.

SANTIAGO

Listo, borrado. ¿Retomamos desde su visita a la Esfinge o pasamos a otro episodio, señora?

KATHIE

Puede usted llamarme Kathie. Eso de señora me avejenta.

SANTIAGO

¿Le puedo hacer una pregunta? ¿Cómo nació Kathie Kennety?

KATHIE

¿No le gusta?

SANTIAGO

Es bonito. Pero ¿de dónde salió ese nombre? ¿Por qué lo eligió?

KATHIE
Si usara el mío, nadie tomaría en serio mi libro. Los nombres peruanos no parecen de escritores. Kathie Kennety, en cambio, sí: es extranjero, musical, cosmopolita. *(Lo mira, reflexionando.)* Tampoco Santiago Zavala suena bien, para un artista. ¿Por qué no lo cambiamos? Sí, sí, déjeme bautizarlo de nuevo. A ver, a ver... ¡Ya sé! ¡Mark! ¡Mark Griffin! ¿Lo puedo llamar así? Entre nosotros, aquí, en la buhardilla. ¿No le importa?

SANTIAGO
(Riéndose.) No, señora, no me importa.

KATHIE
¿Le parezco tan vieja que no puede llamarme Kathie?

SANTIAGO
Por supuesto que no. Pero tengo que acostumbrarme. Estoy trabajando para usted, dese cuenta. La veo como a mi jefe.

KATHIE
Véame como a una colega, más bien. Bueno, bueno, se nos pasan las dos horas. Empecemos otro episodio. *(Revisando unos apuntes.)* La visita al Museo de El Cairo. Los fabulosos tesoros de Tutankamón.

Entra Ana. Suena, nuevamente, una música árabe. Encogida en un rincón, Ana se pone a llorar, asediada por las miradas y gestos obscenos de Juan.

SANTIAGO

(*Dictando a la grabadora.*) Dedico la mañana siguiente a los yelmos esmaltados, los collares de turquesa y lapislázuli, los prendedores de corales y las miniaturas de oro del rey Tutankamón.

KATHIE

Entre máscaras y miles de cosas lindísimas, había una pobre rubia llorando como una Magdalena.

SANTIAGO

De pronto, entre el boato de las urnas de cristal, las parihuelas, los palanquines, los suntuosos ataúdes y los cofres centelleantes, diviso a una belleza rubia de carne y hueso, de perfil purísimo, sobrecogida por los sollozos. ¿Qué le ocurre?

KATHIE

Era una turista alemana. La muy tonta había salido sola, a recorrer El Cairo en minifalda. Tuvo que meterse en el museo por el escándalo que provocó en la chusma.

SANTIAGO

Había venido a refugiarse entre las maravillas del pasado egipcio, huyendo de las miradas lujuriosas, las manos intrépidas, los gestos sicalípticos, los malos pensamientos y las locuras exhibicionistas que sus largas piernas pálidas provocaban por las calles cairotas. Su imagen me recordó a esa muchacha que Victor Hugo llamó: «Obscena a fuerza de inocencia». Apiadada de ella, le ofrecí mi ayuda.

ANA
(Sarcástica.) ¿Y de ti no te apiadas... Mark Griffin?

SANTIAGO
(Sin mirarla.) Vete a la mierda.

Kathie sigue dictando, sin ver a Ana.

ANA
Me fui hace tiempo, Mark Griffin. Tú me mandaste allí, atada de pies y manos. ¿Ya no te acuerdas? Acuérdate, Mark Griffin, acuérdate.

Kathie sigue revisando sus notas y dictándole a un invisible Santiago que seguiría en el escritorio, junto a la grabadora, mientras Ana y Santiago hacen un aparte.

SANTIAGO
(Se pone de pie.) No puedo seguir en esta casa ni un segundo más. Para mí, los certificados matrimoniales son basura. Cuentan los sentimientos, nada más. Yo ya no te quiero. Mis principios no me permiten continuar al lado de una mujer a la que no quiero. No llores, no hagas escándalo, no me amenaces con suicidarte, no imites a las señoras burguesas cuando las dejan sus maridos. Pórtate como una mujer emancipada y adulta.

ANA
Está bien. No te voy a hacer ningún escándalo, no te voy a atajar a la fuerza. ¿Qué debo decirles a las niñas?

SANTIAGO

¡Ah, el chantaje de las niñas abandonadas! ¿Quieres que te pierda también el respeto? No me vengas con truculencias de señora que ve muchas telenovelas. Todos los matrimonios se separan y nunca se ha visto que un hijo se muera por eso.

ANA

No estoy diciendo que se vayan a morir. Te pregunto qué les digo, cómo les explico que su papá ya no vivirá en esta casa. No estoy peleando ni haciendo chantaje. Te pido un consejo. Son muy chiquitas, van a sufrir. Dime qué tengo que decirles para que sufran menos.

SANTIAGO

La verdad. ¿O crees que es preferible esa hipocresía burguesa de las mentiras piadosas?

ANA

¿La verdad? ¿Que su padre se larga porque se ha enamorado de una de sus alumnas?

SANTIAGO

Exactamente. Te hubiera podido pasar a ti. Les puede pasar a ellas, más tarde. Y si son consecuentes con sus sentimientos y no unas burguesas reprimidas, actuarán igual que yo: como seres adultos y superados.

Vuelve a su sitio de trabajo y retoma la postura de cuando graba.

ANA
¿Te sigues sintiendo adulto y superado, Mark Griffin? Ahora, mientras escribes el libro de viajes por el Amarillo Oriente y la Negra África, de la señora Kathie Kennety, escritora que tiene las ideas y te paga para que pongas las palabras. ¿Sigues hablando contra las señoras burguesas, Mark Griffin?

Se aleja, hacia donde está Juan. Se escuchan unos compases de música árabe.

KATHIE
Después fui a la parte vieja de El Cairo y vi una iglesita donde se refugió la Virgen con el Niño Jesús, durante la Huida. ¡Lindísima!

SANTIAGO
(Dictando.) Historia y religión se entreveran en los vericuetos eternos y multicolores del viejo Cairo, para mi goce y regocijo. ¿Y esta ermita que se yergue, airosa, íntima, milenaria, entre nubes de polvo? Es un refugio que albergó a María y al Niño, durante la Huida.

KATHIE
Y después visité otra iglesita, judía, creo, donde estuvo un tal Abraham.

SANTIAGO
(Dictando.) ¿Por qué los muros de esta sinagoga sin tiempo transpiran esa espiritualidad que me embebe has-

ta los huesos? Porque sobre sus piedras se posaron las plantas del Patriarca Abraham.

KATHIE
Y, por último, fui a parar a una tienda de perfumes.

SANTIAGO
Y, como lo material y lo espiritual son indiferenciables en Egipto, casi inmediatamente después me descubro, en la resplandeciente mañana, en una tienda de perfumes.

KATHIE
Era el atardecer, más bien.

SANTIAGO
(Corrigiendo.) Casi inmediatamente después me descubro, en el sangriento crepúsculo, en una tienda de perfumes.

KATHIE
Había unos turistas. El perfumero nos explicó en un inglés zarrapastroso que la tienda era viejísima y nos hizo probar unas muestras. No me quitaba los ojos de encima, hasta ponerme nerviosa.

SANTIAGO
El perfumero es alto, delgado, de ojos negros y dentadura blanquísima. Su mirada no se aparta de mí, mientras nos explica, en francés, la lengua de la seducción, que la perfumería es tan antigua como las más remotas mezquitas egipcias y que sus operarios fabrican esencias cuyo

secreto se transmite de padres a hijos a lo largo de siglos. Nos hace aspirar elixires cuya fragancia dura años en la piel. Y, mientras habla, sus ojos —obscenos, voraces, lujuriosos— siguen fijos en mí.

Mientras habla, Santiago se ha puesto de pie y luce ahora como un joven lánguido y apasionado. Está muy cerca de Kathie.

KATHIE
¡Victor! ¿Tú aquí? ¿Qué quieres?

SANTIAGO
Fugarme contigo, escaparnos juntos. Sí, sapita. Lo tengo todo arreglado. He conseguido una camioneta, convencido al curita de Chincheros, me han prestado una casa en el campo.

KATHIE
¿Estás hablando en serio, Victor?

SANTIAGO
¿No es romántico lo que te propongo? ¿No es romántico fugarnos, casarse a escondidas con el hombre que quieres, pese a la oposición de tus padres? ¿No es romántico que dejes plantado a ese bobo con el que van a casarte a la fuerza? ¿No dices que eres una chica romántica?

KATHIE
Te equivocas. Mis padres no tienen nada que ver con mi decisión de casarme con Johnny. Ni ellos ni nadie

me obliga a casarme con Johnny. Me caso con él porque quiero. Porque... lo quiero.

SANTIAGO

No es cierto. Te casas con Johnny porque tu familia te lo ha metido por los ojos y por las orejas para sacarme de tu vida. No es cierto que estés enamorada de ese bobo.

KATHIE

No hables así de Johnny. Es mi novio y va a ser mi marido.

SANTIAGO

(Tratando de besarla.) Tú estás enamorada de mí, sapita. ¿No me lo has dicho tantas veces? ¿Quieres que te recuerde lo que me escribías? No cometas ese error, amor mío. Si te casas con Johnny te arrepentirás toda tu vida.

KATHIE

No me arrepentiré nunca y seré muy feliz con Johnny. No me busques más, no me llames, no insistas. Resígnate de una vez: voy a casarme con Johnny.

SANTIAGO

No me resignaré nunca. Seguiré insistiendo hasta el último momento, hasta que el cura les dé la bendición voy a insistir.

KATHIE

Pues vas a perder tu tiempo miserablemente.

SANTIAGO

(*Tornando a su lugar de trabajo, cogiendo de nuevo la grabadora, volviendo a ser él.*) Sólo si un día me convenzo que no hay esperanzas, que no...

KATHIE

(*A un invisible Victor.*) ¿Qué harás? ¿Me matarás? ¿Matarás a Johnny?

SANTIAGO

No suena egipcio, señora. En vez de Johnny, un nombre árabe. ¿Por qué no Ahmed? O Gamal. ¿No le gusta Gamal, el perfumero lúbrico? ¿O, Ahmed, el perfumista lujurioso?

KATHIE

Johnny no tiene nada que ver con mi libro. Me fui por otro lado. Me estaba acordando de cuando era joven.

SANTIAGO

Sigue siéndolo, señora.

KATHIE

Si de veras lo creyera, me diría Kathie.

SANTIAGO

Perdóneme. Prometo que de ahora en adelante le diré Kathie.

KATHIE
Me acordaba de mis pretendientes. Tenía montones: Kike, Bepo, Harry, el Gordo Rivarola... En ese tiempo, yo era lo que llaman un buen partido.

SANTIAGO
Ya lo sé. Yo la conocía, aunque usted no me conociera. Todo el mundo la conocía, en realidad. Por las páginas sociales, por las revistas.

KATHIE
¿Cómo era usted en ese tiempo?

SANTIAGO
(Soñador.) ¿Yo? Un idealista, un romántico. Soñaba con ser alguien como Victor Hugo, dedicar mi vida a la poesía, a la política, al arte. A algo elevado, que dejara una huella en la sociedad. Quería llenar mi biografía de gestos soberbios.

JUAN
(Acercándose.) ¿Podemos hablar un momento, Kathie? Es... sobre Victor.

KATHIE
No quiero hablar de Victor ni una palabra. Ni ahora ni nunca, ni contigo ni con nadie. No lo he visto desde que nos casamos, así que no vengas a hacerme escenas de celos a estas alturas con Victor.

Santiago ha abandonado su lugar de trabajo y está junto a ellos. Parece traspasado de pena.

SANTIAGO

Te casaste con ese payaso, sapita. No eres la muchacha romántica que querías hacerme creer que eras en tus cartas.

JUAN

(Incómodo.) Ya sé que no lo has visto desde que nos casamos. No te voy a hacer ninguna escena de celos. ¿Acaso te he hecho alguna? Yo confío plenamente en ti, amor. Es que... ha venido a verme. *(Volviéndose hacia Santiago, sorprendido.)* ¿Tú? ¡Pero qué sorpresa, Victor! Pasa, pasa. ¡Qué milagro, hombre!

KATHIE

(Aparte. Transida de espanto.) ¡Dios mío! ¡Victor! ¡Victor! ¡Cómo has podido hacer una cosa así! Y por mí, por mi culpa. ¿Lo hiciste por mí, no es cierto?

SANTIAGO

(Estrechando la mano de Juan.) ¿Cómo estás, Johnny? Ya veo que te sorprende mi visita. Sí, no es para menos. No quiero quitarte tiempo, me imagino que estás muy ocupado. He venido a traerte estas cartas.

KATHIE

Estoy segura que lo hiciste por mí. No me lo perdonaré, lo lamentaré toda mi vida. ¿Sufres? ¿Gozas? ¿Por lo menos has alcanzado la paz?

JUAN

(*Hojeando las cartas, con asombro creciente.*) ¿Qué son estas cartas? Pero, si son cartas de amor. Pero si son cartas de mi mujer a ti. ¿Qué significa esto, Victor? ¿Por qué me has traído esto?

KATHIE

(*Profundamente adolorida.*) Aunque estés más allá de los mares, escondido detrás de esas murallas macizas, aunque no nos veamos nunca más, yo estoy junto a ti, acompañándote, Victor.

SANTIAGO

En prueba de amistad, Johnny. La sapita es ahora tu esposa. Estoy seguro que ni a ella ni a ti les gusta que las cartas que me escribió, cuando era mi enamorada, anden por ahí. Por ellas verás que nuestra relación fue siempre limpia, pura. Te las traigo para que las rompas o las guardes o hagas con ellas lo que quieras.

KATHIE

(*Muy tierna.*) Contigo me despierto cuando aún es noche cerrada y el cielo arde de estrellas, después de haber dormido apenas cuatro horas, contigo, en tu jergón de paja, en ese recinto desnudo, de piedras húmedas.

JUAN

(*Cada vez más desconcertado.*) Ah, por eso... Mira, no sé qué decirte. Me dejas sorprendido. Yo... bueno, la verdad es que, en fin, no sé qué decirte.

KATHIE
Contigo medito, de rodillas sobre losas heladas, frente a esa calavera que nos contempla como diciendo: «Los espero». Contigo lloro por las maldades que han convertido al mundo en un charco de pus.

SANTIAGO
Por lo menos, dame las gracias.

KATHIE
Contigo me flagelo, llevo cilicio y trato, hasta el agotamiento de mis fuerzas, de expiar la infinita sabiduría de los hombres para lastimarse y lastimar al prójimo.

JUAN
¿Por estas cartas? Sí, te doy las gracias. *(Mirándolo con desconfianza.)* ¿No me estás haciendo alguna trampa? ¿No es ésta una tomadura de pelo, Victor?

KATHIE
Contigo ayuno, vivo en perpetuo silencio, ando descalza en lo más crudo del invierno y visto de espesa lana en el ardiente verano. Contigo trabajo la tierra con mis manos y doy de comer a los conejos.

SANTIAGO
No, Johnny. Palabra que no.

KATHIE
Contigo canto los salmos que mantienen al mundo al filo de la desintegración y compongo las alabanzas a la

avispa, al floripondio, al cardo, al ratoncito, al polen, a la hormiga, al laurel.

JUAN

Bueno, perdona. La verdad es que me has dado contra el suelo, Victor. ¡Qué caballerazo eres, hombre! La sapita te lo agradecerá también. Seguro que a ella le molestaba que esas cartas rodaran por ahí, ahora que es una señora casada.

KATHIE

Contigo he muerto para el mundo de la víbora, el oropel, la ansiedad y el chancro, y vivo la esclavitud que es libertad, el martirio que es dicha, la muerte que es vida.

SANTIAGO

Por eso te las traje, pensando en ella.

KATHIE

(Ansiosa, tensa.) ¿Sabes por qué, Victor? ¿Lo presientes, lo adivinas? ¿Lo sabes?

JUAN

(Entrando en confianza.) Me quitas un gran peso de encima, Victor. Creí que estabas resentido conmigo, que me odiabas.

KATHIE

Porque te amo. Sí, sí, sí, Victor. ¡Te amo! ¡Te amo! ¡Te he amado siempre! Siempre, siempre, siempre.

SANTIAGO

¿Porque la sapita se casó contigo? Qué ocurrencia, Johnny. Me apenó al principio, pero después me hice a la idea. Y ahora pienso que fue mejor para todos que se casara contigo.

KATHIE

(Exaltada, transportada.) Sí, como lo oyes. Tu Adèle te ama, te ha amado, te amará. Dueño mío, amo mío, señor mío, rey mío. Oh, Victor, Victor.

JUAN

Claro, claro, yo lo pensé siempre. La sapita y tú son muy diferentes, no se hubieran llevado bien.

KATHIE

(Triste de nuevo.) Contigo se ha ido el aire que respiraba, la luz de mis ojos, la voz de mi garganta, lo que movía mi sangre.

SANTIAGO

(Volviéndose a una invisible Kathie.) No te casaste conmigo porque creías que me iba a aprovechar de tu plata.

KATHIE

(Dirigiéndose siempre al mismo fantasma.) No me casé contigo por estúpida...

JUAN

(Siempre a Santiago.) Kathie y yo, en cambio, nos llevamos regio.

KATHIE
... por cobarde, por inculta, por ciega, por frívola.

SANTIAGO
(A la misma Kathie invisible.) ¡Qué decepción, sapita! Te imaginaba más idealista, más soñadora, más pura de mente, menos calculadora, más ingenua. ¡No te pareces a Adèle Foucher, Adèle!

KATHIE
(Desesperada, trastornada.) ¡Perdóname! ¡Perdóname!

JUAN
(A Santiago.) Mira, Victor, ahora, después de esta explicación, tenemos que seguir viéndonos. Tienes que venir a la casa a comer con nosotros un día de éstos.

KATHIE
Vuelve, da marcha atrás, todavía es tiempo. ¡Óyeme, respóndeme! ¡Regresa, Victor!

SANTIAGO
(A Juan.) No va a ser posible, Johnny. Me estoy yendo de viaje. Muy lejos. Y no creo que vuelva más al Perú.

KATHIE
Quiero ser tu esclava, tu sirvienta, tu perra.

JUAN
(*A Santiago.*) Qué misterioso suena eso.

KATHIE
Quiero ser tu puta, Victor.

SANTIAGO
Lo es, en cierto modo. Mira, te lo voy a decir. Me estoy yendo a España. A Burgos. Voy a entrar a la Trapa.

KATHIE
Iré al puerto y me desnudaré ante los marineros más sucios. Les lameré los tatuajes, de rodillas, si eso te gusta. Cualquier capricho, Victor, todas las fantasías. Las locuras que tú digas. Lo que mandes.

JUAN
¿Adónde vas a entrar?

KATHIE
Podrás escupirme, humillarme, golpearme, prestarme a tus amigos. Pero vuelve, vuelve.

SANTIAGO
No sabes lo que es, claro. A la Trapa. Una orden religiosa. Muy antigua, muy estricta. Una orden de clausura. Sí, eso mismo: voy a hacerme monje.

KATHIE
Vuelve aunque sea a matarme, Victor.

JUAN

(Se echa a reír.) ¿Por qué no te haces torero, más bien? Sabía que tarde o temprano tratarías de tomarme el pelo. No puedes con tu genio, ¿no, Victor?

KATHIE

(Desolada, resignada.) Pero ya sé que no me oyes ni oirás nunca. Ya sé que tu Adèle ha perdido por los siglos de los siglos la razón de vivir, de morir, de resucitar.

SANTIAGO

No te estoy tomando el pelo. Voy a entrar a la Trapa. He sentido el llamado. Y es más. Te ruego que me ayudes. No tengo donde caerme muerto. El pasaje a España cuesta caro. Estoy pidiendo a mis amigos que me ayuden a reunir lo necesario, para un pasaje de tercera, en el *Reina del Mar*. ¿Podrías ayudarme con algo, Johnny?

KATHIE

(A Juan.) ¿Y para qué vienes a contarme a mí esas cosas? ¿Qué me importan a mí esas cosas?

JUAN

Te las cuento porque eres mi mujer. ¿A quién se las voy a contar si no? ¿Tú crees que será cierto eso del convento trapense, trapero, trapista?

SANTIAGO

(A Kathie.) ¿Para qué me podía servir a mí tu plata? Te lo he explicado tantas veces. Yo no quiero ser rico sino feliz. ¿Es feliz tu papi? ¿Es feliz Johnny? Bueno, quizá

Johnny lo sea, pero no por rico sino por tonto. Conmigo tú hubieras sido feliz, hubieras tenido la noche de bodas más memorable de la historia, Adèle.

JUAN

(A Kathie.) Al principio no se lo creí, por supuesto. Pensé que había venido a pegarme un sablazo, a contarme un cuento. Pero, ahora, no sé. Si lo hubieras oído... Hablaba como un cura, todo suavecito, todo delicado. Dijo que había sentido el llamado. ¿Qué quieres que haga con estas cartas, sapita?

SANTIAGO

(A Kathie.) Ya no viviremos en Chincheros, ese pueblecito donde el aire es el más casto de la sierra. Ya no compartiremos esa vida sencilla, libre, sana, frugal, íntima. No te lo reprocho, sapita. Al contrario, te lo agradezco. Has sido el instrumento de que se ha valido alguien más grande que tú y que yo para abrirme los ojos y hacerme saber lo que espera de mí. ¡Gracias por dejarme, sapita! ¡Gracias por casarte con Juan! En la Trapa, rezaré siempre para que ustedes sean felices.

Vuelve a su lugar de trabajo.

JUAN

(A Kathie.) ¡Claro que no las he leído! *(Se arrepiente de haber mentido.)* Bueno, sí, las leí. ¡Qué cartas tan románticas, Kathie! ¿Estabas enamoradísima de Victor, no? Ni me las olía. Tampoco me olía que fueras tan romántica. ¡Qué cosas las que le escribías, sapita!

Sonriendo, parece olvidarse de Kathie. Se agazapa, hace equilibrio y da la impresión de que, súbitamente, se pusiera a hacer surf.

KATHIE
(Sumida en sus pensamientos.) Johnny darling, Johnny darling... ¡Qué payaso resultaste!

SANTIAGO
(Sin mirar a Kathie, encerrado en sus propios pensamientos.) Como su nombre lo indica, por lo demás. Eso de Johnny darling no da la idea de un hombre muy serio.

KATHIE
(Echando una ojeada a Santiago, que permanece enclaustrado en sus fantasías.) Qué aliviada me sentiría si pudiera contarte mi tragedia matrimonial, Mark Griffin.

SANTIAGO
Cuéntemela, Kathie. Para eso estoy en esta buhardilla de París. Es parte de mi trabajo. ¿Cuáles fueron los problemas? ¿La trataba mal Johnny darling?

KATHIE
No me daba bien cuenta, entonces. Ahora me doy. Me sentía... decepcionada. Pasaron uno, dos, tres años desde que nos casamos y la vida se volvió aburridísima. ¿Era esa rutina el matrimonio? ¿Para eso me había casado?

SANTIAGO
¿Qué hacía su esposo?

KATHIE
Iba al Waikiki.

SANTIAGO
¿A ese club de tablistas, en la playa de Miraflores?

KATHIE
Todos los días del año, invierno o verano. Era la principal ocupación de su vida.

JUAN
(Joven, atlético, despreocupado, mirando el horizonte.) Me gusta, tengo derecho. Soy joven, quiero gozar de la vida.

KATHIE
(Absorta en sus pensamientos.) Pero, Johnny darling, la tabla hawaiana no es la única manera de gozar de la vida. ¿No te cansa estar todo el día en el mar? Te van a salir escamas.

JUAN
(Mirando siempre al frente.) Cada día me gusta más, cada día haré más tabla. Hasta que me muera. O hasta que esté tan viejo que ya no pueda bajar una ola.

SANTIAGO
(Mirando por fin a Juan, como si lo estuviera creando con la mirada.) ¿Realmente dedicaba su vida a correr olas? ¿No le daba vergüenza?

JUAN

(Mientras corre tabla. Hace equilibrio, rema con las manos, se ladea para hacer contrapeso mientras las olas lo arrastran, lo suben, lo bajan.) ¿Vergüenza? Al contrario. Me da orgullo, me gusta, me pone feliz. ¿Por qué me daría vergüenza? ¿Qué tiene el *surf* de malo? ¿Qué tiene de malo hacer tabla en Miraflores, en Hawai, en Australia, en Indonesia, en Sudáfrica? ¡Es lo más formidable que hay! Entro al agua despacito, deslizándome, burlando las olas, me zambullo, las corto, las cruzo, las amanso, entro, entro empujado por la resaca hasta los grandes tumbos, después de la reventazón. Me monto sobre la tabla y, como un jinete que espera el disparo de la partida, voy calculando, midiendo, adivinando. ¿Cuál de esas arruguitas crecerá y crecerá y será la buena ola para bajar? ¡Ésa! ¡Ésa es! ¡Qué nervios! ¡Qué cosquillas en los músculos! ¡Qué locura del corazón! Pum, pum, pum. ¡No pierdas ni un segundo, Johnny! Me coloco en posición, espero, ahora, un manazo en el agua, ya está, me pescó, me arrastra, la agarré justito antes de reventar, salto, me levanto, me estiro, me encojo, me estiro, ahora todo es cintura, equilibrio, resistencia, inteligencia, experiencia. ¡A mí no me tumbas tú, olita! He bajado olas que podían quebrar un rascacielos, he hecho el túnel en olas que parecían cataratas, cavernas, montañas, he corrido olas que, si hubiera perdido el equilibrio, me hubieran deshecho, descoyuntado, apachurrado. He bajado olas entre arrecifes de coral, en mares con tintoreras y tiburones. Cien veces he estado a punto de ahogarme, de volverme sordo, de quedar tullido. He ganado campeonatos de *surf* en cuatro continentes

y si no gané en Europa es porque las olas de Europa son una caquita para el *surf*. ¿Por qué me daría vergüenza?

KATHIE

(Todavía inmersa en el sueño.) ¿En qué piensas todas esas horas, sentado en la tabla, mar adentro?

JUAN

(Escrutando el horizonte, la superficie marina.) ¿De qué tamaño será la ola que vendrá? ¿La bajaré? ¿La perderé? ¿Me revolcará? ¿Me llevará hasta la orillita?

SANTIAGO

¿Nunca piensa en otra cosa que en las olas?

JUAN

A veces, cuando el mar está en calma chicha, pienso en la hembrita que conocí ayer, anteayer o esta mañana, en la hembrita que me gustó. ¿Será fácil? ¿Será difícil? ¿Hará cositas a la primera o a la segunda invitación? ¿Habrá que hacerle un trabajo fino, largo, mañoso? ¿Cómo, cuándo, dónde le haré cositas? *(Avergonzándose, como un niño sorprendido haciendo una travesura.)* A veces, se despierta el cucú y para que vuelva a dormirse pienso en rombos, cubos, triángulos y paralelogramos.

KATHIE

Por supuesto, hasta hacías cositas con la tabla. No me extraña. Y cuando estás encima de la ola, moviendo los brazos como un monigote, ¿qué piensas?

JUAN
¿Me estarán viendo desde la terraza del Waikiki? ¿Me verán los que se bañan en la piscina, en la playa, los de los autos del Malecón? ¿Me verán? ¿Me alabarán? ¿Me envidiarán?

SANTIAGO
¿Y qué sientes?

JUAN
Siento que crezco, que soy buen mozo, que soy muy macho. Me siento un dios. ¿Qué tiene de malo eso?

KATHIE
¿Te importa si te estoy viendo y admirando yo?

JUAN
Antes de que nos casáramos, sí. Después, no. Qué gracia, ya eres mi mujer, tu obligación es admirarme. Ahora me luzco para las otras hembritas, las nuevas, las recién conocidas, las desconocidas.

SANTIAGO
(En sus propias reflexiones.) ¿Nunca se le pasó por la cabeza que era un crimen perder así el tiempo, cuando hay tantas cosas creativas, productivas, por hacer en la vida?

JUAN
(Lidiando con las olas.) Claro que nunca se me pasó por la cabeza semejante estupidez. ¿Acaso corriendo olas

le hago daño a nadie? ¿Acaso dejando de correr olas le solucionaría algún problema a alguien? ¿Ir al banco es más creativo y productivo que bajar buenas olas o que hacer cositas con una hembrita?

KATHIE
(Angustiada por los recuerdos.) ¿Eso iba a ser mi vida de casada? ¿Ver a Johnny darling correr olas y meterme cuernos?

SANTIAGO
(Pensativo.) Los burgueses de la realidad eran más burgueses todavía que los de los panfletos, los que odiábamos por ideología y por principio. En eso no te engañé, Anita.

Ana se acerca a Santiago, quien parece no verla.

KATHIE
(Sigue recordando.) Acostarse tarde, levantarse tarde. ¿Vas a ir hoy día al banco, Johnny?

JUAN
Un ratito, para guardar las apariencias. Pero a eso de la una nos encontramos en el Waikiki, ¿okey?

KATHIE
Las malditas olas, las malditas tablas, los malditos campeonatos, los malditos viajes a Hawai. El maldito aburrimiento de Hawai, en hoteles con césped y palmeras de plástico. Mirarlos, contemplarlos, festejarlos, ala-

barlos, contar chismes, quién le pone cuernos a quién y con quién, qué pareja se hizo, se deshizo, se rehízo y volvió a deshacerse. Prepararse para el coctel, la comida, el *shower*, el *luau*, el *party*, la sorpresa. La peluquería, el vestido, la *manicure*. Mañana lo mismo, pasado lo mismo. ¿Eso va a ser todo el resto de tu vida, Kathie?

SANTIAGO

(Con un tono bruscamente agresivo y sarcástico.) Pamplinas. La verdad verdadera yo la sé muy bien y tú también la sabes, Kathie Kennety. Pero te da vergüenza confesarla.

KATHIE

(Sin verlo ni oírlo.) Con los hijos las cosas cambiarán, Kathie. Cuidarlos, educarlos, verlos crecer le dará sentido al matrimonio. ¡Pamplinas, en efecto! No cambiaron nada, no llenaron el vacío. En vez de ir sola, ahora vas al Waikiki con Alejandra, y ahora con Alejandra y Johnnycito. En vez de aburrirte sola ahora te aburres en familia. ¿Es esto el matrimonio? ¿Es esto la maternidad? ¿Por esto suspiraste, soñaste, todos los años del colegio? ¿Para pasarte la vida viendo a un idiota hacer piruetas entre las olas sobre un pedazo de madera balsa?

SANTIAGO

Cuentos, pamplinas. ¿Te digo la verdad verdadera? Kathie Kennety se aburría porque el divino tablista la olvidaba, la dejaba cada noche abandonada, desvelada, sin hacer cositas. El tablista no era Victor Hugo, Adèle. Con tantas olas se le había congelado el cucú.

ANA

(A Santiago.) ¿Hablas por experiencia propia? Cuando te fuiste con ésa, hacía meses que apenas me tocabas. Sin necesidad de correr olas, también a ti se te había congelado el cucú.

SANTIAGO

(Descubriendo a Ana.) No es cierto. Simplemente, ya no me gustabas. Hacía cositas todos los días con Adèle. Varias veces al día. Un día, nueve veces, como Victor Hugo en su noche de bodas. ¿No es cierto, Adèle?

KATHIE

(Transformada en una jovencita coqueta y pizpireta.) Es mentira, profesor. Pero te guardaré el secreto. Nunca pudiste hacer cositas más de dos veces en un día, y con un largo intermedio. Jajajá...

SANTIAGO

(A Ana, furioso.) Te voy a decir algo más. Pensaba con horror en que llegara la noche, porque tendría que meterme a la cama contigo. Fue por eso que te dejé.

KATHIE

(Volviendo a ser ella, sumida siempre en el recuerdo.) Meterse a la cama... También eso se volvió aburrido, como ir al Waikiki y a los *parties*.

ANA

(A Santiago.) O sea, te portaste como lo que supuestamente odiabas tanto: como un buen burgués. ¿No decías

que no había nada más despreciable en el mundo? ¿Ya no te acuerdas lo que me enseñabas? ¿Esas lecciones para hacer de mí una mujer libre, superada, emancipada?

SANTIAGO
(Recita, muy serio, a Ana, que lo escucha embobada. Kathie, convertida en Adèle, se pinta las uñas y lo mira de rato en rato burlonamente.) No el amor-pasión, sino el amor-solidaridad. Ése será el nuestro, Anita. El amor-pasión es un fraude burgués, una ilusión, una trampa. El amor que se apoya sólo en el sexo, que justifica todo en nombre del placer, del instinto, de la irracionalidad, es mentiroso y efímero. El deseo no es ni debe serlo todo, ni siquiera el vínculo primordial. No hay pareja que dure si sólo la une el cucú.

Kathie, haciendo siempre de Adèle, lanza una carcajada, pero Ana asiente, queriendo creer.

KATHIE
(Sonríe, volviendo a ser ella.) Y, sin embargo, al principio era bonito, en las noches, cuando nos abrazábamos y me decías esas cosas tan cochinas, Johnny darling. Me ardía la cara, me daba vértigo, vergüenza, me encantaba. Parecía que iba a ser como lo había soñado, que daría sentido a las cosas, que viviría feliz, realizada.

SANTIAGO
(Prosigue la educación de Ana.) En el amor-solidaridad el sexo es apenas un ingrediente entre los otros y ni siquiera el más importante. El amor-solidaridad se basa en la comprensión mutua, en la comunidad de ideales, de

sacrificios, de luchas, en las tareas compartidas, en la identidad espiritual, intelectual, moral.

ANA

(A Santiago.) Yo te di gusto. Hice todo lo que me pediste para que existiera entre nosotros el amor-solidaridad. ¿Lo hice o no lo hice? ¿No dejé mi trabajo, en la boutique? ¿No me puse a estudiar sociología, como me aconsejaste, en vez de decoración, que era lo que a mí me gustaba?

JUAN

(Desde lo alto de la tabla.) ¿Soy o no soy tan bueno haciendo cositas como corriendo tabla, Kathie? ¿Soy o no soy mejor que Victor Hugo, Adèle?

KATHIE

Lo eres, Johnny darling. Por eso se te echan a los brazos tantas chicas. Rubias, morenas, amarillas, pelirrojas. Por eso me metes cuernos en tantos idiomas y en tantos continentes, Johnny darling.

ANA

(A Santiago.) Te di gusto en vestirme como querías, ¿no? Por ti dejé de pintarme los labios y las uñas y de maquillarme, porque, según tú, ésas eran frivolidades burguesas. ¿Qué gané con darte gusto? Dejar de gustarte, eso es lo que gané.

SANTIAGO

(A Kathie, hecho una miel.) ¿Sabes que tienes un pelo muy bonito, Adèle?

KATHIE
(*Mudada en Adèle, parece trinar, piar.*) Para tenerlo así, suavecito, brillante, ondulado, esponjoso, le doy dos veces por semana un tratamiento que yo sé. ¿Se lo digo, profesor? Pero no le sople la receta a las otras chicas de la facultad. Una yema de huevo, una palta y tres cucharaditas de aceite. Se mezclan en la batidora por treinta segundos, se embadurna una el pelo bien con esa pasta y se deja secar tres cuartos de hora. Se lava con un buen *shampoo* y se enjuaga. Queda lindo, ¿no?

SANTIAGO
(*Embobado.*) Lindísimo: suavecito, brillante, esponjoso, ondulado. También tus manos son tan bonitas como tu pelo, Adèle.

KATHIE
(*Mirándolas, mostrándolas, luciéndolas.*) Para que no se pongan ásperas, ni les salgan durezas, para que parezcan de seda, de gamuza, unas gatitas de Angora, también tengo un secretito. Mejor dicho, dos secretitos. Frotarlas bien cada mañana, diez minutos, con jugo de limón, y, cada noche, otros diez minutos, con leche de coco. Quedan lindas, ¿no?

SANTIAGO
(*Hechizado.*) Sí, una seda, una piel de gamuza, unas gatitas de Angora. En las clases, cuando las diviso, tengo la sensación de dos pajaritos blancos, aleteando sobre las carpetas.

KATHIE
Ay, qué piropo tan poético. ¿De veras le gustan tanto, profesor?

SANTIAGO
Y tu pelo, tu nariz, tus ojos, todo lo tuyo me gusta. ¿Por qué me dices profesor? ¿Por qué te burlas de mí?

KATHIE
¿No es mi profesor acaso? Por una cuestión de respeto. ¿Qué dirían los chicos y chicas de la facultad si me oyeran decirle Mark, Mark Griffin, al profesor de literatura del Siglo de Oro, primer curso?

SANTIAGO
¿Por eso me tratas de usted?

KATHIE
A las personas mayores se las trata de usted.

SANTIAGO
O sea que te parezco viejísimo.

KATHIE
Viejísimo, no. Un hombre mayor. Y casado y con dos hijas. ¿Tiene una foto de sus hijitas en la cartera para que me las muestre?

SANTIAGO
¿Sabes que eres malísima, Adèle?

KATHIE
Malísima y todo le gusto a mucha gente.

SANTIAGO
A mí, por ejemplo. Me gustas muchísimo. ¿Lo sabes, no?

KATHIE
Primera noticia. ¿Y qué es lo que más le gusta de mí?

SANTIAGO
Lo coqueta que eres.

KATHIE
¿Le parezco muy coqueta?

SANTIAGO
El mismísimo diablo en persona.

KATHIE
Ahora dígame lo que no le gusta de mí.

SANTIAGO
Que no quieras salir conmigo.

KATHIE
Pero qué vivo es usted, profesor.

SANTIAGO

En serio, Adèle, ¿por qué no quieres? ¿Por prejuicios burgueses? ¿Qué tiene de malo que vayamos al cine, por ejemplo? O a oír un poco de música.

KATHIE

Bueno, acepto. Pero con una condición.

SANTIAGO

La que tú digas.

KATHIE

Que salgamos con su esposa y sus hijitas. Y, ahora, me voy a estudiar, no quiero que me ponga malas notas. Si se porta bien, otro día le diré mis secretos para conservar los dientes blanquísimos y los ojos brillantes, para no tener nunca papada, para que no se me quiebren las uñas y para evitar las pecas. Chaucito, profesor.

SANTIAGO

Chau, Adèle. *(Para sí mismo.)* Qué rica, qué deliciosa, qué excitante es.

ANA

Yo dejé de ser rica, deliciosa y excitante porque ésas eran, según tú, frivolidades burguesas.

SANTIAGO

(Pensativo.) Lo eran. *(Descubriendo a Ana.)* Lo son, Anita. Qué culpa tengo si son las frivolidades burguesas de las mujeres las que le gustan al cucú. Qué culpa

tengo si la sobriedad, si la seriedad de las mujeres libres y emancipadas lo anestesian y lo matan, Anita. Uno no controla su naturaleza. Las convicciones morales, políticas, no tienen poder sobre los instintos, sobre la naturaleza humana.

ANA

Pero cómo, ¿tú no me enseñaste que no había una naturaleza humana?

SANTIAGO

(Pontifical.) ¡No existe! ¡La naturaleza humana no existe, Anita! ¡Ésa es otra superchería burguesa para justificar la explotación, Anita!

ANA

¡Tramposo! ¡Desgraciado! ¡Mentiroso!

SANTIAGO

(Magistral.) ¡El hombre es materia maleable, Anita! ¡Cada hombre es lo que elige ser, Anita! ¡Por eso se puede creer en el progreso humano, Anita! ¡Tienes que leer a Jean-Paul Sartre, Anita!

ANA

Cuántos cuentanazos me contaste, Mark Griffin.

SANTIAGO

(De nuevo pensativo.) Cuántos cuentanazos me contó Jean-Paul Sartre, Anita.

KATHIE
(Volviendo a ser ella.) Nunca pudiste contarme ningún cuentanazo, Johnny darling. Siempre te descubrí las mentiras al instante.

JUAN
(Sin descuidar las olas.) La vez que me agarraste con Maritza me rasguñaste y la marca en la cara me duró dos semanas.

KATHIE
Esos cuernos eran fierros candentes, al principio. Noches en vela, llantos, se acababa el mundo, la humillación me hacía rechinar los dientes. Me enflaquecía, me salían ojeras, te hacía escándalos.

JUAN
¡Cómo se reían de mí en el Waikiki por esos rasguños!

ANA
Si en vez de vivir de acuerdo a tus sermones antiburgueses le hubiera hecho caso a mi mamá, nunca te hubieras ido con Adèle.

SANTIAGO
(Pensativo.) ¿Y qué consejos te daba esa pequeña burguesa de Santa Beatriz aspirante a gran burguesa de Orrantia?

KATHIE
(Sermoneando a Ana, como si fuera su hijita.) Los hombres son tratados por el mal, Anita. Es decir, por las ma-

ñas. Tu marido será intelectual y lo que quieras, pero lo que importa es el cucú, y yo no sabré nada de intelectuales pero sé todo de cucús. Si quieres que nunca te deje y que te engañe poco, que viva saltón.

ANA
¿Y qué hago para que Santiago viva saltón, mami?

KATHIE
¡El tira y afloja! De día una señora intachable y de noche la grandísima pe. Perfumes, músicas, espejos, extravagancias, barroquismos: ¡que se muera de felicidad! Pero no todos los días: cuando tú decidas y cuando convenga. ¡El tira y afloja! Ciertos días la pe se vuelve de hielo, ciertas semanas la cortesana se hace monja. Y, como aderezo, el otro recurso por excelencia: los celos. Salidas repentinas, llamadas misteriosas, secreteos en las fiestas con sus amigos, contradicciones y suspiros. ¡Que sospeche, que tiemble! Te costará alguna paliza pero no importa. ¡No hay amor sin golpes! ¡Que viva saltón y el cucú se pasará la vida trinando!

ANA
Pero tú tenías confianza ciega en mí y eso me fregó. En cambio, Adèle te hizo arar y siempre estuviste detrás de ella como un perro, Mark Griffin.

JUAN
¡Los celos son bestiales, sapita! Lo digo por las amistadas, después de los celos. A ti los cuernos te sientan, no creas. Las veces que hacemos mejor cositas es cuando pa-

samos de los insultos a los besos. Como en Hawai, cuando me pescaste con la euroasiática, en la playa. ¡Qué zapatazos le diste! ¡Y qué rico fue después, qué rico! Hicimos cositas en la arena, en el mar, en ese pasto artificial, y de nuevo en el mar. ¿No fue regio, darling?

KATHIE
No, no lo fue tanto.

JUAN
La verdad es que tú no eres una campeona haciendo cositas, Kathie. Eres bastante... aguada. Bostezas, te duermes, te da vergüenza, te ríes. No tomas el cucú en serio, darling. ¡Y es lo más serio del mundo! ¡Es como la tabla, Kathie!

KATHIE
Hay quienes tienen un mejor recuerdo de mis aptitudes amorosas, Johnny darling.

Juan y Ana se desvanecen.

SANTIAGO
(Con un tonito agresivo, sarcástico.) ¿El perfumista lúbrico de El Cairo, por ejemplo?

KATHIE
¿Qué trata usted de insinuar, señor Mark Griffin?

SANTIAGO
Lo que tú sabes muy bien, ricachona menopáusica, millonaria histérica, seudoescritora, explotadora de inte-

lectuales progresistas. Lo que tú sabes muy bien, Kathie Kennety.

KATHIE
(Sin inmutarse lo más mínimo.) ¿Qué es lo que sé muy bien?

SANTIAGO
(Con feroz agresividad, como desahogándose de viejas heridas y sucios resentimientos.) Que esos viajes exóticos no son para aplacar tu sed de belleza y tu hambre espiritual, sino para convertirte en una grandísima pe sin miedo al qué dirán. Para darte unas vacaciones de espejos, perfumes, músicas, fornicaciones extravagantes y barrocas lejos de tus amistades limeñas. ¡Amarillos, negros, árabes, esquimales, afganos, hindúes! ¡Todos los cucús del mundo! ¿Cobraban como yo, por horas? ¿Cuánto cobró el perfumista lúbrico de El Cairo, por fingir lubricidad contigo, corrompida?

KATHIE
(Que lo ha escuchado con amabilidad, vagamente divertida.) ¿No está usted excediendo los límites mínimos de respeto entre el asalariado y la patrona, señor Griffin? Me hace usted preguntas que no puedo contestar sin faltar al pudor y a la buena crianza.

SANTIAGO
(Su rabia empieza a disolverse en suave desmoralización.) No, no he olvidado que eres la patrona, literata de pacotilla, escribidora imaginaria, cacógrafa. Te odio. Si no me

pagaras, te tendría sólo desprecio, acaso compasión. Porque debe ser triste, ¿no es cierto?, dar vueltas al globo terráqueo, gastar fortunas en recorridos intercontinentales, escribir libros que no escribes y que nadie lee, sólo para poder hacer cositas. Debe ser tristísimo, ¿no, Kathie Kennety?

Se ha vuelto a instalar ante su grabadora y comienza de nuevo a dictar, moviendo los labios en silencio. Kathie lo mira ahora con melancolía y admiración. La música parisina del principio comienza a oírse otra vez, a lo lejos.

KATHIE
Lo triste es permanecer encerrada día y noche en esta buhardilla, privándome de todas las maravillas que ofrece París, ahí nomás, cruzando esa puertita y bajando las escaleras del hotel. En cambio, tú, Mark Griffin, cómo debes aprovechar la Ciudad Luz cuando sales de este cuarto. Si no tuviera que trabajar en este libro sobre la Negra África y la Amarilla Asia, ¿me dejarías acompañarte? No te dirigiría la palabra, no te molestaría en lo más mínimo. Cuánto aprendería siendo tu sombra por las galerías, las bibliotecas, los teatros, los conciertos, las academias, los *bistrots*. Me sentiría ignorante, pequeñita, oyéndote conversar con esos inteligentísimos amigos tuyos que han leído todos los libros y saben todas las cosas. *(Santiago sigue dictando, a juzgar por el movimiento de sus labios, pero no hay duda que la escucha complacido.)* Porque ésa es la vida que haces, fuera de las dos horitas que pasas aquí, ¿no, Mark Griffin? Recorres los muelles del Sena, explo-

ras los puestos de libros viejos, vas a todos los conciertos, aplaudes las óperas, los ballets, escuchas las conferencias del Collège de France, frecuentas los cines de arte, no faltas nunca a un *vernissage*. ¡Qué suerte pasarse las noches discutiendo de filosofía con Sartre, de feminismo con Simone de Beauvoir, de antropología con Lévi-Strauss, de teatro con Jean-Louis Barrault, de modas con Pierre Cardin! Cómo los escucharía, embobada, aturdida por ese fuego de artificio intelectual. ¡Qué maravillosa es tu vida, Mark! Qué abundancia, qué riqueza. En cambio, la mía, enclaustrada en esta buhardilla, qué pobre parece. Pero... se nos pasan las dos horas. Sigamos. Volvamos a El Cairo, a la ciudad vieja, a la callecita de la perfumería...

Resucita, lejana, la música árabe.

SANTIAGO
(*Dictando.*) ... Pronto sabré lo que el astuto perfumista se propone. Con melifluas maneras me ruega que espere, mientras atiende a los otros turistas. Me trae una taza de té y yo, ingenua de mí, acepto y me quedo en la tienda...

KATHIE
¿No suena un poquito cursi eso de «ingenua de mí»?

SANTIAGO
(*Corrigiendo.*) Es verdad. Y yo, tonta de mí, me quedo en la tienda...

KATHIE
¿No suena un poquito tosco eso de «tonta de mí»?

SANTIAGO
Sí. Y yo, ay, permanezco en la tienda...

KATHIE
Entonces, en un dos por tres, desaparecieron los empleados y el perfumista empezó a sacar frascos, a ponérmelos delante y a ofrecérmelos. Y, de repente, empezó también a sacar adornos, joyas.

SANTIAGO
(Se ha puesto de pie y está haciendo lo que, según Kathie, hacía el perfumista de El Cairo. En el ambiente flota la música árabe, chirimías, flautas, tamborcillos, castañuelas.) ¡Escoja, elija, bella extranjera! ¡Perfumes, esencias, elixires, resinas! ¡Para los cabellos, para las orejas, para el cuello, para los pechos, para las axilas, para el ombligo, para el pubis, para los dedos y las plantas de los pies! ¡Elija, escoja, bella extranjera! ¡Collares, aretes, pulseras, polveras, brazaletes, ajorcas, tobilleras, diademas! ¡De ámbar, de carey, de lapislázuli, de alas de mariposa!

KATHIE
(Complacida e intimidada.) Muchas gracias, monsieur. Sus perfumes son embriagadores, sus joyas rutilantes. Pero no deseo comprar nada. Muchas gracias de todos modos por su cortesía, monsieur.

SANTIAGO
(Zalamero, envolvente, serpentino, girando como un trompo alrededor de Kathie, moviendo manos y ojos.) Pero quién ha-

bla de comprar nada, bella extranjera, quién piensa en el vil dinero, exótica extranjera venida del exótico reino del Perú. Todo lo que hay en esta tienda es tuyo. Escoge lo que quieras, llévatelo. ¡Es un homenaje a tu belleza!

KATHIE
Su generosidad me abruma y me confunde, monsieur. Pero no puedo aceptar regalos de desconocidos. Soy una señora decente, católica, limeña, madre de familia. Yo no soy una de esas turistas gringas de cascos ligeros a las que usted está seguramente acostumbrado, monsieur.

SANTIAGO
Yo soy un perfumista lujurioso, madame. Permíteme pasearte por El Cairo nocturno, déjame sumergirte en los recintos secretos consagrados al placer, esos templos de voluptuosidad. ¡El Cairo es la ciudad más corrupta del mundo, madame!

KATHIE
Modérese, modérese, monsieur. Pórtese como un caballero, como una persona decente. No se me acerque tanto. ¡Sáqueme esas sucias manos de encima!

SANTIAGO
Iremos a ver las pirámides bañadas por la luna y a caminar descalzos en el desierto. Visitaremos un cabaret donde huríes sin huesos bailan frenéticamente la danza del vientre. El alba nos encontrará adormecidos por músicas afrodisíacas que hacen silbar a las serpientes y masturbarse a los camellos.

KATHIE
¡Socorro! ¡Auxilio! ¡No me toque! ¡Indio! ¡Zambo! ¡Cholo de porquería! ¡Suélteme o lo mato! Ah, no sabías que Kathie Kennety está preparada para enfrentarse a los abusivos del mundo entero, ¿no? ¡Arriba las manos o disparo!

Lo amenaza con una pistolita de mujer y Santiago retorna a su sitio de trabajo. Continúa dictando. Comienza a sonar una alarma de reloj.

SANTIAGO
Al ver el pequeño revólver, el perfumista me suelta. Salgo rápidamente de la perfumería, me pierdo en los polvorosos vericuetos de la vieja ciudad...

KATHIE
Mientras regresaba al hotel, temblaba acordándome del atrevimiento de ese gordo grosero...

SANTIAGO
Y, mientras, preguntando, yendo, volviendo por el laberinto cairota, difícilmente encuentro el rumbo del hotel, mi cuerpo se estremece de disgusto recordando el abrazo del alquimista, y mis narices aspiran todavía, como un veneno, el perfume picante de sus ungüentos...

Termina de sonar la alarma.

KATHIE
Ay, qué rápido se pasaron hoy las dos horas.

SANTIAGO
Sí, volando. Pero trabajamos bien, ¿no, Kathie?

Se sonríen.

**FIN DEL
PRIMER ACTO**

SEGUNDO ACTO

El decorado es el mismo. Al oscurecerse el teatro, se oye la música parisina que ambienta la buhardilla de Kathie Kennety: Les feuilles mortes, J'attendrai toujours *o algo igualmente conocido y fechado. Los cuatro personajes en escena, pero la iluminación se concentra en Santiago, sentado en su lugar de trabajo, dictando en la grabadora, y Kathie, quien, con papeles y mapas en las manos, se pasea mientras recuerda y relata. Una música africana reemplaza a la melodía parisina: tam-tams tribales, gruñidos de fieras, cantos de pájaros, el estruendo de una cascada. En una caricatura imaginaria de la escena, Ana y Juan pueden mimar lo que va narrándose.*

KATHIE

La primera noche en Murchison Falls, me despertó un ruido horrible.

SANTIAGO

Noche de luna y de viento a orillas del lago Victoria, en las inmediaciones de Murchison Falls. Ruidos indescifrables rasgan de pronto la tiniebla africana, despertándome.

KATHIE

No eran las cataratas sino otro ruido. El hotel estaba repleto y me habían metido en una carpa, en el jardín. La lona bailoteaba con el viento, parecía que se iba a volar.

SANTIAGO

Las frágiles tiendas beduinas del campamento donde me han dado albergue se estremecen como si fueran de papel de arroz.

KATHIE

Me vestí a la carrera y salí a ver qué era toda esa bulla.

SANTIAGO

Asustada, aturdida, me incorporo en mi hamaca de fibras. Manoteo, aparto el mosquitero, rescato el revólver de empuñadura de concheperla que tengo bajo la almohada.

KATHIE

¿Qué pasaba? ¿Qué ocurría?

SANTIAGO

¿Qué pasa? ¿Qué ocurre? ¿Se desbordan las cataratas? ¿Se sale el lago? ¿Tiembla la tierra? ¿Ataca nuestro campamento una manada de elefantes? ¿Una tribu de caníbales?

KATHIE

Nada de eso. Dos «hipos» se peleaban por una «hipa».

SANTIAGO

(Apagando un instante la grabadora.) ¿Hipos? Ah, hipopótamos. ¿Ése era el ruido que la despertó? ¿Dos hipopótamos peleándose por una hipopótama?

KATHIE

¿No debe decirse hipopótamo hembra?

SANTIAGO

Debe decirse lo que suena bonito. Hipopótama es sonoro, fuerte, original. *(Dictando de nuevo.)* ¿Se sale el lago? ¿Tiembla la tierra? ¿Ataca nuestro campamento una manada de elefantes? ¿Una tribu de caníbales? No. Es una vez más la eterna historia, el triángulo amoroso, la vieja cantilena del deseo, el duelo y el estupro. En el turbio lodazal de las orillas de Murchison Falls, rugiendo y tronando, dos hipopótamos se entrematan por una hipopótama.

KATHIE

La noche estaba retinta, no se veía ni michi. Pero por los ruidos me daba cuenta que la pelea era feroz.

SANTIAGO

(Cada vez más entusiasmado.) Ahí los veo, en las sombras de alquitrán, prehistóricos, macizos, torpes, cabezudos, con sus cuerpos cilíndricos y sus patitas ridículas, mordiéndose los flancos con ferocidad.

KATHIE

La hembra esperaba, muy casquivana, muy veleta, a ver cuál de los machos se iba con ella.

SANTIAGO
Entretanto, el codiciado botín, la que ha desatado el apetito y el odio paquidérmico, la hipopótama, removiéndose, contoneándose, enardecida acaso por el espectáculo, aguarda al que la victoria en el combate daría el derecho de... ¿de poseerla?, ¿de acometerla?, ¿de preñarla?

KATHIE
Acometerla, mejor. Un alemán, holandés, o algo así, que estaba en Murchison Falls, y que era sabio, científico, algo así, dijo que el hipopótamo era una bestia rarísima.

SANTIAGO
(Hablando con un fuerte acento germánico.) Esta primitiva estructura rugosa que usted ve, Frau Katharina, el hipopótamo, tiene una garganta tan delicada que sólo puede tragar a los pajaritos, moscas, mariposas y abejorros que, confundiéndolo con un tronco, se posan en él. Pero es una fiera de una voracidad sexual inacabable, una bestia libidinosa de potencia cataclísmica. No es extraño que, a la primera experiencia, las hipopótamas queden disgustadas para siempre del cucú, como Adèle Foucher, ya que el más inapetente de los hipopótamos supera con facilidad el récord establecido para la especie humana por las nueve performances de Victor Hugo en su noche de bodas... *(Retomando su voz natural, sigue dictando.)* Lo que decía el zoólogo prusiano era verdad: todo el resto de la noche oímos al ungulado vencedor y a la complaciente hipopótama copulando con un estruendo que empobrecía el de las cataratas...

KATHIE
(Riéndose.) ¿Qué dirán mis hijos de eso de «copulando con estruendo»?

Ana y Juan, transformados en los hijos de Kathie, se precipitan hacia ella.

JUAN
¿Estás escribiendo un libro de viajes por la Amarilla Asia y la Negra África o un libro pornográfico, mami?

ANA
¿Quieres que todo el mundo se ría de nosotros?

SANTIAGO
(Dejando de dictar.) ¿Son muy prejuiciosos sus hijos?

KATHIE
Sí, supongo que lo son. Ante mí, al menos. ¿Cómo serán cuando están solos? Con sus amigos, con sus amantes. ¿Tendrán amantes mis hijos?

JUAN
Te tenemos una sorpresa que te va a encantar, mamá.

SANTIAGO
Usted habla poco de su familia, en efecto.

ANA
¿No adivinas, mamá? ¡Los pasajes! ¡La gira por la Negra África y la Amarilla Asia!

KATHIE

No hablo de ellos porque éste es un libro de viajes, no una autobiografía.

JUAN

¡Cuarenta y dos países, más de ochenta ciudades!

ANA

¡Todas las religiones, las geografías, las razas, las lenguas! Tendrías que bailar en una pata, mami.

SANTIAGO

¿Le costó mucho convencerlos para que le permitieran hacer un viaje tan largo?

KATHIE

No me costó nada, al contrario. *(Se vuelve hacia sus hijos.)* No voy a bailar en una ni en dos patas, hijita. ¿Por qué se adelantaron a comprar los pasajes? Todavía no he decidido si voy a hacer ese viaje.

JUAN

Porque te mueres por hacerlo y sólo te faltaba un empujoncito. Ya está, ya te lo dimos.

ANA

Vas a aprender mucho, mamá. Esos mundos tan diferentes, esas culturas tan exóticas. Cuántas experiencias y aventuras. Para que las cuentes en tu libro, pues.

JUAN

Todas las reservas en hoteles de primera, por supuesto. Y todas las excursiones, con guías y auto particular.

ANA

¡Quién como tú, mamá!

KATHIE

(Burlona.) ¿No me van a extrañar?

JUAN

Muchísimo. Pero lo hacemos por ti, para que te distraigas, para que escribas ese libro que se te ha antojado.

ANA

¿No dices que la vida limeña, con los tecitos donde Fulanita, las comiditas donde Zutanita, los matrimonios donde Perenganita, te tienen hasta la coronilla? ¿Que la frivolidad limeña no te deja tiempo para la cultura? Pues ya está, durante ocho meses te dedicarás a culturizarte.

JUAN

Viajarás con pasaporte diplomático para que no tengas la menor dificultad en las aduanas.

KATHIE

Qué buenos, qué maravilla de hijos tengo. *(Cambiando de tono.)* Son ustedes unos cínicos. Están felices de librarse de mí por un buen tiempo.

JUAN
Cómo puedes decir semejante disparate, mamá. Es imposible tenerte contenta. Y nosotros creyendo que te íbamos a dar la alegría de la vida con estos pasajes.

ANA
Todo lo tuerces y lo pones al revés. ¿Por qué vamos a querer librarnos de ti?

KATHIE
(Se frota el pulgar y el índice.) Por la platita, mi amor, los solcitos. Porque tendré que dejarles los poderes para que hagan y deshagan a su antojo. ¿No es así?

JUAN
Claro que no es así. ¡La desconfianza tuya de siempre! Tenía que aparecer, cuándo no.

KATHIE
Porque están hartos de que meta la nariz en todo, de que pregunte todo. ¿Acaso no veo la furia que les da tener que pedirme la firma para cualquier cosa?

ANA
En mala hora Johnny tuvo la idea de sugerirte la cesión...

KATHIE
La cesión de poderes para repartirse entre los dos todo lo que es mío antes de que me muera.

JUAN
 ¡No, no, no! Para evitarte preocupaciones inútiles, para que no te pases el día en notarías, directorios, bufetes, bancos, etcétera.

ANA
 ¡Tienes unos delirios de persecución que no hay quien te los aguante, mami!

KATHIE
 Pueden ser delirios, pero esa cesión no la voy a hacer porque no quiero sentirme muerta antes de estarlo. Como no les resultó la cesión, ahora me mandan a dar la vuelta al mundo...

ANA
 ¡No seas injusta, mami!

JUAN
 Tú eras la que quería hacer ese viaje, a nosotros no se nos hubiera ocurrido siquiera.

ANA
 (A Juan.) Es una malagradecida, hermano. Devuelve esos pasajes y no te tomes más molestias por ella.

KATHIE
 Sólo la molestia de comprarlos, hijita, no te olvides que esos pasajes los pago yo.

JUAN
Bueno, ya está, no peleemos. Los pasajes se devuelven y punto final.

KATHIE
No los devuelvas. Haré el viaje y escribiré mi libro. Pero no se hagan ilusiones, no me va a comer un tigre ni aplastar ningún elefante. Voy a volver enterita, a tomarles cuentas de lo que han hecho con mi plata —mi plata, no se olviden— durante mi ausencia.

Juan se acerca a Kathie y parece querer entablar con ella un diálogo mudo, al que ella se resiste, refugiándose en sus cavilaciones. Ana se acerca a Santiago.

ANA
Te pareces a los hipopótamos, Mark Griffin. No te hagas el que no oye. ¿No es cierto que te pareces a los hipopótamos?

SANTIAGO
¿En qué me parezco a los hipopótamos?

ANA
En apariencia tan seguro, tan fuerte, que cualquiera te creería capaz de comerte un tigre con garras y colmillos. ¡Pura pinta! En realidad, sólo mosquitas, escarabajos, mariposas, pajaritos.

SANTIAGO

(*Fantaseando.*) Yo sé en qué me parezco a los hipopótamos...

KATHIE

(*Encarnando a Adèle.*) Amor mío, profe querido, no hagas caso a esa despechada. Olvídate de sus intrigas, no dejes que nos amargue la vida.

SANTIAGO

(*Ávido.*) ¡Claro que no, gatita de Angora! Ven, que te huela, que te haga cosquillas, que te dé unos lamidos. Ven, no te me escapes.

KATHIE

(*Entre encantada y medrosa.*) Te tengo miedo, Mark. Empiezas con esos juegos y ya sabemos dónde terminan.

SANTIAGO

(*Alzándola en peso, paseándola en sus brazos.*) Donde deben terminar. ¿Y qué? ¿No estás feliz de encender este fuego en tu marido, Adèle?

KATHIE

En mi amante, querrás decir. Tu mujer no soy yo sino esa despechada.

SANTIAGO

Ya no lo es puesto que la dejé por ti, sonsa. Ahora tú eres mi mujer, además de mi gatita, mi alumna y mi amante.

KATHIE
Calma, cálmate, amor. Éstas no son horas. ¿No tienes que dictar una clase sobre los místicos españoles?

SANTIAGO
Que se vayan a la mierda los místicos españoles. Ahora quiero dictarte una clase a ti solita, ahí, en el dormitorio. Ven, ven.

KATHIE
(Mesmerizada.) ¿Otra vez, amor? ¿Te has vuelto loco? Si hicimos cositas anoche y esta mañana.

SANTIAGO
(Enloquecido.) Las haremos antes y después del almuerzo, a la hora del té y de la comida. ¡Las haremos nueve veces! ¡Nueve veces!

KATHIE
Quién se iba a imaginar que el profesor Mark Griffin fuera capaz de estas proezas.

SANTIAGO
Es tu culpa, despiertas en mí una furia volcánica. Cuando veo tu cuerpecito, cuando lo siento, lo oigo, lo huelo, se desata una tempestad en mis venas.

KATHIE
(Haciendo pucheros.) Pero no soy la única que levanta esas tempestades, Victor. ¿Crees que no sé lo que haces

con Juliette Drouet? ¿Crees que no sé con cuántas de esas mosquitas muertas que te rodean has hecho también cositas?

SANTIAGO
(Soberbio, castigador.) Son aventuras sin importancia, Adèle, no dejan huella ni en mis sentimientos ni en mi poesía. Esas chicuelas me sirven para comprobar cómo, a la hora de las cositas, nadie se compara a mi Adèle *chérie*.

KATHIE
(Lloriqueando.) Me da celos imaginarte haciéndoles cositas. Sufro, sufro.

SANTIAGO
Los celos aderezan el amor, lo excitan, lo colorean, lo perfuman.

KATHIE
¡Si no se te escapa una falda! Mira mis uñas. Las tenía larguísimas y ahora, ¡mira! Es por ti, por tus traiciones. Cada vez que sales me come la angustia: ¿con cuál de esas mosquitas estará ahora? ¿Qué les dirá? ¿Qué les hará? ¿Y dónde? ¿Y cuántas veces? ¿Nueve veces?

SANTIAGO
Dios, la naturaleza o el Demonio me han dotado de unas urgencias superiores a las del hombre común. El don de la poesía, en mi caso, ha venido acompañado de la furia del amor.

KATHIE
¿Pero acaso no hacemos cositas todos los días, Victor?

SANTIAGO
No me basta, Adèle. Debo saciar estas ansias, apagar esta lava.

KATHIE
¡Eres una maravilla de la naturaleza!

SANTIAGO
Lo soy.

KATHIE
¡Eres insaciable, incansable, insuperable!

SANTIAGO
Lo soy.

KATHIE
¡Eres Victor Hugo, Mark Griffin!

SANTIAGO
Como el aire para los demás, para mí la mujer. La necesito continuamente, so pena de asfixia. Les pasa a los alcohólicos con el ajenjo, a los narcómanos con el láudano y el opio. A mí, con la mujer.

KATHIE
Tu sabiduría supera la del *Kamasutra*, la del *Ananga Ranga*, la de Giacomo Casanova, la del Divino Marqués.

SANTIAGO

Las supera. ¿Qué se sienten las mujeres cuando hacen cositas conmigo, Adèle *chérie*?

KATHIE

Unas mariposas clavadas en un alfiler, unas mosquitas prisioneras en la tela encerada, unos pollitos en el asador.

Una carcajada de Ana, que los ha estado observando con burla, rompe el encantamiento. Todos miran a Kathie y a Juan.

JUAN

(Convertido de nuevo en Johnny darling.) ¿Y nuestro hijo?

KATHIE

(Volviendo a ser ella.) ¡Mi hijo! ¡Pobre hijo! No salió en nada a su padre. *(A Juan.)* Tú eras un badulaque entretenido, un ocioso simpático, Johnny darling. La plata sólo te interesaba para gastarla. Johnnycito, en cambio, es el hombre más trabajador del mundo, el más formal, el más aburrido y el más antipático. La plata sólo le interesa para hacer más plata.

JUAN

Estás mintiendo, Kathie. Estás calumniando a Johnnycito.

KATHIE

No lo calumnio. Sólo le interesan el banco, los directorios, las cotizaciones, la Bolsa, la hacienda. Su única preocupación en el mundo es si vendrá o no vendrá algún día la Reforma Agraria.

SANTIAGO

(Pensando en voz alta.) ¿Y sabes tú, Kathie, qué es la Reforma Agraria?

KATHIE

Quitarles las haciendas a la gente decente para dárselas a los indios. A veces, me gustaría que viniera la Reforma Agraria sólo para ver la cara de Johnnycito.

JUAN

¿También piensas tan mal de tu hija?

KATHIE

Es una frívola y una cabeza hueca: ésa sí salió a ti, Johnny darling. Corregida y aumentada: no piensa más que en playas, fiestas, trapos y hombres. Y en ese orden.

JUAN

Detestas a tus hijos tanto como me detestabas a mí, Kathie Kennety.

KATHIE

No los detesto tanto como te detestaba a ti. Son ellos los que me odian. Porque no los dejo disponer de lo que es mío.

JUAN
Eso es lo que quisieras creer. Pero sabes muy bien que mientes, Kathie.

KATHIE
Sí, miento. En realidad, me detestan por tu culpa.

JUAN
Te detestan porque te hacen responsable de la muerte de su padre. Y es justo.

KATHIE
No es justo. Ellos no supieron ni sabrán nunca lo que ocurrió.

JUAN
No sabrán los detalles. Pero huelen, sospechan, adivinan, presienten. Por eso te odian y por eso los odias a ellos.

SANTIAGO
(Muy tímido.) ¿Usted y su esposo se separaron alguna vez, Kathie?

KATHIE
Johnny y yo nunca nos separamos. Yo... quedé viuda.

SANTIAGO
Ah, yo había entendido que... Pero ¿y ese señor con el que me cruzo en la puerta de calle, en las escaleras, ese

señor que aparece en los periódicos, no es su esposo? Lo siento, no lo sabía.

KATHIE
No tenía por qué saberlo. No tiene por qué sentirlo, tampoco. ¿Acaso miles, millones de mujeres no quedan viudas en el mundo? ¿Qué tiene de raro que una señora quede viuda?

SANTIAGO
Nada, por supuesto. Es tan frecuente, tan natural como que un matrimonio se separe. *(Mira a Ana.)* ¿Acaso miles, millones de mujeres no se separan de sus maridos en el mundo? ¿Acaso ellas convierten eso en una tragedia griega?

KATHIE
No me gustan las tragedias griegas. Pero en este caso se hizo una porque Johnny darling no murió de muerte natural. En realidad... se mató.

Santiago no parece oírla, concentrado como está en Ana, quien ha vuelto a lanzar una carcajada.

SANTIAGO
¿Te ríes de despecho? ¿De celos? ¿De envidia? ¿O de puro estúpida?

ANA
De curiosidad, profesor.

SANTIAGO
Anda a cocinar, a limpiar la casa, a cuidar a tus hijas, a ocuparte de esas cosas para las que has nacido.

ANA
Primero, sácame de una curiosidad. Me muero por saber cuál fue la razón por la que tu alumna Adèle te dejó. Jajajá...

Estalla música de tam-tams africanos, súbitamente, como traída de golpe por Santiago, para evitar una imagen perniciosa. Coge la grabadora, deprisa, atolondrado.

SANTIAGO
No tengo tiempo, estoy ocupadísimo, se pasan las dos horas, lárgate. *(Dictando.)* Y, por fin, luego de incontables horas de sofocación y sudor, entre una exuberante vegetación en la que proliferan el bambú, el ébano y el árbol del pan, el traqueteante autobús se detiene en una pequeña aldea, entre Moshe y Mombasa.

KATHIE
Vimos, entonces, en una cabañita, algo increíble, increíble.

SANTIAGO
(Dictando.) Se ofrece, entonces, a nuestros ojos un inimaginable, escalofriante espectáculo.

KATHIE

Unos chiquitos calatos, con las barriguitas hinchadas, comían tierra, como si fuera caramelos.

SANTIAGO

Unos niños desnudos, de vientres inflados por los parásitos, sacian su hambre con unas presas de carne de sospechosa blancura. ¿Qué ven mis ojos? Inmovilizada por el espanto, comprendo que esas criaturas ávidas devoran, uno, una manita, otra, un pie, el de más allá, un hombro, del cadáver de otro niño.

KATHIE

(Desconcertada.) ¿Quiere decir que eran caníbales?

SANTIAGO

(Dejando de dictar, desmoralizado por las miradas burlonas de Ana.) Para que resulte más dramático, más original, más exótico. Que unos niños coman tierra es algo que también pasa aquí en el Perú, Kathie, y no sorprendería a nadie.

KATHIE

(Asombrada.) ¿Aquí en el Perú? ¿Está usted seguro?

SANTIAGO

El Perú no es Lima, Kathie. Y Lima no es San Isidro. Aquí en este barrio no los verá usted, pero en ciertas barriadas y en muchos sitios en la sierra ocurren cosas como las que vio en esa aldea africana. Ha dado usted dos o tres veces la vuelta al mundo y tengo la impresión de que apenas conoce su país.

KATHIE

Una vez fui al Cusco, con Johnny. La altura me cayó pésimo. Tiene usted razón, ¿sabe? Los peruanos conocemos mejor el extranjero que nuestro propio país. ¡Qué snobs somos!

ANA

(Muerta de risa.) Sí, qué snobs somos... ¡los peruanos multimillonarios!

SANTIAGO

(Resignado, suelta la grabadora y mira a Ana.) Saliste con tu gusto, aguafiestas.

ANA

¡Qué papelón, Mark Griffin! Abandonar a tu mujer, a tus hijas, escaparte con una Lolita, convertirte en el hazmerreír de la universidad. ¿Y para qué? Para que la vampiresa te largara al poquito tiempo y vinieras a pedirme perdón como un perro sarnoso. *(Muy irónica.)* ¿Se puede saber por qué te largó Adèle, Victor Hugo?

KATHIE

(Convertida en una Adèle iracunda, a Santiago.) Porque soy joven, porque estoy comenzando mi vida, porque quiero gozar, porque no tengo por qué vivir como una monja. Si tuviera vocación de monja me hubiera metido al convento. ¿Entiendes?

SANTIAGO

(Compungido, intimidado.) Claro que lo entiendo, gatita de Angora. Pero tampoco exageres, no es para tanto.

KATHIE

Sabes muy bien que no exagero. Te pasas el día diciéndome que me quieres, que te mueres por mí, pero a la hora de la verdad, a la hora de la hora, a la hora de las cositas, pssst... te desinflas como un globo con huecos.

SANTIAGO

(Tratando de que hable más bajo, de calmarla, de que nadie oiga.) Tienes que ser un poquito más comprensiva, gatita de Angora.

KATHIE

(Cada vez más enojada.) Eres puro bluff, Mark, pura pinta, un hipopótamo que parece terrorífico pero que sólo come pajaritos.

SANTIAGO

(Terriblemente incómodo.) Tengo muchas preocupaciones, gatita de Angora. Las intrigas de esa miserable de Ana me rompen los nervios. Y, además, las clases sobre los místicos españoles, sus teorías y prédicas acerca del ascetismo, producen cierto efecto en la psiquis, adormecen la libido. ¿Te explico qué es la libido? Muy interesante, ya verás. Un señor que se llamaba Freud...

KATHIE
Me importan un pito la psiquis, la libido. ¡Pretextos, cuentos, mentiras! La verdad es que eres un aguado, un flojonazo, un, un...

ANA
¿Impotente, tal vez?

KATHIE
Eso, eso, un impotente. Eso es lo que eres, Mark Griffin: ¡un impotente!

SANTIAGO
(No sabe dónde meterse.) No digas esa palabra, Adèle. No grites, los vecinos pueden oír, qué vergüenza. Ahora que esté más tranquilo, en las vacaciones, ya vas a ver cómo...

Ana los oye muerta de risa.

KATHIE
¿Crees que voy a esperar hasta el verano para que hagamos cositas?

SANTIAGO
Pero si hicimos cositas la otra noche, amor, después de esa película...

KATHIE
¡Hace tres semanas! ¡Hace un mes! ¿Crees que voy a tener de amante a un vejestorio que hace cositas una

vez al mes y sólo después de ver películas pornográficas? ¿Crees eso?

SANTIAGO
(Queriendo enterrarse vivo.) El amor-pasión, basado en la cópula animal, no lo es todo en la vida, gatita de Angora. Ni siquiera el recomendable. Por el contrario, es efímero, un castillo de arena que se deshace al primer golpe de viento. El amor-solidaridad, en cambio, basado en la comprensión, en la comunidad de luchas, de ideales...

KATHIE
Bueno, búscate otra idiota con quien hacer el amor-solidaridad. A mí el que me gusta es el otro, ¿cómo se llama?, ¿amor de la pasión, amor-pasión? El de las cochinadas, el de los animales, ése es el que a mí me gusta. Chaucito, profesor. No quiero verte más, ni en pintura. ¡Chaucito, Victor Hugo de mentira!

Se va a aplaudir a Juan, que hace proezas en la tabla, sobre un mar agitado.

SANTIAGO
(Cabizbajo, abrumado, a Ana que lo mira compasivamente.) Hiciste una montaña de lo que era una piedrecita. Nunca has tenido el sentido de las proporciones, del equilibrio entre el efecto y la causa. No se puede dar una cuchillada al que se tropieza contigo de casualidad en la calle.

ANA
¿Otra de mis taras burguesas, sin duda?

SANTIAGO

Todos los matrimonios tienen crisis. Se separan sin problemas, se reconcilian sin problemas. Tú tenías que convertir eso en una tragedia griega.

ANA

A lo mejor es culpa de la educación que me diste. ¿No me desaburguesaste acaso? ¿No me enseñaste a ver todo desde una perspectiva no individualista, sino social, moral, revolucionaria? Bueno, pues desde esa perspectiva te portaste conmigo como un canallita. *(Se acerca a él en actitud cariñosa.)* Por lo demás, éstos son tus problemas, no los míos. Yo te dejé ir, yo te dejé volver. Nos separamos y nos amistamos cuando quisiste. Yo te aguanto que me cuentes el cuento de la psiquis y de la libido y del amor-solidaridad y que hagamos cositas a la muerte de un obispo. Yo no tengo la culpa de que te gusten las tragedias griegas, Mark Griffin.

Santiago se apoya en ella, y Ana le acaricia la cabeza, como a un niño.

SANTIAGO

Es cierto, soy un romántico incorregible. Pero ¿no sería bonito protagonizar siquiera una vez en la vida una tragedia griega?

Ambos se vuelven a mirar a Juan, quien, luego de haber estado corriendo olas, está ahora hecho un pavo real, recibiendo abrazos y felicitaciones de una multi-

tud invisible. Exhibe la copa que ha ganado en el campeonato de surf. Se lo nota feliz y un poco ebrio.

JUAN

(*A Kathie.*) ¿Por qué no viniste a la fiesta que me dieron, darling? Nunca estás conmigo cuando me haces falta. Todo el mundo preguntaba por ti y no sabía qué decirles. ¿Por qué no viniste? ¡Era en honor del ganador de la copa, Kathie! ¡Y el ganador de la copa es tu marido! ¿No significa eso nada para ti?

KATHIE

Absolutamente nada, Johnny darling. Estoy hasta la coronilla de tus campeonatos, de tu tabla y de tus *parties*. Por eso no fui a la fiesta y por eso no volveré más a nada que tenga que ver con la tabla. Porque no he visto nunca tanta idiotez ni tantos idiotas como entre los tablistas.

JUAN

Ya sé lo que te pasa. Tienes envidia.

KATHIE

¿De ti?

JUAN

Sí, de mí. De que entre en los campeonatos y los gane. En el Perú, en Hawai, en Sidney, en Sudáfrica. De que me aplaudan y me fotografíen y me den *parties*. Tienes envidia. Porque eres una ilustre desconocida, que sólo vale ante el mundo por ser mi mujer. Por eso rajas del *surf*. ¡Pura envidia!

KATHIE

(Se ríe.) Eres muy capaz de creer que te tengo envidia, Johnny darling.

JUAN

Y celos. ¡Atrévete a negarlo! Te mueres de celos de todas las chicas que se me acercan. Porque las tengo aquí, por decenas, por centenas. En Lima, en Hawai, en Australia, en Sudáfrica.

KATHIE

Es verdad. Pierden la cabeza porque un estúpido sabe hacer equilibrio sobre una tabla...

JUAN

Y tú te mueres de celos. No fuiste a mi *party* para no ver a las chicas bonitas que había y que me coqueteaban. Porque ellas son jóvenes y tú te estás volviendo vieja. Porque ellas son bonitas y tú te estás volviendo fea. ¡Porque te mueres de celos!

KATHIE

Ahora ya no. Me moría al principio. Los primeros meses, los primeros años.

JUAN

Te sigues muriendo de celos. Cada vez que una chica me hace gracias se te tuerce la cara, se te descompone la voz. ¿Crees que no me doy cuenta?

KATHIE

(*No lo oye, recuerda.*) No podía creerlo. Cada vez que te pescaba, me moría. ¿Con Adelita? Sí, con Adelita. ¿Con July? Sí, con July. ¿Con Jessy? Sí, con Jessy. Con mis mejores amigas, con mis mejores enemigas. Me quedaba humillada, dolida, golpeada. Es cierto, me moría de celos. Se acababa el mundo, me sentía el ser más desamparado de la Tierra. ¿Cómo podías hacer cositas a diestra y siniestra y decirme que me querías?

JUAN

(*Un poco confuso, tratando de hacer las paces.*) Y eso qué tiene que ver. El amor es una cosa y otra las cositas. Claro que te quería. ¿Acaso no te quiero todavía? A pesar de que no fuiste a mi *party*. Me lo fregaste, sonsa. Lo de las cositas ya te lo he explicado: no cuentan, no cuentan. A esas chicas me las llevo a la cama y pssst, me olvido. Son plancitos, como tomarse un *drink* o cambiarse de camisa. Pasatiempos del cucú, entretenimientos del cucú. El corazón no entra para nada, sonsa. El cucú para todas, el corazón para ti solita. Como cuando éramos enamorados, ¿no te acuerdas?: «Esta noche no puedo salir contigo, esta noche es para mis huachafas». ¿Acaso una enamorada se pone celosa porque su enamorado hace cositas con una huachafa? Es lo mismo, ¿no comprendes?

KATHIE

Ya he comprendido. Por eso ya no tengo celos. No fue por celos que no fui a tu *party*.

JUAN

(*Conciliatorio.*) Bueno, te dije eso porque estaba furioso. Ya se me pasó. Te perdono por esta vez. Sólo por esta vez. No vuelvas a hacerme una perrada así. (*Sonriendo.*) Y ahora aquí, al oído, sin que nadie nos oiga, ¿te mueres o no te mueres de celos?

KATHIE

Ya nunca me muero de celos, Johnny darling.

JUAN

(*Jugando, haciendo arrumacos.*) Dime que sí te mueres, me gusta. ¿Te mueres de celos de tu maridito?

KATHIE

Se tienen celos cuando una está enamorada. Yo dejé de quererte hace tiempo, Johnny darling.

JUAN

¿Estás hablando en serio?

KATHIE

Cuando fui dándome cuenta de la nulidad que eras, de lo tonto que eras...

JUAN

¿Te das cuenta de lo que estás diciendo?

KATHIE

... de lo vacía que era tu vida, de la porquería en que habías convertido mi vida. Entonces dejé de tener celos.

JUAN

O sea que quieres pelear. Me dejas plantado y todavía te das el lujo de insultarme.

KATHIE

Cuando comencé a despreciarte se fueron yendo los celos. Ya no queda rastro de ellos. Puedes darles el corazón también, además del cucú, a todas las chicas bonitas del mundo, Johnny darling.

JUAN

Ah, eso del corazón y el cucú te dolió. Yo estaba dispuesto a hacer las paces, sonsa. Mejor cambiemos de tema, ya me cansé de oírte siempre los mismos insultos. Pareces un disco rayado.

KATHIE

No, sigamos con el tema de los celos. Tú mismo lo escogiste. ¿Con cuántas chicas bonitas me has engañado?

JUAN

(De nuevo furioso.) Con más de las que te imaginas.

KATHIE

¿Veinte? ¿Cincuenta? ¿Cien? No pueden ser muchas más. *(Calculando.)* En diez años de matrimonio, cien hacen unas diez por año, casi una por mes. Tienes razón, pudieran ser más. ¿Ciento cincuenta? ¿Doscientas?

JUAN

Todas las que me dio la gana.

KATHIE

No sabes cuántas. En cambio, yo si sé con cuántos te he engañado, Johnny darling.

JUAN

No juegues con eso, Kathie.

KATHIE

Ocho, exactamente. Algunos tablistas, fíjate. Y hasta campeones, creo.

JUAN

No te permito esas bromas, Kathie.

KATHIE

Con Bepo Torres, en el verano del 57, en la playa de Kon Tiki. En la casita de Bepo, junto al faro. Su mujer había llevado a su madre a Estados Unidos, para un *lifting*, ¿te acuerdas?

JUAN

(Sólo ahora parece empezar a creer.) ¿Estás hablando en serio? ¿Estás hablando en serio?

KATHIE

Con Ken, el australiano, la primera vez que fuimos a Sidney. ¿1958, no? Ese al que admirabas, el que se metía al túnel de la ola. Tú hacías cositas con su amiga Sheila, ¿no es cierto? Pues yo con él, Johnny darling.

JUAN
(*Pasa del desconcierto a la cólera, de la incredulidad al espanto.*) ¿Quieres que te rompa la cara? ¿Quieres que te mate? ¿Qué es lo que quieres tú?

KATHIE
Con Kike Riketts, el de los autos. En 1960, en Hawai, con tu amigo Rivarola, el de la pesca submarina. Al año siguiente, en Sudáfrica, con el alemán del safari, el que nos llevó al criadero de avestruces en Wildemes. Hans no sé cuántos, ¿no? Y al otro año con el Sapito Saldívar.

JUAN
(*Le tapa la boca, parece que fuera a estrangularla.*) ¿Me estás diciendo la verdad, maldita?

KATHIE
(*Sin resistir.*) ¿No quieres saber los nombres de los otros dos?

JUAN
(*Duda, la suelta. Está sudoroso, acezante, abrumado.*) Sí.

KATHIE
Harry Santana. Y... Abel.

JUAN
(*Enloquecido.*) ¿Abel?

KATHIE
Tu hermano Abel. ¿Es el que más te duele? Ocho, exactamente. *(Lo examina.)* ¿Quién siente celos, ahora?

JUAN
(Derrumbado, mira a Kathie con estupefacción.) Esto no va a quedar así, me las vas a pagar, te vas a arrepentir. Y esos canallas se van a arrepentir peor que tú. Ah no, esto sí que no, esto sí que no. *(Lo interrumpe un sollozo. Se tapa la cara con las manos mientras hipa y llora, bajo la mirada indiferente de Kathie.)* ¿Por qué me hiciste eso?

KATHIE
(Profundamente deprimida.) Por vengarme de esas chicas bonitas que te llevabas a la cama en mis narices. Por aburrimiento, para llenar de alguna manera el vacío. Y, también, con la esperanza de encontrar alguien que valiera la pena, alguien de quien pudiera enamorarme, que pudiera mejorar mi vida...

JUAN
¿Sabes que te voy a pegar cinco tiros?

KATHIE
Basta con uno si lo pegas bien, Johnny darling. A lo mejor te lo he contado para que me pegues esos cinco tiros. Estoy harta de mí también.

JUAN
¿Harta de tus hijos, también?

KATHIE

Sí, también. Tampoco ellos cambiaron nada. Ni siquiera tengo la ilusión de verlos crecer, de saber qué harán en la vida. Lo sé de sobra. Serán unos idiotas, como tú y como yo.

JUAN

Eres un ser sin sentimientos, un verdadero monstruo.

KATHIE

No lo era cuando me casé contigo, Johnny darling. Era una muchacha no sólo bonita, sino también inquieta, curiosa. No sólo rica, también con ganas de aprender, de mejorar, de hacer cosas. Un poco inculta y frívola sí lo era. Pero estaba todavía a tiempo de cambiar. Esa posibilidad la mataste. Vivir contigo me volvió igual que tú. *(Se vuelve hacia Santiago.)* A usted yo hubiera debido conocerlo de joven, Mark.

A lo largo de la escena que sigue, Juan se está emborrachando.

SANTIAGO

¿Sabe cómo era yo de joven, Kathie?

KATHIE

Como si lo estuviera viendo.

SANTIAGO

(Ansioso, esperanzado.) ¿Cómo era yo, Kathie? Dígamelo, por favor.

KATHIE
Nacido en el mundo sucio y promiscuo de las barriadas, huérfano de padre y madre, estudió usted en un colegio fiscal. Se mantenía trabajando como lustrabotas, cuidando autos, vendiendo loterías y periódicos.

ANA
(Acariciándole la cabeza, compasiva.) En realidad, estudiaste donde los padres salesianos. Tu familia no era pobre sino pobretona. Y no trabajaste hasta cumplir veinte años.

KATHIE
En vez de ir a la Universidad Católica, fue a la nacional, a San Marcos, por ateo y por pobre. Estudiante brillantísimo desde el primer día. El primero en llegar a la facultad y el último en abandonarla. ¿Cuántas horas pasaba en las bibliotecas, Mark?

SANTIAGO
Muchas, muchas horas.

ANA
¿Y cuántas en los billares de la calle Azángaro? ¿Llegaste alguna vez a las clases de metafísica? ¿A las de historia antigua? Porque eras un dormilón terrible, Mark Griffin.

KATHIE
¿Cuántos libros a la semana leía Victor Hugo? Dos, tres, a veces uno por día.

ANA
Pero estudiabas poco, no tenías paciencia ni perseverancia. ¿Entendiste a Heidegger? ¿Llegaste a traducir un verso de latín? ¿Aprendiste algún idioma extranjero?

KATHIE
Siendo tan pobre, no podía darse ninguno de los lujos de los muchachos de San Isidro o Miraflores: ni tener auto, ni comprarse ropa, ni ser socio del Waikiki, ni correr tabla, ni echar una cana al aire los sábados.

ANA
¿Y las borracheras con cerveza en el Patio y en el Bar Palermo no eran canas al aire? ¿Y las visitas al burdel de la señora Nanette, de la avenida Grau, que te daban remordimientos socialistas?

KATHIE
¿Qué podían importarle a Victor Hugo las frivolidades miraflorinas, los esnobismos sanisidrinos? Sus días y sus noches estaban dedicados a cosas profundas y elevadas: asimilar las ideas de los grandes para hacer luego cosas grandes.

ANA
¿Por qué abandonaste los estudios, entonces? ¿Por qué copiabas en los exámenes? ¿Por qué no hacías los trabajos? ¿Por qué faltabas a clase?

KATHIE
¿Qué podían importarle a usted las proezas de los tablistas en el océano Pacífico? Para usted sólo existían el espíritu, la cultura y la revolución. Porque también se dedicaba usted a corregir las injusticias sociales, ¿no, Carlos Marx?

SANTIAGO
(Arrobado.) Es verdad. Los círculos de estudios marxistas...

ANA
... que te aburrían mortalmente. ¿Entendiste *El Capital*? ¿Leíste *El Capital*? ¿Terminaste la *Dialéctica de la naturaleza*? ¿Cómo se llamaba ese libro que parecía un trabalenguas? ¿*Materialismo y empirio* qué? ¿*Empirioclasicismo*? ¿*Empiriocriticismo*? ¿*Empiriocretinismo*? Ay, qué risa.

SANTIAGO
(Con una sonrisa melancólica.) Y la militancia en el Partido, donde éramos pocos pero bien sectarios.

KATHIE
La militancia, sí, sí. Enseñar a leer a los pobres, hacer caridades, repartir limosnas, organizar kermesses, huelgas, revoluciones, poner bombas.

ANA
Más bien intrigar hasta la náusea en los pasillos de la universidad y en los cafetuchos del centro contra Fulano, Zutano y Mengano. Acusar de trotskistas a los maoístas,

de estalinistas a los leninistas, de revisionistas a los socialistas, y a todos los adversarios de soplones, nazis y fascistas.

KATHIE
(Exaltada.) ¡Eso era vida, Victor Hugo! ¡Eso era ser joven, Carlos Marx! La cultura, la política, los libros, las limosnas, los fusilamientos, la revolución, las cárceles. Usted no se sintió vacío un solo minuto de su vida, ¿no es cierto?

SANTIAGO
No tenía tiempo para eso, Kathie.

KATHIE
(Le coge la mano.) Y las chicas que eran sus enamoradas...

SANTIAGO
«Enamoradas» es una expresión enajenada y pequeño burguesa. Los que estamos en la lucha, en el Partido, les decimos compañeras.

KATHIE
(Ansiosa, esperanzada.) Y a sus compañeras, por el hecho de serlo, de seguirlos, de copiarles los manuscritos, de llevarles la comida a los calabozos, de apoyarlos y colaborarlos, algo de esa vida tan rica se les contagiaba y las enriquecía, ¿no es cierto?

ANA
(Siempre afectuosa, compasiva.) No, no lo es. ¿No es cierto que no es cierto, Mark Griffin?

KATHIE
Cuando se lleva esa vida de joven se hacen grandes cosas de grande. *(La asalta una duda, mira a Santiago súbitamente desconcertada.)* Sin embargo...

ANA
Sin embargo, señor Mark Griffin, señor Victor Hugo, señor Carlos Marx, usted no ha hecho aún esas cosas grandes. ¿Por qué?

SANTIAGO
(Angustiado.) ¿Por qué, a pesar de haberte preparado tanto para hacer grandes cosas...

ANA
... sólo has hecho cosas chiquitas, chiquitas?

SANTIAGO
¿Qué pasó con esos libros que no escribiste?

ANA
¿Qué pasó con esos partidos en los que nunca militaste?

SANTIAGO
¿Qué pasó con esas huelgas que no organizaste, con esas revoluciones que no planeaste ni ejecutaste?

ANA
¿Qué pasó con esas mujeres que tanto soñaste, con esos placeres que nunca tuviste, con esas cositas que no hiciste?

SANTIAGO
¿Qué pasó con esas proezas intelectuales, sociales, sexuales que nunca realizaste?

KATHIE
¿Qué pasó, Victor Hugo?

ANA
¿Qué pasó, Carlos Marx?

KATHIE
¿Qué pasó, Mark Griffin?

SANTIAGO
(Mira a derecha e izquierda, busca, trata desesperado de encontrar una respuesta.) Me casé con la mujer que no debía. Nunca me comprendió ni me ayudó. Me arrastró al fracaso por su incultura, por su pequeñez, por su estupidez. ¡Eso fue lo que pasó! Me casé con una infeliz que me frustró, que me fregó, que me castró.

KATHIE
(Resplandece, lo abraza.) Lo sabía, lo sabía. También te pasó a ti. Nos parecemos, somos iguales. No supimos elegir, nuestra vida hubiera sido distinta con otro marido, con otra mujer. Ah, qué bueno que nos conozcamos, que nos parezcamos, Mark.

SANTIAGO
(Abrazándola también.) Eres la compañera que necesitaba, la que me hubiera entendido, estimulado, empuja-

do, excitado. Alguien que creyera en mí, me defendiera contra la indolencia, contra el pesimismo, que... *(La risita de Ana obliga a Santiago a mirarla.)* ¡Y no sólo me equivoqué una vez! ¡Me equivoqué también la segunda vez! Adèle tampoco me ayudó, me exigió lo que no tenía y no podía, trastornó mis valores, volvió sustantivo lo adjetivo y adjetivo lo sustantivo, me humilló...

ANA

(Le hace una morisqueta.) Cu-cú, cu-cú, cu-cú.

SANTIAGO

¡Eso fue lo que pasó! Mi mujer me mató y mi amante me remató.

KATHIE

Igual que a mí Bepo, Ken, Kike, Rivarola, Hans, el Sapito Saldívar, Harry y Abel. ¡También elegimos mal a nuestros amantes! Nadie nos entendió, estimuló, empujó ni excitó. Nos frustraron, nos fregaron, nos castraron.

SANTIAGO

(Mirándola a los ojos, lleno de ilusión.) Ah, qué bueno que nos conozcamos, que nos parezcamos, Kathie.

KATHIE

Tú me sacarás de las pistas de patinaje, de los salchicha *parties*, de los *showers*, de las fiestas, tú me salvarás del infierno del *surf*.

SANTIAGO
Conmigo leerás todos los libros, verás todas las exposiciones y escucharás todos los conciertos.

KATHIE
Te llevaré comida a la cárcel, copiaré tus manuscritos, por ti aprenderé a poner bombas, a matar.

SANTIAGO
Comentaremos juntos las novelas, los poemas y los dramas. Serás mi inspiración, mi fuerza, el antídoto contra las dudas. Te leeré lo que escriba y me darás ideas, temas, palabras.

ANA
¿Y quién lavará los platos, fregará los pisos, cambiará pañales y hará la comida?

KATHIE
Aprenderemos el chino, el griego, el alemán...

SANTIAGO
... el ruso, el japonés.

ANA
¿El cucú cantará cada bimestre? ¿Cada trimestre? ¿Cada semestre?

KATHIE
La cultura, el amor...

SANTIAGO
... la revolución, el placer.

KATHIE
¡Ah! ¡Ah!

SANTIAGO
Cuando te tenga desnuda en mis brazos, seremos dos soberanos, los emperadores del paraíso.

ANA
¿Esa frase no es de Victor Hugo?

KATHIE
Te amo, te amo. Ámame tú también, Mark.

SANTIAGO
Te amo y esta noche el cucú cantará nueve veces, Adèle.

La besa con pasión, mientras Ana se ríe, pero su risa queda sumergida por la voz de Juan, quien está regresando a su casa, borracho como una cuba, con una pistola en la mano.

JUAN
Los mataré a los nueve. A los ocho samuráis y a ti. Y después a mí. ¡Carajo! ¡Carajo! Esto no se va a quedar así. *(Se mira en una vitrina.)* ¿Qué miras, cornudo? Cornudo, cornudo, cornudo. ¡Eso es lo que eres, Johnny darling! Un carnero, un chivo, un cachudo. ¡Un cornudo!

(Un sollozo le corta la voz.) ¿Cómo puede seguir dando vueltas el mundo? ¿Qué te hice para que te portaras así, grandísima? ¿Me metiste cuernos por correr olas? ¿Por las rabietas que te da la tabla? Y tú me llamas a mí estúpido... ¿A quién le hago daño corriendo tabla? ¿Qué tiene de malo que me guste el deporte? ¿Es preferible chupar, jalar, pincharse? Yo soy un tipo sano, ¿no te das cuenta? ¿Acaso soy borracho? Tomo lo justo para divertirme. ¿Soy un pichicatero, acaso? No lo soy. Fumo un pito a veces, doy un jalón a veces, sólo para ponerme *high*. Tú hubieras preferido que fuera borracho, pichicatero y hasta maricón antes que tablista, ¿no, grandísima? Me tenías envidia, no aguantabas mis triunfos, en Lima, en Hawai, en Sudáfrica, en Australia. ¡Sí, sí, grandísima! Yo he bajado olas de tres, de cuatro, de ocho metros. Olones del tamaño de los cuernos que me has puesto. O sea que también hiciste cositas con Abel. Creías que eso me iba a sacar ronchas, ¿no? Te equivocas. Es el que menos me importa, por lo menos con él todo queda en familia. Con su mujer yo hubiera hecho cositas hace años si hubiera querido. No las hice porque tiene vello en las axilas y a mí las que no se depilan, ¡puafff, qué asco! ¡Esto no se va a quedar así! ¡Mamá, mamá! *(Otro sollozo le corta la voz, a medida que la borrachera lo va aturdiendo.)* Ya nunca podrás mirar a la cara a la gente, Johnny darling. ¡Cómo vas a andar por las calles con esos cuernos estrellándose contra las paredes, topeteando a la pobre gente! En el mar te vas a hundir hasta el fondo por el peso de esos cuernos. Puedes ganar todos los campeonatos de tabla, bajar las olas más asesinas. ¿De qué te servirá? Estos cuernos seguirán aquí, firmes como rocas, hasta que te mueras. Y después de

muerto seguirás siendo cornudo, Johnny. ¿Johnny? ¿De qué Johnny hablan? ¡Ah, de ése, del cornudo! Es peor que el pecado original, peor que el cáncer. Preferiría volverme ciego, leproso, sifilítico, preferiría irme al infierno antes que ser cornudo. ¡Cornudo de ocho, Johnny! ¡Qué grandísima, qué grandísima! *(Solloza.)* ¿Y si te hubiera mentido? ¿Si fuera un cuento, para amargarte la vida? Te odia, Johnny, te odia. Porque ella es antipática y tú eres nice, tú eres darling, tú eres popular, porque las chicas se mueren por ti. ¿Por qué me odias tanto, grandísima? ¿Porque no me pasé la vida en el banco, como mi viejo y Abel? ¿Para qué? ¿Para ganar más plata? ¿Para qué necesito más plata? Prefiero sacarle el jugo a la vida. Que trabajen los que les gusta, que amasen más y más. Que se frieguen. Cuando el viejo se muera, haré polvo la herencia. Así, ftt, en dos por tres. ¿Querías que desperdiciara mi vida rompiéndome el alma para morirme riquísimo? ¿Para dejarles más plata a mis hijos que ni siquiera son mis hijos? *(Solloza.)* ¿Tus hijos son mis hijos? Eso vas a decírmelo, grandísima. ¡Cómo has podido, cómo has podido! Qué tonta, qué estúpida, volverse puta por celos del cucú. Ninguna de ésas me llegó nunca al corazón, cualquiera lo entendería salvo tú. Era puro pasar el rato, muchas veces hacía cositas sólo por educación, para no quedar mal. Deberías sentirte orgullosa y no celosa, grandísima. *(Llega al fin, tambaleándose, donde se halla Kathie.)* Quiero saber inmediatamente si mis hijos son míos o de los ocho samuráis.

KATHIE
(Lo mira con indiferencia, sin dar importancia al revólver de Juan.) Alejandra es tuya, sin la menor duda. De Johnnyci-

to no estoy segura. Podría ser de Ken, el australiano. De él he tenido siempre dudas. Ahora, las compartiremos.

JUAN

(Se tambalea, abrumado.) Me estás mintiendo. Ahora es cuando me estás engañando. Todo ha sido una farsa, una broma de mal gusto. Lo de Johnnycito, lo de los samuráis. ¿No es cierto que es mentira, que lo inventaste para darme un colerón? *(Se le corta la voz. Cae de rodillas, implorante.)* Darling, sapita, por lo que más quieras, te suplico, te ruego, dime que no es verdad que sea cornudo, dime que Johnnycito es mi hijo. Te lo pido de rodillas, te lo suplico besándote los pies. *(Se arrastra, gimiendo.)* Aun cuando sea verdad, dime que todo lo que me dijiste fue mentira. Para poder seguir viviendo, Kathie.

KATHIE

(Lo examina detenidamente.) Todo lo que te dije es la pura verdad, Johnny darling. Tendrás que cargar con eso de ahora en adelante. Lo peor es que ni siquiera viéndote así me siento arrepentida. Mi rencor es más fuerte. Debo ser un monstruo, quizá. Porque no me das pena ni compasión.

JUAN

(Se incorpora, con el revólver en la mano.) Entonces, las vas a pagar, grandísima.

KATHIE

Apunta bien. Aquí, al corazón. Acércate para que no te falle, tiemblas mucho. Ya ves, no corro, no me asusto. Si ya acabaste con mi vida hace rato. ¿Se te ocurre que me importa morir? Anda, acaba el trabajo. *(Pero Juan no consigue disparar. Su mano tiembla, su cuerpo tiembla. Se desploma a los pies de Kathie. Se lleva el revólver a la sien y cierra los ojos. Transpira, tiembla como una hoja de papel. Tampoco consigue disparar. Kathie parece, al fin, compadecida.)* Si no puedes matarme, con todo el odio que me debes tener en este momento, menos podrás matarte. Es más difícil ser suicida que asesino. Se necesita más valor que para bajar olones de ocho metros. Se necesita grandeza, sentido del gesto, vocación trágica, un alma romántica. Tú no tienes esas cosas, Johnny darling.

JUAN

(Sollozando, con el revólver en la sien.) Pero tú sí. Ayúdame, ayúdame, sapita. Yo no puedo vivir después de lo que sé, de lo que has hecho, de lo que me has dicho. Ayúdame, ayúdame. *(Con la mano libre, hace que Kathie apoye su mano sobre la mano que él tiene en el gatillo.)* Aprieta, aprieta, véngate de esas cosas que dices que te he hecho, véngate de la tabla, del Waikiki, del vacío, líbrate de...

Con un súbito gesto de decisión, Kathie apoya con fuerza sobre el dedo que Juan tiene en el gatillo. El disparo estalla, potentísimo, y Juan rueda por el suelo. La escena queda unos segundos como congelada.

SANTIAGO

¿Qué hace usted aquí, en París, Kathie, cuando no trabaja en la Amarilla Asia y la Negra África?

KATHIE

(Con desaliento y cansancio.) Voy al Louvre, al Jeu de Paume, a l'Orangerie, al Grand Palais, al Museo de Arte Moderno, a las galerías de la rue de Seine. Camino horas, estoy de pie horas, me canso mucho, se me hinchan los pies. Trato de recuperar el tiempo perdido.

SANTIAGO

(A Ana.) Trata de recuperar el tiempo perdido. Tú sigues igualita como eras cuando te conocí.

ANA

No he tenido tiempo para mejorar ni para ser distinta. Tu sueldito de *La Crónica* nunca alcanzó para una sirvienta. Y, cuando conseguiste las clases en la universidad: «Anita, lo siento, mis principios no me permiten tener sirvientas». Pero sí convertir a tu mujer en una sirvienta, ¿no? Sigo igualita, tienes razón. ¿Tú has cambiado mucho? Sí, creo que sí. ¿Estás seguro que para mejor?

Ayuda a levantarse a Juan y los dos se van, tomados del brazo, como fantasmas que desaparecen.

KATHIE

Sólo que eso de que nunca es tarde para aprender es mentira. A veces es tarde para ciertas cosas. Una tiene que aprender a conocerlas, a gustar de ellas, a su debido tiempo.

SANTIAGO

¿Se refiere a la pintura moderna? ¿A la música? ¿A la literatura de vanguardia?

KATHIE
A la pintura y a la música antiguas y a la literatura de retaguardia, también. Me aburro. No entiendo. No sé distinguir. No sé cuándo un cuadro es bueno o malo. Lo mismo la música, las obras de teatro, las poesías. Ésa es la verdad, Mark. No se lo diría a nadie, nunca, pero es así.

SANTIAGO
El arte moderno es muy confuso. Todos nos extraviamos en esa selva, le aseguro.

KATHIE
Le voy a confesar algo más. Cuando mi vida era sólo frívola, sólo estúpida, tenía una gran nostalgia de esa otra vida que me estaba perdiendo, la de las cosas profundas, la de la inteligencia, la del arte, la de la literatura. Pero ahora que trato de leer y voy a las exposiciones, a los conciertos, a las conferencias, y me aburro tanto, me pregunto si la vida de la cultura no es, en el fondo, tan mentirosa y tan estúpida como la otra.

SANTIAGO
Por lo visto, los dos somos contra el tren: queremos lo que no tenemos y no queremos lo que tenemos.

KATHIE
Lo malo es que ahora ya no sé qué querer. De repente, me doy cuenta que he perdido las ilusiones. ¿Será eso volverse vieja?

SANTIAGO

¡Qué pesimista está usted hoy día! No le creo una palabra de lo que me ha dicho. Si se hubiera decepcionado de todo, no estaría escribiendo este libro sobre la Negra África y la Amarilla Asia.

KATHIE

¿Lo estoy escribiendo realmente? ¿O lo está escribiendo usted?

SANTIAGO

Yo soy el amanuense de la historia, el que pone los puntos y las comas y uno que otro adjetivo. El libro es suyo, de principio a fin.

Suena el reloj despertador, indicando que han pasado dos horas.

KATHIE

Vaya, se pasaron las dos horas y no hemos trabajado casi nada. ¿Se puede quedar una media horita más?

SANTIAGO

Puedo. Y no le cobraré sobretiempo.

KATHIE

Bah, el sobretiempo es lo de menos. Unos soles más o menos no llevarán a Johnny a la quiebra. Que gaste un poco en la cultura, siquiera.

SANTIAGO

En ese caso, le cobraré la media hora extra y llevaré a Anita al cine. Se pasa la vida quejándose de que no la saco jamás.

KATHIE

¿Su esposa se llama Ana? Tiene que presentármela. A propósito, hay algo que quería decirle hace tiempo. Debe estar sorprendido de que nunca lo haya invitado a la casa fuera de las horas de trabajo, ¿no?

SANTIAGO

En absoluto. Me doy cuenta de lo atareada que es su vida. Lo veo en los periódicos. Todos los días una fiesta, un coctel, una recepción.

KATHIE

Son los compromisos de Johnny. Lo haría quedar mal si no lo acompañara. La verdad, es lo menos que puedo hacer por mi marido, que es tan bueno conmigo. No, no es por eso. Sino porque usted se aburriría mucho con él. Son tan distintos. Johnny es un alma de Dios, el hombre más bueno del mundo, pero también el más inculto.

SANTIAGO

No lo debe ser tanto, cuando ha llegado a la posición en que está.

KATHIE

Lo es, lo dice él mismo. Según Johnny, la cultura es un obstáculo para hacer buenos negocios. «La cultura te la dejo a ti, sapita, tú déjame a mí las cosas prácticas.» Ya lo conocerá y verá lo inculto que es.

SANTIAGO

En realidad, lo conozco. Me lo he encontrado varias veces, al entrar o salir de la casa. Me mira como a un bicho raro. ¿Le ha dicho qué clase de trabajo hago para usted?

KATHIE

Sí, pero estoy segura que le entró por un oído y le salió por el otro.

SANTIAGO

(Cogiendo la grabadora.) ¿Retomamos entonces?

KATHIE

(Meditabunda, dubitativa.) Sí... Pensándolo bien, creo que no lo voy a hacer.

SANTIAGO

¿Qué cosa?

KATHIE

Invitarlos a usted y a su esposa aquí, a tomar té o a comer, con Johnny y conmigo.

SANTIAGO

Como quiera. Pero ya me dio curiosidad. ¿Se puede saber por qué?

KATHIE
No lo tome a mal. *(Mira con ternura su «buhardilla de París».)* Sería mezclar el agua y el aceite. No hablo de usted y Johnny, aunque sean también como el agua y el aceite, sino de mí. Cuando subo la escalerita de esta azotea, abajo se quedan San Isidro, Lima, el Perú, y le juro que entro de verdad en una buhardilla de París, en la que sólo se respira arte, cultura, fantasía. Allá abajo se queda la señora llena de compromisos, la esposa del banquero. Aquí soy Kathie Kennety, una mujer a ratos soltera, a veces viuda, a veces casada, a ratos santa y a ratos traviesa, que ha tenido todas las experiencias del mundo y que vive para embellecer su espíritu. Usted es parte de este pedacito de mi vida que hace llevadero el resto. Usted me ayuda a que mi sueño se haga realidad, a que mi realidad se haga sueño. No quiero mezclar las dos cosas. Que nuestra amistad se quede en este cuartito de mentiras. Por eso, mejor que no conozca a mi marido y por eso no quiero conocer a su esposa. Que ellos se queden allá abajo. Lo entiende, ¿no es verdad?

SANTIAGO
Perfectamente. Y, vea, le doy la razón. Oyéndola, creo que he comprendido por qué nunca me animé a traer a Anita a conocer esto.

KATHIE
¿Le ha contado a su mujer sobre mi buhardilla de París?

SANTIAGO

Le dije que se había hecho construir en la azotea de su casa un cuartito de juguetes. Y, ya sabe lo curiosas que son las mujeres, me vuelve loco pidiéndome que la traiga a conocerlo. Yo le doy siempre largas, con el pretexto de que a usted no le gustaría, pero creo que la verdadera razón es otra.

KATHIE

¿Cuál es la verdadera razón?

SANTIAGO

La misma que tiene usted para que yo no conozca a su marido y venga a su casa, la de abajo. Sin darme cuenta, he entrado en el juego, Kathie. Después de haberme burlado tanto de usted, a mí también este cuartito me ha ido embelesando.

KATHIE

Ya sospechaba que usted se reía de la buhardilla de París y de Kathie Kennety.

SANTIAGO

Claro que me burlaba. Claro que la creía una señora rica y chiflada jugando a un juego carísimo. Me reía y creía venir aquí cada día, ese par de horas, por los soles que me paga. Pero ya no es verdad. La verdad es que desde hace tiempo el juego también me gusta y que estas dos horitas, de mentiras que se vuelven verdades, de verdades que son mentiras, también me ayudan a soportar mejor las demás horas del día.

KATHIE
Me hace bien oírlo, me quita un peso de encima. Me alegro haberle dado confianza desde el primer momento. Mi intuición no me engañó. Muchas gracias, Mark.

SANTIAGO
Soy yo el que le da las gracias. Cuando subo a esta buhardilla, también empiezo otra vida. Abajo se queda el periodista de *La Crónica* que escribe mediocres artículos por un sueldo todavía más mediocre. Abajo se queda el profesorcito mediocre de mediocres alumnos, y aquí nace Mark Griffin, prosista, intelectual, creador, soñador, inventor, árbitro de la inteligencia, súmmum del buen gusto. Aquí, mientras trabajamos, tengo los amores que nunca tuve, y vivo las tragedias griegas que espero no tener. Aquí, gracias a usted, no sólo viajo por la Amarilla Asia y la Negra África sino por muchos otros sitios que nadie sospecha.

KATHIE
Usted ha dicho mediocre, mediocridad. ¿No es éste un juego también demasiado mediocre?

SANTIAGO
Tal vez lo sea, Kathie. Pero, al menos, no hemos perdido la imaginación, los deseos. No debemos dejar que nos quiten este juguete porque no tenemos otro.

KATHIE
Qué bien nos entendemos. Y qué buenos amigos nos hemos hecho.

SANTIAGO
Amigos y cómplices, Kathie.

KATHIE
Sí, cómplices. Y, a propósito, ¿recomenzamos?

SANTIAGO
Recomenzamos. ¿En qué parte de la Negra África estamos?

Coge su grabadora. Surge una música exótica, entre árabe y africana, sensual, acariciante, misteriosa.

KATHIE
(Revisando sus papeles.) A ver, a ver... En la isla de Zanzíbar. El avioncito aterrizó al atardecer.

SANTIAGO
(Dictando.) Caen las sombras cuando desciendo del pequeño aeroplano entre los arbustos y cocoteros rumorosos de la isla de Zanzíbar, encrucijada de todas las razas, las religiones y las lenguas, tierra de aventuras mil.

KATHIE
La pensión donde me habían reservado alojamiento era una casa vieja llena de árabes y moscas.

SANTIAGO
El misterio de los palacios, los minaretes y las fortalezas encaladas de la isla me va poseyendo mientras un

cooli trota por las calles semidesiertas, halando el *rickshaw* que me lleva hasta el albergue, un empinado torreón musulmán que atalaya la ciudad.

KATHIE
Pedí una taza de té que me tomé volando, me vestí volando, y pese a que la administradora me recomendó que no lo hiciera, salí volando a conocer esa ciudad con nombre de película.

SANTIAGO
Sirvientes morenos que hablan swahili y practican el animismo me ofrecen un cocimiento de hierbas que evapora mi cansancio. Un baño de vapor y unos masajes por muchachas negras de manos diestras y pechos erectos me devuelven la energía, la audacia. Pese a que me advierten los riesgos que corre una mujer en la noche de Zanzíbar —robo, estupro, crimen— salgo a explorar la ciudad.

KATHIE
Las calles eran angostitas, olía a animales, a plantas. Pasaban tipos con vestidos típicos. Andando, andando, llegué a un edificio que parecía un palacio...

SANTIAGO
Me pierdo en el laberinto de veredas angostísimas, indescifrable geografía de escaleras, terrazas, balcones, frontispicios de piedra. Me escoltan los relinchos de los caballos salvajes del bosque y me embriaga el perfume del clavo de olor. ¿Y este edificio de celosías afiligranadas, puertas con clavos de bronce y columnas danzantes?

¡Es el Palacio del Sultán! Pero no me detengo y sigo avanzando, entre musulmanes enturbantados, mendigos plañideros, prostitutas silbadoras de flautas, muchachos de pieles de ébano y dientes blanquísimos que me desnudan con los ojos, hasta llegar a una placita donde un pálpito me dice que estuvo el mercado de esclavos...

TELÓN

LA CHUNGA

A Patricia Pinilla

LA CHUNGA

La ANÉCDOTA de esta pieza se puede resumir en pocas frases. *En los alrededores del Estadio de Piura, ciudad rodeada de arenales en el norte del Perú, la Chunga, una mujer que regenta un barcito de gentes pobres y dudosas, ve entrar una noche a Josefino, uno de los clientes del lugar, con su última conquista: Meche, mujercita de formas duras y rasgos atractivos. La Chunga queda instantáneamente prendada. Josefino, para divertirse con sus amigos —un grupo de vagos que se llaman a sí mismos los inconquistables—, incita a Meche a provocar a la Chunga. En el curso de la noche, Josefino pierde a los dados hasta el último centavo. Para seguir jugando, alquila a Meche a la Chunga y ésta y aquélla pasan el resto de la noche juntas, en el cuartito de la Chunga, contiguo al bar. ¿Qué ocurrió entre ambas? Porque, luego de esa noche, Meche desapareció y no se ha vuelto a saber más de ella. La obra empieza mucho tiempo después de aquel suceso. En la misma mesa del bar, jugando siempre a los dados, los inconquistables tratan en vano de arrancar a la Chunga el secreto de lo sucedido. Como no lo consiguen, lo inventan. Las imágenes que cada uno de los inconquistables fragua se materializan en el escenario y son, acaso, la huidiza verdad. Pero son, sobre todo, las verdades secretas que anidan en cada uno de ellos. En la casa de la Chunga, la verdad y la mentira, el pasado y el presente, coexisten, como en el alma humana.*

Los temas que la obra desarrolla o roza, a través de esta historia, no deberían prestarse a confusión: el amor, el deseo, los tabúes, la relación entre el hombre y la mujer, los usos y costumbres de un cierto medio, la condición femenina en una sociedad primitiva y machista, y la manera como estos factores objetivos se reflejan en el ámbito de la fantasía. Es evidente en la obra, creo, que la vida objetiva no condiciona y subyuga el deseo, sino, por el contrario, que, gracias a su imaginación y a sus deseos, aun el hombre más elemental puede momentáneamente romper los barrotes de la cárcel en que está confinado su cuerpo.

Igual que en mis dos obras de teatro anteriores —La señorita de Tacna y Kathie y el hipopótamo— he intentado en La Chunga proyectar en una ficción dramática la totalidad humana de los actos y los sueños, de los hechos y las fantasías. Los personajes de la obra son, a la vez, ellos mismos y sus fantasmas, seres de carne y hueso con unos destinos condicionados por limitaciones precisas —ser pobres, marginales, ignorantes, etcétera— y unos espíritus a los que, sin embargo, pese a la rusticidad y monotonía de su existencia, cabe siempre la posibilidad de la relativa liberación que es el recurso de la fantasía, el atributo humano por excelencia.

Uso la expresión «totalidad humana» para subrayar el hecho obvio de que un hombre es una unidad irrompible de actos y deseos, y, también, porque esta unidad debería manifestarse en la representación, enfrentando al espectador con un mundo integrado, en el que el hombre que habla y el que fantasea —el que es y el que inventa ser— son una continuidad sin cesuras, un anverso y reverso confundibles, como esas prendas de vestir que se pueden usar por ambos lados de tal modo que resulta imposible establecer cuál es su derecho y cuál su revés.

No veo por qué el teatro no podría ser un género adecuado para representar la objetividad y la subjetividad humanas conjugadas o, más bien, conjugándose. Prejuicios tenaces, sin embargo, tienden a considerar que el mundo ambiguo, evanescente, de matices y tránsitos súbitos, atemporal, arbitrario, que es el que construye la imaginación espoleada por el deseo, no puede coexistir en un escenario con el de la vida objetiva, sin crear insuperables dificultades de mise en scène. No creo que este escepticismo tenga otra explicación que la pereza, el temor a ese riesgo sin el cual todo esfuerzo creativo se corta las alas.

Se trata, simplemente, de lograr un teatro que juegue a fondo la teatralidad, la aptitud humana para fingir, para multiplicarse en situaciones y personalidades distintas a la propia. Los personajes, en las escenas en las que viven los sueños, deben mimarse, encarnarse a sí mismos, desdoblándose como se desdoblan los actores al subir a un escenario o como se desdoblan mentalmente los hombres y mujeres cuando apelan a su imaginación para enriquecer la existencia, protagonizando ilusoriamente lo que la vida real les veda o empobrece.

Encontrar una técnica de expresión teatral —una corporización— para esta operación tan universalmente compartida, la de enriquecer idealmente la vida mediante la fabricación de imágenes, de ficciones, debería ser un estimulante desafío para quienes quieren que el teatro se renueve y explore nuevos caminos, en vez de seguir transitando, cacofónicamente, los tres modelos canónicos del teatro moderno que, de tan usados, comienzan ya a dar señales de esclerosis: el didactismo épico de Brecht, los divertimentos del teatro del absurdo y los disfuerzos del happening y demás variantes del espectáculo desprovisto de texto. El teatro y su imaginería son, estoy seguro, un género privilegiado para representar el inquietante laberinto de ángeles, demonios y maravillas que es la morada de nuestros deseos.

Florencia, 9 de julio de 1985

Truth is rarely pure and never simple.

OSCAR WILDE

PERSONAJES

LA CHUNGA
MECHE
Los inconquistables:
EL MONO, JOSÉ, JOSEFINO y LITUMA

LA CASA DE LA CHUNGA

Piura, 1945

EL BAR-RESTAURANTE de la Chunga está en los alrededores del Estadio, en esa barriada de esteras y tablas que surgió no hace mucho en el arenal, entre la carretera a Sullana y el Cuartel Grau. A diferencia de las endebles viviendas del contorno, es una construcción de verdad —paredes de adobe y techo de calamina— amplia y cuadrada. En la planta inferior están las rústicas mesas, los banquitos y sillas donde se sientan los clientes, el mostrador de tablones. Detrás de éste, la cocina tiznada y humosa. En la planta alta, a la que trepa una escalerita de pocos peldaños, se halla el cuarto que ningún parroquiano conoce: el dormitorio de la propietaria. Desde allí, la Chunga puede observar todo lo que pasa abajo por una ventana oculta tras una cortinilla floreada.

Los clientes del barcito son gente de la barriada, soldados del Cuartel Grau en su día franco, aficionados al fútbol y al boxeo que hacen un alto para entonarse en su camino al Estadio o trabajadores de la constructora de ese barrio nuevo, de blancos, que está ensanchando Piura: Buenos Aires.

La Chunga tiene una cocinera que duerme al pie del fogón y un chiquillo que viene en el día, para atender las mesas. En el mostrador siempre está ella, generalmente de pie. Cuando no hay muchos clientes, como esta noche, en que sólo se hallan en el lugar esos cuatro vagabundos que se llaman a sí mismos los inconquistables —juegan a los dados y toman cerveza hace buen rato—, se ve a la Chunga sentada en una mecedora de paja, balanceándose suavemente, con un chirrido idéntico, los ojos perdidos en el vacío, ¿sumida en recuerdos o con la mente en blanco, simplemente existiendo?

Es una mujer espigada y sin edad, de expresión dura, de piel lisa y tirante, huesos firmes y ademanes enérgicos, que mira a la gente sin pestañear. Tiene una melenita de cabellos oscuros, sujeta con una cinta, y una boca fría, de labios delgados, que habla poco y sonríe rara vez. Viste blusas de mangas cortas y unas faldas tan exentas de coquetería, tan anodinas, que parecen uniforme de colegio de monjas. Está a veces descalza y, a veces, con unas sandalias sin tacos. Es una mujer eficiente; administra el local con mano de hierro y sabe hacerse respetar. Su físico, su severidad, su laconismo, intimidan; es raro que los borrachos traten de propasarse con ella. No acepta confianzas ni galanterías; no se le conoce novio, amante, ni amistades. Parece decidida a vivir siempre sola, dedicada en cuerpo y alma a su negocio. Si se exceptúa la brevísima historia con Meche —bastante confusa para los clientes, por lo demás— no se sabe de nada ni de nadie que haya alterado su rutina. En la memoria de los piuranos que frecuentan el lugar, ella está, siempre, seria e inmóvil detrás del mostrador. ¿Va, alguna vez, al Variedades o al Municipal a ver una película? ¿Pasea por la plaza de Armas alguna tarde de retreta? ¿Sale al malecón Eguiguren o al Puente Viejo a recibir las aguas del río —si ha llovido en la cordillera— al comenzar cada verano? ¿Contempla el desfile militar, en Fiestas Patrias, entre la muchedumbre congregada al pie del monumento a Grau?

No es mujer a la que se le pueda arrancar un diálogo; contesta con monosílabos o movimientos de cabeza, y, si la pregunta es una broma, su respuesta suele ser una lisura o una mentada de madre. «La Chunguita», dicen los piuranos, «no aguanta pulgas».

Los inconquistables —tiran los dados, brindan y bromean en la mesa que está, justo, debajo de la lámpara de querosene colgada de una viga y en torno a la cual revolotean los insectos— lo saben muy bien. Son viejos clientes, desde los tiempos en que el barcito era de un tal Doroteo, a quien la Chunga primero se asoció y al que después expulsó (la chismografía local dice que a botellazos). Pero, a pesar de venir aquí dos o tres veces por semana, ni siquiera los inconquistables podrían llamarse amigos de la Chunga. Conocidos y clientes, nada más. ¿Quién, en Piura, podría jactarse de conocer su intimidad? ¿La fugitiva Meche, acaso? La Chunga no tiene amigos. Es un ser arisco y solitario, como uno de esos cactos del arenal piurano.

LA CHUNGA

PRIMER ACTO
I. UNA PARTIDA DE DADOS

EL MONO
(Antes de tirar los dados, con la mano en alto.) Para que me traiga suerte, cantemos el himno, inconquistables.

JOSÉ, LITUMA, JOSEFINO, EL MONO
(Cantan en coro, con grandes aspavientos.)
Somos los inconquistables
Que no quieren trabajar:
Sólo chupar, sólo vagar,
Sólo cachar.
Somos los inconquistables
¡Y ahora vamos a timbear!

EL MONO
(Sopla y besa la mano que empuña los dados y los lanza sobre el tablero. Los cubitos blancos y negros corren, brincan, chocan, rebotan contra los vasos a medio llenar y se detienen, atajados por una botella de Cristal.) ¡Ajajay! ¡Tres y tres! Qué contento estoy. Doblo la caja, señores. ¿Quién es quién? *(Nadie responde ni añade un centavo al pozo de billetes y monedas que el Mono tiene junto a su vaso.)* La mariconería está en su punto máximo, por lo que veo. *(Recoge los dados, los acuna, los sopla, los agita sobre su cabeza sin todavía lanzarlos.)* Y acá se van otra vez las senitas —cinco y uno, cuatro y dos, tres y tres— o este inconquistable se corta el quiquiriquí.

JOSEFINO
(Alcanzándole una navaja.) Para lo que te sirve, aquí tienes mi chaveta. Córtatelo.

JOSÉ
Tira los dados de una vez, Mono. Que es lo único que tiras tú.

EL MONO
(Haciendo morisquetas.) ¡Y se fueron fufufuuuuú! Tres y seis. *(Se persigna.)* Y ahora el seis, san Puta.

LITUMA
(Volviéndose hacia el mostrador.) ¿No te parece que el Mono se ha vuelto muy lisuriento, Chunga?

La Chunga no se inmuta. Ni siquiera se digna mirar hacia la mesa de los inconquistables.

JOSÉ
¿Por qué no le contestas al pobre Lituma, Chunguita? Te está haciendo una pregunta, ¿no?

EL MONO
A lo mejor se ha muerto. A lo mejor eso que se está meciendo es su cadáver. ¿Te has muerto, Chunguita?

LA CHUNGA
Es lo que te gustaría. Para mandarte mudar sin pagarme las cervezas.

EL MONO
Ajajá, te resucité, Chunga Chunguita. *(Sopla, besa los dados y los lanza.)* Y ahora el seis, san Puta. *(Las cuatro caras siguen el traumático recorrido de los cubitos blancos y negros entre vasos, botellas, cigarrillos y cajas de fósforos. Esta vez ruedan hasta el suelo de tierra mojada.)* Uno y tres son cuatro, inconquistables. Sólo me faltan dos. La caja sigue abierta por si alguien tiene huevos para apostar.

LITUMA
¿Y qué pasó esa vez con Meche, Chunga? Aprovecha que hoy estamos solos. Cuéntanos.

JOSÉ
Cuéntanos, cuéntanos, Chunga Chunguita.

LA CHUNGA
(Siempre indiferente, con voz soñolienta.) Que te cuente la que ya sabes.

EL MONO
(Tira los dados.) ¡Y salió el seis! Muévanse, señores, que la tienen hasta la garganta. Hagan gárgaras, jajajay. *(Se vuelve hacia el mostrador.)* Tus requintadas me traen suerte, Chunguita. *(Levanta el pozo y besa los billetes y monedas con gestos extravagantes.)* Otro par de botellitas bien frías, que este inconquistable paga. ¡Jajajay!

La Chunga se levanta. La silla queda meciéndose, con un crujido a intervalos regulares, mientras la due-

ña del bar va a sacar un par de botellas de cerveza de un balde lleno de hielo que tiene bajo el mostrador. Las lleva a la mesa de los inconquistables con aire negligente y las coloca ante el Mono. Un bosque de botellas eriza la mesa. La Chunga regresa a la mecedora.*

JOSÉ

(Aflautando maliciosamente la voz.) ¿Nunca nos vas a contar qué hiciste esa nochecita con Meche, Chunga?

JOSEFINO

Basta de hablar de la Mechita o uno de ustedes se baja el pantalón y me lo presta. Sólo su nombre me la pone al palo.

EL MONO

(Haciendo ojitos y afeminando la voz.) ¿Y a ti también, Chunguita?

LA CHUNGA

Alto ahí, concha de tu madre. Yo estoy aquí para servir cervezas, no para ser hazmerreír de nadie ni oír groserías. Cuidadito, Mono.

EL MONO

(Se echa a temblar; le castañetean los dientes, mueve los hombros, las manos, blanquea los ojos, presa de contorsiones histéricas.) Huy, qué miedo, qué miedo.

Muertos de risa, los inconquistables le dan de manazos para hacerlo reaccionar.

LITUMA
No te calientes, Chunga. Aunque te hagamos renegar, tú sabes que te queremos.

JOSEFINO
¿A quién mierda se le ocurrió mentar a Meche? ¿Tú fuiste, no, Lituma? Me has hecho poner nostálgico, carajo. *(Alza su vaso, solemne.)* Brindemos por la hembrita más rica que pisó la tierra del almirante Grau. ¡Por ti, Mechita, en el cielo, en Lima, en el infierno, o donde chucha estés!

II. MECHE

Mientras Josefino hace el brindis y los inconquistables beben, entra Meche, con la lentitud y el ritmo de un ser que viene al mundo desde la memoria. Es joven, de formas compactas y turgentes, muy femenina. Lleva un vestido ligero, ceñido, y zapatos de tacón de aguja. Camina luciéndose. La Chunga la mira venir con los ojos cada instante más abiertos, más brillantes, pero los inconquistables no advierten su presencia. En cambio, la Chunga está ahora concentrada en esta imagen con tal fuerza que es como si, para ella, el instante presente perdiera consistencia, se diluyera, cesara. También las voces de los inconquistables se atenúan, ralean.

EL MONO
Nunca me voy a olvidar de la cara que pusiste cuando entró aquí la Meche esa vez, Chunga Chunguita. ¡Quedaste petrificada!

LITUMA
Tú eres la única que sabe en el mundo dónde está, Chunga. Anda, sé buena, qué te importa. Sácanos de la curiosidad.

JOSÉ
Dinos más bien qué pasó esa noche entre tú y ella, Chunguita. Es algo que me quita el sueño, carajo.

EL MONO
Yo te voy a decir qué pasó. *(Canta, haciendo las monerías de costumbre.)*

Chunga con Meche
Meche con Chunga
Cheche con Menga
Menga con Cheche
Chu Chu Chu
¡Y que viva Fumanchú!

LA CHUNGA
(Con la voz desmayada, ausente, sin quitar un instante los ojos fascinados de Meche, quien ya está junto a ella.) Acábense rápido esos vasos, que voy a cerrar.

Josefino se levanta, imperceptiblemente, y, saltando del presente al pasado, de la realidad al sueño, viene a colocarse junto a Meche, a la que toma del brazo con aire de propietario.

JOSEFINO
Buenas noches, Chunguita. Te presento a Meche.

MECHE
(Estirando la mano a la Chunga.) Mucho gusto, señora.

Los inconquistables saludan con la mano a Josefino y a Meche, siempre enfrascados en su partida de dados.

LA CHUNGA

(Devorándola con los ojos, retiene la mano de Meche entre las suyas. Habla con voz conmovida por la impresión.) Así que tú eres la famosa Meche. Bienvenida. Creí que éste no te iba a traer jamás. Tenía muchas ganas de conocerte.

MECHE

Yo también, señora. Josefino habla mucho de usted. *(Señalando a la mesa.)* Y ellos también, todo el tiempo. De usted y de este sitio. Me moría de ganas de venir. *(Señalando a Josefino.)* Pero él no quería traerme.

LA CHUNGA

(Resignándose a soltar la mano de Meche. Haciendo un esfuerzo por recobrarse de la impresión y mostrarse natural.) No sé por qué. No me he comido a nadie todavía. *(A Josefino.)* ¿Por qué no querías traerla?

JOSEFINO

(Bromeando con obscenidad.) Por miedo de que me la fueras a quitar, Chunguita. *(Coge a Meche de la cintura y la luce, envanecido.)* ¿Vale su peso en oro, sí o no?

LA CHUNGA

(Admirándola, asintiendo.) Sí. Esta vez te tengo que felicitar, don Juan de la Gallinacera. Vale más que todas tus otras conquistas juntas.

MECHE

(Algo cortada.) Gracias, señora.

LA CHUNGA

Llámame Chunga, nomás. Puedes tutearme, también.

LITUMA

(Desde la mesa, llamándolo.) Vamos a empezar otra partida, Josefino. ¿Vienes?

JOSÉ

Aprovecha que el Mono tiene los dados, Josefino. La plata siempre está botada con este salmuera.

EL MONO

¿Yo, salmuera? San Puta me protege y esta noche pelaré a todo el mundo. Tendrás que dejarme en prenda a Mechita por todo lo que vas a perder, Josefino.

JOSEFINO

(A la Chunga.) ¿Por cuánto crees que podría empeñar a esta muñeca, Chunguita?

LA CHUNGA

Por lo que quisieras. Es verdad, vale su peso en oro. *(A Meche.)* ¿Qué tomas? Es invitación mía. ¿Quieres una cerveza? ¿Un vermouth?

JOSEFINO

No me lo creo... ¿Están oyendo, inconquistables? ¡La Chunga invita!

LA CHUNGA
A ti no. Tú eres cliente viejo. La invitada es Meche, que viene por primera vez. Para que vuelva.

Desde su mesa, los inconquistables hacen gran bullicio. El Mono grita: «Ajajay, lo que estoy oyendo», y José: «Pídete un whisky y convida, Mechita».

JOSEFINO
(Yendo hacia la mesa, a retomar el sitio que tenía entre los inconquistables.) Bueno, a calentar la mano.

MECHE
¿No me ibas a llevar al cine?

JOSEFINO
Después. Primero voy a ganarme los frejoles, pelando a estos tres cojudos. La noche es joven, mi amor.

MECHE
(A la Chunga, señalando a Josefino.) Ya veo que hoy no iremos al cine. En el Variedades dan una de Esther Williams y Ricardo Montalbán, una en colores. De toros y música. Qué lástima que a Josefino le guste tanto el juego.

LA CHUNGA
(Alcanzándole el vermouth que le ha preparado.) A ése le gustan todos los vicios. Es el peor sinvergüenza que ha parido madre. ¿Qué le has visto? ¿Qué le ven las mujeres a semejante vago? Dime, Meche. ¿Qué tiene?

MECHE

(*Entre ruborizándose y jugando a ruborizarse.*) Qué va a ser, pues. Tiene... labia, sabe decir cosas bonitas. Y, además, es buen mozo, ¿no? Y, también, también. Bueno, cuando me besa y me hace cariños, tiemblo. Veo estrellitas.

LA CHUNGA

(*Con una sonrisa burlona.*) ¿De veras te hace ver estrellitas?

MECHE

(*Riéndose.*) Bueno, es una manera de decir. Tú me entiendes.

LA CHUNGA

No. No te entiendo. No puedo entender que una mujer tan bonita como tú se enamore de un pobre diablo así. (*Muy seria.*) ¿Sabes lo que te espera con él, no?

MECHE

Yo no pienso nunca en el futuro, Chunga. El amor hay que tomarlo como es. Una felicidad de ahora, de este momento. Y sacarle el jugo mientras dure. (*Alarmándose, súbitamente.*) ¿Qué me espera con él?

LA CHUNGA

Te hará ver estrellitas un tiempito más. Y, luego, te meterá a la Casa Verde para que lo mantengas, puteando.

MECHE

(Escandalizada.) ¿Qué dices? ¿Bromeas, no? ¿Crees que yo podría hacer eso? Se nota que no me conoces. ¿Me crees capaz de...?

LA CHUNGA

Claro que te creo capaz. Como todas las tontas a las que ese cafiche hizo ver estrellitas. *(Estira la mano y acaricia a Meche en la mejilla.)* No pongas cara de susto. Me gustas más cuando sonríes.

III. UN GALLINAZO Y TRES MANGACHES

En la mesa de los inconquistables, la partida comienza a echar llamas.

EL MONO
(Superexcitado.) ¡Tres y cuatro, siete, jajajá! ¿O sea que yo era un salmuera, José? Pónganse de rodillas y récenme, huevas tristes. Cuándo en su perra vida han visto algo así: siete manos al hilo, sin fallar. Ahí queda toda la plata, para los valientes. ¿Quién es quién?

JOSEFINO
(Sacando unos billetes.) Yo soy quien. ¿Crees que me asustas? A ver, cuánto hay. Doscientos, trescientos. Aquí están los trescientos. Tira los dados, mangache.

JOSÉ
Qué platudo, Josefino. *(Bajando la voz.)* ¿No será que ya la has puesto a trabajar a Mechita?

JOSEFINO
Calla, si te oye se me va a poner saltona. ¿Qué esperas, Mono?

EL MONO
(Se pasa los dados por los ojos, por los labios, los acuna, los exorciza.) Que sufras un poco, gallinazo. Y ahora sí se van,

fufufuuuú... *(Todos miran correr los dados, extáticos.)* ¡Once! Muévanse, señores, que se la emboqué otra vez hasta el guargüero. Ocho al hilo. ¡Chúpenmela, carajo! Más cervezas, Chunga, para regar este milagro.

JOSEFINO
(Atajando al Mono cuando éste va a recoger el dinero que ha ganado.) El pozo se queda en la mesa.

Los tres inconquistables lo miran, sorprendidos.

EL MONO
¿Quieres seguir perdiendo? Yo encantado, mi hermano. Ahí está, para que te hagas rico. Seiscientos soles. ¿Los vas a parar tú solito?

JOSEFINO
Yo solito, sí señor. *(Saca más billetes del bolsillo y los cuenta, aparatosamente. Los coloca en el pozo, despacio, con aire teatral.)* Ahí están. Seiscientos. La Gallinacera contra la Mangachería.

LITUMA
Puta, éste ha robado un banco o qué cosa.

JOSEFINO
Robar es cosa de mangaches, no de gallinazos. Los de la Gallinacera seremos cabrones, pero no ladrones.

JOSÉ
La Gallinacera es el peor barrio de Piura, Josefino, convéncete.

LITUMA
Trata de ocultar que eres gallinazo, hombre. Del barrio del Camal, de los cadáveres, de las moscas, de los buitres.

JOSEFINO
Pero tenemos calles asfaltadas y excusados. La Mangachería ni siquiera eso. Barrio de burros y mendigos. Y todo el mundo caga en el suelo, junto a la cama. Yo no sé por qué me junto con mangaches como ustedes, cualquier día me van a pegar su olor a caca. Espera, Mono, no tires esos dados. ¡Mechita! Ven, tráeme suerte. *(Meche se acerca a la mesa, al mismo tiempo que la Chunga, quien trae otras dos cervezas; Josefino rodea con su brazo el talle de Meche y la obliga a bajar la cara. La besa en la boca con fruición, exhibiéndose. Los inconquistables ríen y festejan. La Chunga mira, con los ojos brillantes.)* Ahora sí, Mono, tira esos dados.

JOSÉ
(A Josefino.) ¿No conoces el refrán? Afortunado en el amor, desgraciado en el juego.

EL MONO
(Lanzando los dados.) ¡Se fueron y este inconquistable se hizo rico!

JOSEFINO
(Feliz, exuberante.) Uno y uno. ¡A cavar tu tumba, Mono! *(A José.)* No es ése el refrán, mi hermano. Sino: afor-

tunado en el amor, dichoso en el juego. Salud, por Mechita, que me trajo la suerte. Gracias, amor. *(La obliga a bajar la cabeza de nuevo y la besa, mirando de reojo a la Chunga como burlándose de ella.)* Salud, Chunguita.

La Chunga, sin contestarle, regresa hacia el mostrador.

EL MONO
(Estirándole la mano a Josefino.) Te felicito. Había que ser valiente para apostar todo el pozo después de ocho manos sin fallar. Serás de la Gallinacera, pero mereces ser un inconquistable.

JOSÉ
(Malicioso.) ¿Viste la cara de la Chunga cuando Josefino te besaba, Mechita? Se le salían los ojos.

LITUMA
Se moría de envidia.

JOSEFINO
(Alzando la voz.) ¿Oyes lo que estos mangaches maricones andan diciendo de ti, Chunga?

LA CHUNGA
Qué.

JOSEFINO
Que cuando yo la besaba a Meche se te salían los ojos. Que te morías de envidia.

LA CHUNGA

A lo mejor es verdad. ¿Quién no sentiría envidia de una mujer así?

Risas y exclamaciones de los inconquistables.

JOSEFINO

Y eso que no la has visto calatita, Chunga. Su cuerpo es todavía mejor que su cara. ¿No es cierto, Meche?

MECHE

Calla, Josefino.

LA CHUNGA

Estoy segura que, por una vez en tu vida, no estás mintiendo.

JOSEFINO

Claro que no estoy mintiendo. Álzate la falda, amor. Muéstrale tus piernas, para que se haga una idea.

MECHE

(Simulando más embarazo del que siente.) Josefino, qué cosas se te ocurren.

JOSEFINO

(Subiendo un poco la voz. Con una firmeza que no quiere ser brusca, pero que disimula apenas la prepotencia. Ufanándose de su poder ante sus amigos.) Hazme caso. Para que tú y yo llevemos siempre la fiesta en paz, tienes que hacer lo que te pida. Muéstrale tus piernas a la Chunguita.

MECHE
(Haciéndose la molesta, pero, en el fondo, atraída por el juego.) Qué caprichoso y qué mandón eres, Josefino.

Se levanta la falda y muestra sus piernas. Los inconquistables aplauden.

JOSEFINO
(Riéndose.) ¿Qué te parecen, Chunga?

LA CHUNGA
Lindas.

JOSEFINO
(Chisporroteando arrogancia.) A los inconquistables y a la Chunga, que son mis hermanos del alma, yo les puedo mostrar a mi mujer calata y no pasa nada. *(Comienza a guardarse el dinero del pozo, que acaba de ganar.)*

EL MONO
Alto ahí, mi hermano. Sólo los cobardes retiran la plata que han ganado si hay alguien dispuesto a parar el macho.

JOSEFINO
¿Quieres apostar el pozo? Son mil doscientos soles, Mono. ¿Tienes con qué?

EL MONO
(Se rebusca los bolsillos, saca todos los soles que tiene, los cuenta.) Tengo quinientos. Te debo los setecientos.

JOSEFINO
A la hora de jugar no se presta plata, trae mala suerte. *(Cogiéndole la mano, donde lleva el reloj.)* Espera. Para eso tienes un reloj. Te lo acepto por los setecientos.

LITUMA
Tu reloj vale más que eso.

EL MONO
(Quitándose el reloj y poniéndolo junto con sus quinientos soles sobre el pozo.) Pero si voy a ganar, hombre. Okay, Josefino, tira esos dados y, por favor, pierde.

JOSEFINO
(Empuja a Meche hacia el mostrador.) Acompaña a la Chunga mientras yo gano estos solcitos y el reloj. Cuando tengo los dados, no necesito que me traigan suerte, me la fabrico yo solo.

JOSÉ
Ten cuidado que la Chunga trate de seducirte, Mechita. La has puesto como loca.

MECHE
(Transparentando una curiosidad algo morbosa, en voz baja.) ¿Es una de ésas?

LITUMA
Hasta ahora no se sabía que lo fuera. Más bien parecía sin sexo.

JOSÉ
Pero desde que te vio ha perdido la compostura. Se ha delatado: es marimacho.

MECHE
¿Será, de veras?

JOSEFINO
¿No te arden las orejas, Chunga? Si supieras lo que están diciendo, les darías de botellazos y les prohibirías volver a poner los pies en tu casa.

LA CHUNGA
Qué dicen.

JOSEFINO
José dice que te has puesto como loca desde que viste a Mechita, que te has delatado como marimacho y Meche quiere saber si de veras lo eres.

MECHE
Mentira, Chunga, no le creas. Qué perro, Josefino.

LA CHUNGA
Que venga a preguntarme a mí. Se lo diré a ella solita.

Risas y bromas de los inconquistables.

JOSEFINO
(A Meche.) Anda, amor. Coquetéale un poco, que se haga ilusiones.

EL MONO
¿Vas a tirar esos dados, Josefino?

Meche avanza hacia el mostrador, donde está la Chunga.

IV. MARIMACHOS Y MUJERES

MECHE

(Confundida.) No le habrás creído, ¿no? Tú sabes que Josefino siempre está bromeando. No es verdad que yo haya dicho eso de ti.

LA CHUNGA

Bah, no te preocupes. Me importa un comino que la gente diga de mí lo que quiera. *(Se encoge de hombros.)* Si eso los divierte, que se diviertan. Mientras yo no los oiga...

MECHE

¿No te importa que hablen mal de ti?

LA CHUNGA

Lo único que me importa es que no haya peleas y que paguen lo que consumen. Mientras se estén tranquilos y no hagan perro muerto, que hablen lo que les dé la gana.

MECHE

¿Ni siquiera te importa que digan que eres... eso?

LA CHUNGA

¿Marimacho? *(Coge a Meche del brazo.)* ¿Y si lo fuera? ¿Te doy miedo?

MECHE

(Con una risita nerviosa, entre fingiendo y sintiendo lo que dice.) No sé. Nunca he conocido a ningún marimacho de verdad. A pesar de que dicen que hay tantas, nunca he visto a ninguna. *(Examina a la Chunga.)* Siempre me las imaginé hombrunas, feas. Tú no eres nada de eso.

LA CHUNGA

¿Cómo soy?

MECHE

Un poco dura, tal vez. Me imagino que tienes que serlo, para administrar un sitio así, con toda clase de tipos y borrachos. Pero no eres fea. Si te arreglaras un poco, se te vería atractiva, guapa. Les gustarías a los hombres.

LA CHUNGA

(Con una risita seca.) No me interesa gustarles a los hombres. *(Acercando a Meche la cara.)* En cambio a ti sí, ¿no es cierto? Es lo único que te importa en la vida, ¿no? Arreglarte, pintarte, ponerte bonita. Marearlos, excitarlos. ¿No?

MECHE

¿Acaso no es eso ser una mujer?

LA CHUNGA

No. Eso es ser una idiota.

MECHE

Entonces, todas las mujeres del mundo seríamos idiotas.

LA CHUNGA
La mayoría lo son. Por eso les va como les va. Se dejan maltratar, se vuelven esclavas de sus hombres. ¿Para qué? Para que, cuando se cansen de ellas, las tiren a la basura como trapos sucios. *(Pausa. Le acaricia otra vez la cara.)* Me da pena imaginar tu vida, cuando Josefino se canse de ti.

MECHE
Él no se va a cansar nunca de mí. Yo sabré tenerlo siempre contento.

LA CHUNGA
Ya he visto cómo: dejando que te maneje con el dedo meñique. ¿No te da vergüenza que te mandonee así?

MECHE
Me da gusto hacer todo lo que me pide. Eso es para mí el amor.

LA CHUNGA
¿O sea que harías por ese pobre diablo cualquier cosa que te pidiera?

MECHE
Mientras lo quiera, sí. Cualquier cosa.

Pausa. La Chunga la observa, muda, transparentando, a pesar de ella misma, cierta admiración. Ambas se distraen con el bullicio de los inconquistables.

V. UNA PRENDA

EL MONO

(Eufórico, levantando los billetes a puñados.) ¡Chucha, chucha, chucha! ¡Esto es histórico, chucha! Pellízquenme para saber que no sueño, inconquistables.

JOSÉ

(Dando una palmada a Josefino.) La partida no ha terminado, Mono. Deja el pozo en la mesa.

EL MONO

¿Con qué vas a seguir apostando? Ya has perdido dos mil soles, tu reloj y tu pluma fuente. ¿Qué mierda más tienes?

Pausa. Josefino mira a un lado y a otro. Observa un momento a la Chunga y a Meche. Decidido, se pone de pie.

JOSEFINO

Tengo algo más. *(Dando unos trancos firmes, se acerca a la Chunga. Luce la expresión de un hombre dispuesto a cualquier extremo con tal de satisfacer su capricho.)* Necesito tres mil soles para parar ese pozo, Chunguita.

LA CHUNGA

Sabes muy bien que yo no presto un céntimo ni muerta.

JOSEFINO
Tengo una prenda que vale más que los tres mil soles que te pido. *(Coge a Meche por la cintura.)*

MECHE
(Tomándolo a broma y no, sin saber muy bien cómo reaccionar.) ¿Qué estás diciendo?

La Chunga se echa a reír. Josefino sigue muy serio. Los inconquistables han quedado mudos, las cabezas alargadas, intrigados por lo que ocurre.

JOSEFINO
(Amo y señor de Meche, sujetándola contra sí.) Lo que has oído. ¿Tú me quieres, no es cierto? Yo también te quiero. Por eso te pido esto. ¿No me has jurado que serás siempre obediente? Bueno, ahora me lo vas a demostrar.

MECHE
(Boquiabierta, incrédula.) Pero, pero... ¿Te has vuelto loco? ¿Sabes lo que estás diciendo? ¿O se te han subido las cervezas?

JOSEFINO
(A la Chunga.) Es inútil que disimules, Chunga. Desde que la viste me di cuenta que se te cayó la baba por Meche. ¿Qué dices?

EL MONO
Carajo. Esto va en serio, inconquistables.

JOSÉ
Puta, se la está vendiendo, ni más ni menos.

LITUMA
Más bien cómprasela tú, Mono. ¿Acaso la Mechita no vale esos tres mil soles?

JOSEFINO
(Sin quitar los ojos a la Chunga y abrazando siempre a Meche.) No, al Mono no se la prestaría ni por todo el oro del mundo. Ni a ningún hombre. *(Besando a Meche.)* Me daría celos. Le sacaría las tripas al que le pusiera un dedo encima. *(A la Chunga.)* Tú no me das celos. A ti sí te la presto, porque sé que me la devolverás intacta.

MECHE
(Lloriqueando, confusa, exasperada.) Suéltame, quiero irme. ¡Desgraciado! ¡Desgraciado!

JOSEFINO
(La suelta.) Puedes irte. Pero para siempre. Porque irte ahora sería una traición, Meche. No te perdonaría que me hubieras fallado cuando te necesitaba.

MECHE
Pero, Josefino, ¿te das cuenta lo que me estás pidiendo? ¿Qué crees que soy yo?

LA CHUNGA
(Burlona, a Meche.) Ya ves, no era cierto que harías cualquier cosa que te pidiera este bandido.

JOSEFINO

(*Abrazando a Meche.*) ¿Eso dijiste? Entonces, es cierto. (*Besa a Meche.*) Yo a ti te quiero. Tú y yo estaremos juntos hasta que el mundo se acabe. No llores, tonta. (*A la Chunga.*) ¿Qué dices?

LA CHUNGA

(*Se ha puesto muy seria. Larga pausa.*) Que diga ella, con su propia boca, que acepta. Que diga que desde este momento hasta que salga la luz del día hará todo lo que yo quiera.

JOSEFINO

(*A Meche.*) No me falles ahora. Te necesito. Ella no te hará nada. Es una mujer, qué puede hacerte. Dilo.

Pausa estática, en la que los inconquistables y la Chunga siguen la lucha interior de Meche, que estruja los brazos y mira a uno y a otro.

MECHE

(*A la Chunga, balbuceando.*) Haré lo que me mandes, hasta que salga la luz del día.

La Chunga va a sacar el dinero, de debajo del mostrador. Josefino le habla al oído a Meche y la acariña. Los inconquistables comienzan a reaccionar de la sorpresa. La Chunga alcanza el dinero a Josefino.

EL MONO
Puta madre, esto sí que no me lo creo. Lo estoy viendo, pero no me lo creo.

LITUMA
Con una mujer así, yo hasta me casaría.

JOSÉ
La Mechita se merece que le cantemos el himno, carajo.

EL MONO
El himno y un brindis en honor de Mechita, inconquistables.

EL MONO, LITUMA Y JOSÉ (CANTAN)

Somos los inconquistables
Que no quieren trabajar:
Sólo chupar, sólo vagar,
Sólo cachar.
Somos los inconquistables
Y ahora vamos a brindar:
¡Por ti, Mechita!

Elevan sus vasos de cerveza hacia Meche y beben. La Chunga coge de la mano a Meche y la lleva hacia su cuarto. Ambas suben la escalerita. Josefino, contando el dinero, vuelve a la mesa de juego.

FIN DEL
PRIMER ACTO

SEGUNDO ACTO
I. LOS INCONQUISTABLES

Al levantarse el telón, la posición de los actores reproduce exactamente la del inicio del primer acto. Estamos en el presente de la historia, mucho después de aquel episodio de Meche. Los inconquistables juegan a los dados en su mesa, bajo el farol colgado de una viga, y la Chunga, en su mecedora, los ojos perdidos en el vacío, deja pasar el tiempo. La noche tibia trae y lleva, a lo lejos, los ruidos de la ciudad: el chirrido de los grillos, algún auto noctámbulo, ladridos, un rebuzno.

JOSÉ
¿Por cuánto creen ustedes que la Chunga me contaría lo que pasó esa noche entre ella y Meche?

LITUMA
Ni por un millón de soles. No te lo va a contar nunca. Olvídate, José.

JOSEFINO
Si yo quisiera, me lo diría. Gratis.

EL MONO
Ya sabemos que tú eres muy malo, Josefote.

JOSEFINO

No estoy bromeando. *(Saca su chaveta y la hace brillar, en el rayo de luz de la lámpara.)* La Chunga será muy macha, pero no hay hombre o mujer que no hable como una cotorra con esto en el cogote.

EL MONO

¿Oyes lo que dice, Chunga?

LA CHUNGA

(Con la indiferencia de siempre.) Termínense rápido esas cervezas, que voy a cerrar.

JOSEFINO

No te asustes, Chunguita. Si me diera la gana, te haría contarme lo de esa noche. Pero no me da la gana, así que puedes meterte al culo tu secreto. No quiero saberlo. La Meche me importa un pito. Mujer ida, mujer muerta. No ha nacido la hembra que me haga correr tras ella.

José se ha puesto de pie y, sin que los inconquistables lo adviertan, avanza hacia la mecedora de la Chunga, con la mirada fija, la boca entreabierta, como sonámbulo. A lo largo de la escena que sigue, los inconquistables actúan como si José siguiera ocupando el sitio vacío: chocan sus vasos con ese invisible José, reciben sus apuestas, le pasan los dados, le dan palmadas, le bromean.

JOSÉ

(Con voz densa, afiebrada.) Algo cambió en mi vida esa noche, Chunga, aunque nadie lo sepa. *(Se golpea la cabeza.)*

Está aquí, clarita, como si todavía fuera. Me acuerdo de todo lo que dijiste y de todo lo que dijo Meche. Cuando la llevabas del brazo allá, a tu cuarto, a mí se me salía el corazón. *(Hace que la Chunga le toque el pecho.)* Toca, siente. ¿Ves qué fuerte late? Como si quisiera salirse o reventar. Así se pone cada vez que pienso en ustedes dos allá arriba.

La Chunga mueve los labios diciendo algo, pero sin articular ningún sonido. José acerca el oído, tratando de oír, pero en el acto lo retira, arrepentido. La Chunga, durante unos segundos, sigue silabeando, en silencio, la misma palabra.

LA CHUNGA
(Habla, por fin, de una manera extrañamente suave.) Eres un pajero, José.

JOSÉ
(Ansioso, impaciente, señalando el cuartito.) Habla, habla. Cuéntame, Chunguita. ¿Qué pasó? ¿Cómo fue?

LA CHUNGA
(Lo sermonea, pero sin severidad, como a un niño travieso.) No son las mujeres de carne y hueso las que de verdad te gustan, José. Son las que recuerdas, las que inventas. *(Tocándole la cabeza como si lo acariñara.)* Las que tienes aquí. ¿No, José?

JOSÉ
(Tratando de hacer que la Chunga se incorpore de la mecedora, cada vez más excitado.) La cogiste del brazo, la fuiste

llevando para allá. Fueron subiendo la escalera y tú la tenías siempre del brazo. ¿Se lo ibas sobando? ¿La pellizcabas despacito?

La Chunga se levanta y José ocupa su sitio, en la mecedora. La ladea, para ver mejor. La Chunga llena una copa de vermouth, sube la escalerilla y entra al cuartito, que se ilumina con una luz rojiza. Allí está Meche.

II. EL SUEÑO DEL MIRÓN

MECHE

(Con una risita nerviosa.) ¿Y ahora qué va a pasar? ¿Qué juego es éste, Chunga?

LA CHUNGA

(La fría mujer de las escenas anteriores parece haberse cargado de vida y sensualidad.) Ningún juego. He pagado por ti tres mil soles. Y eres mía por el resto de la noche.

MECHE

(Desafiante.) ¿Quieres decir que soy tu esclava?

LA CHUNGA

Por unas horas, al menos. *(Alcanzándole la copa.)* Para que se te quiten los nervios.

MECHE

(Coge la copa y toma un largo trago.) ¿Crees que estoy nerviosa? Te equivocas. Yo no te tengo miedo. Hago esto por Josefino. Si quisiera, podría darte un empujón y salirme corriendo.

LA CHUNGA

(Se sienta en la cama.) Pero no lo harás. Has dicho que me obedecerías y tú eres una mujer de palabra, estoy segura. Además, te mueres de curiosidad, ¿no es cierto?

MECHE
(*Se toma el resto de la copa.*) ¿Crees que me vas a emborrachar con dos vermouths? Ni te lo sueñes. Tengo una gran cabeza, resisto toda una noche tomando, sin marearme. Resisto incluso más que Josefino.

Pausa.

LA CHUNGA
Hazme lo que le haces a él cuando quieres excitarlo.

MECHE
(*Con la misma risita nerviosa.*) No puedo. Tú eres una mujer. Tú eres la Chunga.

LA CHUNGA
(*Insinuante y a la vez mandona.*) Yo soy Josefino. Hazme lo que le haces a él.

Una música tropical, suave —boleros de Leo Marini o de Los Panchos—, brota a lo lejos. Sugiere parejas apretadas, bailando en un lugar lleno de humo y alcohol.

MECHE
(*Comienza a desvestirse, despacio, con cierta torpeza. Habla también forzándose, sin desenvoltura.*) ¿Te gusta ver que me desvisto? ¿Así, demorándome? Así le gusta a él. ¿Te parezco bonita? ¿Te gustan mis piernas? ¿Mis pechos? Tengo el cuerpo duro, mira. Ni manchas, ni granitos ni rollos. Nada de esas cosas que afean tanto. (*Se ha quedado*

en fustán. Tiene un desfallecimiento. La cara se le descompone en un puchero.) No puedo, Chunga. Tú no eres él. No creo lo que estoy haciendo ni lo que estoy diciendo. Me siento estúpida, todo esto me parece tan falso, tan... *(Se deja caer en la cama y queda cabizbaja, confundida, queriendo y no queriendo llorar.)*

LA CHUNGA

(Se incorpora y se sienta a su lado. Actúa con delicadeza ahora, como si la conmoviera la incomodidad de Meche.) La verdad es que te admiro por estar aquí. Me has sorprendido, ¿sabes? No creí que aceptaras. *(Le alisa los cabellos.)* ¿Lo quieres tanto a Josefino?

MECHE

(Su voz es un susurro.) Sí, lo quiero. *(Pausa.)* Pero creo que no lo hice sólo por él. También por eso que dijiste. Tenía curiosidad. *(Se vuelve a mirar a la Chunga.)* ¡Le diste tres mil soles! Es un montón de plata.

LA CHUNGA

(Pasándole la mano por la cara, secándole inexistentes lágrimas.) Tú vales más que eso.

MECHE

(Un asomo de coquetería va abriéndose paso entre su resquemor y vergüenza.) ¿De veras te gusto, Chunga?

LA CHUNGA

Sabes de sobra que sí. ¿No te diste cuenta, acaso?

MECHE

Sí. Me miraste como no me ha mirado ninguna mujer. Me hiciste sentir... rara.

LA CHUNGA

(*Le pasa una mano por sobre los hombros y la atrae hacia sí. La besa. Meche se deja besar, como un ser inerte. Cuando se separan, Meche se ríe, con una risita falsa.*) Menos mal, si te ríes no te pareció tan terrible.

MECHE

¿Desde cuándo eres así? Quiero decir ¿siempre fuiste marima...? ¿Siempre te gustaron las mujeres?

LA CHUNGA

No me gustan las mujeres. Me gustas tú. (*La abraza y la besa. Meche permanece inerte y se deja besar, sin responder a las caricias de la Chunga. Ésta aparta la cara ligeramente y, siempre abrazándola, ordena:*) Abre la boca, esclava. (*Meche suelta su risita forzada, pero separa los labios. La Chunga la besa largamente y esta vez el brazo de Meche se alza y rodea también el cuello de la Chunga.*) Vaya, ahora sí. Creí que no sabías besar. (*Con sorna.*) ¿Viste estrellitas?

MECHE

(*Riéndose.*) No te burles de mí.

LA CHUNGA

(*Teniéndola en sus brazos.*) No me burlo. Quiero que esta noche goces más de lo que has gozado nunca con ese cafiche.

MECHE
¡No es un cafiche! No digas esa palabra. A mí me quiere. Tal vez nos casemos.

LA CHUNGA
Es un cafiche. Esta noche te vendió a mí. Y después te llevará a la Casa Verde y putearás para él, como sus otras conquistas. *(Meche quiere zafarse de sus brazos, simulando más cólera de la que en realidad siente, pero, a poco de forcejear, se rinde. La Chunga le acerca la cara y le habla casi besándola.)* No hablemos más de ese vago. Sólo de ti y de mí.

MECHE
(Más dócil.) No me aprietes tanto, me haces daño.

LA CHUNGA
Puedo hacer contigo lo que quiera. Eres mi esclava. *(Meche se ríe.)* No te rías. Repite: Soy tu esclava.

MECHE
(Pausa. Se ríe. Se pone seria.) ¿Estamos jugando, no? Bueno. Soy tu esclava.

LA CHUNGA
Soy tu esclava y ahora quiero ser tu puta. *(Pausa.)* Repite.

MECHE
(Como un susurro.) Soy tu esclava y ahora quiero ser tu puta.

LA CHUNGA

(Tiende a Meche en la cama y comienza a desnudarse.)
Vas a serlo.

El cuarto de la Chunga queda de nuevo oculto, desvanecido. Desde la mecedora, José sigue mirando hipnotizado ese recinto a oscuras. Comienza a escucharse el ruido —brindis, cantos, juramentos— de los inconquistables en la mesa donde juegan a los dados.

III. ESPECULACIONES SOBRE MECHE

(Todo este diálogo tiene lugar mientras los inconquistables siguen tirando los dados y bebiendo cerveza.)

LITUMA

¿Quieren saber una cosa? A veces pienso que la desaparición de Mechita es un cuentanazo de Josefino.

EL MONO

Dímelo cantando y con música, porque no te entiendo.

LITUMA

Una mujer no puede hacerse humo así nomás, de la noche a la mañana. Al fin y al cabo, Piura es un pañuelo.

JOSEFINO

Si se hubiera quedado en Piura, yo la habría encontrado. Se mandó mudar. Al Ecuador, tal vez. O a Lima. *(Señalando la mecedora donde está José.)* Ésa lo sabe, pero te llevarás el secreto a la tumba, ¿no, Chunguita? Por tu culpa perdí a una mujer que me hubiera hecho rico y, a pesar de eso, no te guardo rencor. ¿Tengo o no tengo un corazón de oro?

EL MONO

No vuelvan con el tema de Mechita, que se le va a parar a José. *(Dándole un codazo al invisible José.)* ¿Te vuelve loco imaginártelas allá arriba haciendo tortillitas, no, mi hermano?

LITUMA

(Sigue, imperturbable, con su tema.) Alguien la habría visto tomar el ómnibus o el colectivo. Se hubiera despedido de alguien. Hubiera sacado sus cosas de la casa. Dejó toda su ropa, su maleta. Nadie la vio. Así que no es tan seguro eso de que se escapara. ¿Sabes lo que pienso a ratos, Josefino?

EL MONO

(Tocándole la cabeza a Lituma.) ¿O sea que piensas? Yo creí que los piajenos sólo rebuznaban, ¡che, gua!

JOSEFINO

¿Qué es lo que piensas, Einstein?

LITUMA

¿No le pegabas acaso? ¿No les pegas a todas esas que se mueren por ti? A veces pienso que se te pasó la mano, compadre.

JOSEFINO

(Riéndose.) ¿Que la maté, quieres decir? Qué pensamiento tan profundo, Lituma.

EL MONO

Pero si este pobre gallinazo no mata ni las moscas, mi hermano. Si es pura boca, ahí donde lo ves, con su chaveta y sus ínfulas de rey de los cafiches. Lo soplo y se cae al suelo. ¿Quieres ver? *(Sopla.)* Cáete, pues, no me hagas quedar mal ante mis amigos.

LITUMA

(Muy serio, desarrollando su idea.) Pudo darte celos que la Mechita pasara la noche con la Chunga. Estabas furioso, acuérdate que habías perdido hasta la camisa. Regresaste a tu casa hecho una fiera. Necesitabas desfogarte. La Mechita estaba ahí y pagó el pato. Muy bien se te pudo pasar la mano.

JOSEFINO

(Divertido.) ¿Y después la corté en pedacitos y la eché al río? Puta que eres un genio, Lituma. *(Al ausente José, alcanzándole los dados.)* Al fin, José, ya te tocaba ganar. Los dados son tuyos.

LITUMA

Pobre Meche. No se merecía un conchesumadre como tú, mi hermano.

JOSEFINO

Las cosas que uno tiene que aguantarle a sus amigos. Si no fueras un inconquistable, te cortaría los huevos y se los echaría a los perros, mi hermano.

EL MONO

Qué te han hecho los perritos para que quieras envenenarlos, hombre.

José regresa a ocupar su asiento, tan discreto como lo dejó. A la vez, y con la misma inconsciencia de los otros tres, Lituma se levanta y aparta de ellos.

JOSEFINO

(A José.) Qué pasa que está usted tan callado, compadre.

JOSÉ

Estoy perdiendo y no tengo ganas de hablar. Bueno, ahora cambiará la suerte. *(Coge los dados y los sopla. Pone un billete sobre la mesa.)* Ahí están cien solcitos. ¿Quién es quién? *(Se dirige al asiento de Lituma, como si éste siguiera allí.)* ¿Tú, Lituma?

En las dos siguientes escenas, José, el Mono y Josefino actuarán como si Lituma continuara con ellos. Pero Lituma está ahora al pie de la escalerilla, observando el cuartito de la Chunga, que se acaba de iluminar.

IV. ALCAHUETERÍAS

La Chunga y Meche están vestidas. No hay rastro de que hubieran estado desnudas y hecho el amor. La actitud de ambas es, también, muy diferente de la escena anterior que protagonizaron. Meche está sentada en la cama, un poco cariacontecida, y la Chunga, de pie ante ella, no parece ahora una mujer sensual y dominadora, sino, más bien, enigmática, maquiavélica.

MECHE

(Prende un cigarrillo. Da una larga pitada, tratando de disimular que se siente inquieta.) Si crees que te va a devolver alguna vez esos tres mil soles, sueñas.

LA CHUNGA

Ya sé que no me los va a devolver. No me importa.

MECHE

(Escrutándola, intrigada.) ¿Crees que te voy a creer, Chunga? ¿Acaso no sé que eres la mujer más codiciosa, que trabajas día y noche como una mula para tener más y más?

LA CHUNGA

Quiero decir que, en este caso, no me importa. Mejor para ti, ¿no es cierto? Si no le hubiera dado esa plata, Josefino se hubiera desfogado contigo.

MECHE
Sí. Me hubiera pegado. Cada vez que algo no le sale, cada vez que está con cólera, yo pago el pato. *(Pausa.)* Un día de éstos me va a matar.

LA CHUNGA
¿Y por qué sigues con él, tonta?

MECHE
No sé... Por eso. Por tonta.

LA CHUNGA
¿Pese a las palizas todavía lo quieres?

MECHE
Ya no sé si lo quiero. Al principio, sí. Ahora, tal vez sigo con él sólo por miedo, Chunga. Es... un bruto. A veces, sin que le haya hecho nada, me hace arrodillar ante él, como si fuera un dios. Saca la chaveta y me la pasa por aquí. «Agradéceme el estar viva», dice. «Tú tienes la vida prestada, acuérdate siempre.»

LA CHUNGA
¿Y sigues con él? Qué brutas pueden ser las mujeres. Jamás entenderé que alguien se rebaje tanto.

MECHE
No habrás estado nunca enamorada.

LA CHUNGA
Ni lo estaré. Prefiero vivir sin hombre, como un hongo. Pero a mí nadie me va a hacer arrodillar jamás. Ni decirme que tengo la vida prestada.

MECHE
Ah, si pudiera librarme de Josefino...

LA CHUNGA
(Comenzando un juego de araña que atrae a la mosquita a la trampa que le ha tejido.) Claro que puedes, tonta. *(Sonriéndole con malicia.)* ¿Te has olvidado lo bonita que eres? ¿No notas cómo pones a los hombres cuando pasas? ¿No se les van los ojos? ¿No te dicen toda clase de piropos? ¿No te hacen propuestas cuando él no oye?

MECHE
Sí. Si hubiera querido, hubiera podido engañarlo mil veces. Me han sobrado oportunidades.

LA CHUNGA
(Sentándose a su lado.) Claro que te han sobrado. Pero tal vez no has visto la oportunidad mejor que tenías.

MECHE
(Sorprendida.) ¿De quién hablas?

LA CHUNGA
Alguien que está loco por ti. Alguien que haría lo que tú le pidieras con tal de estar contigo, porque, para él, tú eres la más bella, la más rica, una reina, una diosa.

Lo puedes tener a tus pies, Meche. Él nunca te tratará mal ni te hará sentir miedo.

MECHE

¿Pero de quién hablas?

LA CHUNGA

¿No te has dado cuenta? Es posible. Porque es muy tímido con las mujeres...

MECHE

Ahora sé por qué le diste esos tres mil soles a Josefino. No por marimacha. Sino por alcahueta, Chunga.

LA CHUNGA

(Riéndose, cordial.) ¿Creías que yo iba a pagar tres mil soles para hacerte el amor? No, Mechita, no hay hombre ni mujer que valga para mí tanto. Esos tres mil no son míos. Son del hombre que te ama. Por tenerte está dispuesto a gastar todo lo que tiene y lo que no tiene. Trátalo bien. Acuérdate que has prometido hacer lo que yo te mande. Ahora tienes la ocasión de vengarte de las palizas de Josefino. Aprovéchate. *(Lituma ha subido la escalerilla y está en la puerta del cuarto, sin atreverse a entrar. La Chunga sale a su encuentro.)* Entra, entra. Ahí la tienes. Es tuya. Ya le he hablado, no te preocupes. Anda, Lituma, no tengas miedo. Es tuya, date gusto.

Con una risita burlona, sale del cuartito y va a sentarse en su mecedora. Los inconquistables siguen jugando y bebiendo.

V. UN AMOR ROMÁNTICO

MECHE

(*Asombrada.*) O sea que eras tú. El último en quien hubiera pensado. El Mono o José, sí, ellos siempre me están piropeando y cuando no los ve Josefino hasta se propasan. Pero tú, Lituma, nunca me has dicho ni la menor cosa.

LITUMA

(*Profundamente turbado.*) No me atrevía, Mechita. Yo, más bien, siempre he disimulado lo que siento por ti. Pero, pero, yo...

MECHE

(*Divertida al ver su embarazo, su torpeza.*) Estás sudando, te tiembla la voz, te mueres de vergüenza. Ay, qué chistoso, Lituma.

LITUMA

(*Suplicante.*) No te burles, Mechita. Por lo que más quieras, te ruego.

MECHE

¿Siempre has tenido miedo a las mujeres?

LITUMA

(*Con gran pesadumbre.*) No es miedo. Es que... no sé hablarles. No soy como ellos. Ellos saben qué decir a una chica en la calle para sacarle un plancito. Yo nunca he sabido. Me pongo nervioso, no me salen las palabras.

MECHE
¿Nunca has tenido una enamorada?

LITUMA
Nunca he tenido una mujer gratis, Mechita. Sólo a las polillas de la Casa Verde. Siempre pagando.

MECHE
Bueno, por mí estás pagando también, como por ésas.

LITUMA
(Arrodillándose ante Meche.) No te compares con las polillas ni en broma, Mechita.

MECHE
¿Qué haces?

LITUMA
Yo no te haría arrodillar nunca ante mí, como Josefino. Yo viviría de rodillas ante ti. Para mí, tú eres una reina. *(Se agacha y trata de besarle los pies.)*

MECHE
Jajá, en esa postura pareces un perro.

LITUMA
(Siempre tratando de besarle los pies.) Siquiera eso déjame ser de ti. Tu perro, Mechita. Te obedeceré, seré cari-

ñoso cuando tú quieras o me quedaré quietecito, si prefieres. No te rías, te hablo en serio.

MECHE
¿De veras harías cualquier cosa por mí?

LITUMA
Ponme a prueba.

MECHE
¿Matarías a Josefino si yo te lo pidiera?

LITUMA
Sí.

MECHE
¿No es tu amigo acaso?

LITUMA
Para mí, tú vales más que la amistad. ¿Me crees, Mechita?

MECHE
(Le pone la mano en la cabeza, como se acaricia a un animal.) Ven, siéntate. No me gusta que nadie se humille así por mí.

LITUMA
(Sentándose a su lado, en la cama, sin atreverse a acercarse mucho a ella ni menos a tocarla.) Estoy enamorado de ti desde el primer día que te vi. En el Río-Bar, en el Puente Viejo.

¿No te acuerdas? No, qué te vas a acordar. Siempre me ha parecido que no me veías, aunque me miraras.

MECHE

¿En el Río-Bar?

LITUMA

José, el Mono y yo estábamos timbeando. Y en eso entró Josefino contigo del brazo. *(Imitándolo.)* «Miren lo que me he encontrado. ¿Les gusta mi hembrita?» Te levantó de la cintura y te mostró a todo el mundo. *(Una nube le cruza la cara.)* Cuando hace esas cosas contigo, lo odio.

MECHE

¿Te da celos?

LITUMA

Me da envidia, más bien. *(Pausa.)* Dime, Mechita. ¿Cierto que la tiene de este tamaño? ¿Por eso se mueren todas por él? A nosotros nos farolea todo el tiempo: «Tengo una de burro, señores». Pero yo les he preguntado a las polillas y dicen que es mentira, que la tiene normal, nomás.

MECHE

Contándome porquerías no me vas a conquistar, Lituma.

LITUMA

Perdóname. Tienes razón, no debería preguntarte eso. Pero ¿no es injusto, acaso? Josefino se porta como un desgraciado con las mujeres. Las trata con la punta del pie, las enamora y, cuando las tiene bien templadas, las mete de putas. Pese a eso, consigue las que quiere. Yo, en cambio, que soy buena gente, un romántico, que trataría a la mujer que me quisiera como si fuera de cristal, a mí ninguna me hace caso. ¿Es justo eso?

MECHE

Quizá no sea justo. Pero ¿acaso la vida no está llena de injusticias?

LITUMA

¿Es porque soy feo que no me hacen caso, Mechita?

MECHE

(Burlándose.) A ver, déjame mirarte. No, no eres tan feo, Lituma.

LITUMA

No me tomes el pelo. Te estoy diciendo cosas que nunca he dicho a nadie.

MECHE

(Lo observa un momento, cavilosa.) ¿Te enamoraste de mí la primera vez que me viste?

LITUMA

(Asiente.) No dormí toda la noche. En la oscuridad, seguía viéndote. «Es la mujer más linda. Sólo en el cine hay mujeres así.» Me fui emocionando hasta que lloré, Mechita. No sabes cuántas noches me he pasado en vela, pensando en ti.

MECHE
Y dices que no sabes hablar a las mujeres. Eso que me estás diciendo es lindo.

LITUMA
(Mete la mano al bolsillo y saca una pequeña fotografía.) Mira. Yo te llevo siempre conmigo.

MECHE
¿De dónde sacaste esta foto?

LITUMA
Se la robé a Josefino. Está medio despintada de tanto que la he besado.

MECHE
(Vuelve a acariciarle la cabeza.) ¿Por qué nunca me dijiste nada, sonso?

LITUMA
Todavía tenemos tiempo, ¿no? Cásate conmigo, Mechita. Vámonos de Piura. Empecemos una nueva vida.

MECHE
Pero si eres un muerto de hambre, Lituma. Igual que todos los inconquistables. Tú tampoco has trabajado nunca.

LITUMA
Porque no tenía a nadie que me empujara a cambiar de vida. Pero no creas que me gusta ser un incon-

quistable. Casémonos y verás qué distinto voy a ser, Mechita. Trabajaré mucho, en cualquier cosa. Nunca te faltará nada.

MECHE

¿Nos iríamos a Lima?

LITUMA

A Lima, sí. O donde tú digas.

MECHE

Siempre he querido conocer Lima. En una ciudad tan grande, Josefino nunca nos encontraría.

LITUMA

Claro que no. Y, además, qué importa que nos encuentre. ¿Le tienes miedo?

MECHE

Sí.

LITUMA

Estando conmigo, no le tendrías. Perro que ladra no muerde. Yo lo conozco muy bien, desde churres. Ése no es mangache, como nosotros, sino gallinazo. Y los de la Gallinacera son pura pinta.

MECHE

No es pura pinta conmigo. A mí me pega a veces hasta desmayarme. Si lo dejara para irme contigo, me mataría.

LITUMA
Tonterías, Mechita. Se conseguirá otra mujer ahí mismo. Vámonos a Lima. Esta noche.

MECHE
(Tentada.) ¿Esta noche?

LITUMA
En el nocturno de La Cruz de Chalpón. Vámonos.

MECHE
¿Nos casaremos?

LITUMA
Llegando a Lima, te juro. Es lo primero que haremos. ¿Te animas? ¿Nos vamos?

MECHE
(Pausa.) Vámonos. No volveremos nunca a Piura. Espero que no tenga que arrepentirme de esto un día, Lituma.

LITUMA
(Se arrodilla otra vez.) Te juro que nunca, Mechita. Gracias, gracias. Pídeme algo, lo que quieras, mándame algo.

MECHE
Levántate, no perdamos tiempo. Anda, haz tu maleta, compra los pasajes. Espérame en la oficina de La

Cruz de Chalpón. A media avenida Grau, ¿no? Ahí estaré, antes de las doce.

LITUMA

¿Adónde vas?

MECHE

No puedo partir sin nada. Voy a sacar mis cosas. Por lo menos lo indispensable.

LITUMA

Te acompaño.

MECHE

No, no hace falta. Josefino está en la Casa Verde y no vuelve nunca hasta el amanecer. Tengo tiempo de sobra. Que no nos vean juntos por la calle. Que nadie malicie nada.

LITUMA

(Besándole las manos.) Mechita, Mechita querida. Tanta felicidad no puede ser cierta. *(Se persigna, mira al cielo.)* Gracias, Diosito. Ahora cambiaré, dejaré de ser vago, timbero, jaranista. Te juro que...

MECHE

(Empujándolo.) Anda, apúrate, no perdamos tiempo, Lituma. Corre, corre.

LITUMA

Sí, sí, lo que tú digas, Mechita.

Se levanta, se apresura, corre, se precipita por la escalerilla, pero allí pierde ímpetu, se demora, se apaga. Pesado, lento, apesadumbrado, vuelve a la mesa de juego, sin que los inconquistables se inmuten. Los dados, los brindis, los juramentos son otra vez el centro de la escena.

VI. FANTASEOS SOBRE UN CRIMEN

EL MONO

¿Por qué no? Lituma tiene razón, pudo ocurrir así. Cierren los ojos e imagínense a la Mechita. Entra rápido a la casa mirando a un lado y a otro. Tiene el culito fruncido de miedo.

JOSÉ

Se pone a hacer su maleta a la carrera, tembla-bla-blando, trope-pe-pepezándose, equivoca-ca-cándose, ante el terror de que llegue el Gran Cafiche. Y, con el susto, las puntitas de las tetitas se le han puesto como piedrecitas. ¡Ay, qué riquitas!

JOSEFINO

(Riéndose.) ¿Y qué más? Sigan. ¿Qué pasó entonces?

LITUMA

Entonces llegaste tú. Antes de que terminara la maleta.

JOSEFINO

¿Y la maté porque la encontré haciendo la maleta?

EL MONO

Ése sería el pretexto, más bien. Fue porque tenías rabia contra el mundo. Acuérdate que yo te había dejado más calato que un nudista. ¡Pucha si volviera a tener otra mano como esa noche, san Puta!

JOSÉ

O porque te dio un ataque de celos. De repente la Meche te dijo que la Chunga la había hecho tan feliz que se iba a venir a vivir con ella.

JOSEFINO

Por eso no la hubiera matado. Más bien, le hubiera mandado flores a la Chunga. Y una tarjeta diciendo: «Tú ganaste. Felicitaciones». Yo soy un caballero de la puta madre, señores.

LA CHUNGA

(Desde su mecedora, bostezando.) Van a ser las doce y ya tengo sueño. Último aviso.

LITUMA

Silencio, Chunga, que me quitas la inspiración. Al ver que tenía la maleta a medio hacer, le preguntaste: «¿Dónde es el viaje?». Y ella te dijo: «Te voy a dejar».

JOSEFINO

¿Y por qué me iba a dejar? Estaba templada de mí hasta las cachas.

LITUMA

(Serio y reconcentrado, sin oírlo.) «Te voy a dejar porque estoy enamorada de un hombre mejor que tú.»

JOSEFINO
¿Mejor que yo? ¿Y de dónde sacaba esa joya?

LITUMA
«Uno que no me pegará, que no me engañará, que será bueno conmigo, uno que no es un concha de su madre y un cafiche, sino un tipo derecho. Y que, además, se casará conmigo.»

JOSEFINO
Qué basura de imaginación, inconquistables. Ustedes no son capaces de inventar una buena razón para que yo matara a la Mechita.

LITUMA
Eso te hizo ver a Judas, Josefino. Te le fuiste encima, a la bruta. Quizá con la idea de darle sólo una paliza. Pero se te fue la mano y ahí quedó la pobre.

JOSEFINO
¿Qué mierda hice con el cadáver?

EL MONO
Lo tiraste al río, pues.

JOSEFINO
Era setiembre y el Piura estaba seco. ¿Qué hice con el cadáver? Adivinen, adivinen mi crimen perfecto.

JOSÉ
Lo enterraste en el arenal, detrás de tu casa.

EL MONO
Se lo tiraste a esos perros alemanes que cuidan el depósito del señor Beckman. No dejarían ni los huesitos.

JOSÉ
Bueno, ya me aburrí de jugar a los inventos. Vámonos a la Casa Verde a mojar, más bien.

JOSEFINO
Para qué tan lejos, si ahí tienes a la Chunga. Anda, dale lo que le gusta.

LA CHUNGA
Por qué mejor no va a darle lo que le gusta a la que ya sabes, Josefino.

JOSEFINO
No te metas con mi madre, Chunga. Eso es lo único que no aguanto.

LA CHUNGA
No te metas tú conmigo, entonces.

EL MONO
No le hagas caso, Chunguita, ya sabes que éste no es mangache, sino gallinazo.

JOSÉ
Lástima que seas tan malhumorada, Chunga. Hasta con nosotros, que te queremos como a nuestra mascota.

EL MONO

(Se pone de pie, sin que sus amigos lo noten, y va acercándose a la Chunga.) Estos chuscos siempre te están dando colerones, ¿no, Chunga? Perdónalos porque no saben lo que hacen. Yo, en cambio, me porto bien contigo. Espero que te hayas dado cuenta. Yo no te hago renegar, ni me burlo, ni les sigo la cuerda cuando te fastidian. Yo a ti te quiero mucho, Chunga.

LA CHUNGA

(Mirándolo con compasión.) No necesitas hacerme esa pantomima de niño bueno. Para qué, si de todas maneras te voy a dar gusto. Ven, dame la mano.

Lo coge de la mano y lo lleva a la escalerilla. Sube con él. El Mono va feliz, con los ojos encandilados, como un niño que fuera a realizar un codiciado anhelo. Los inconquistables siguen jugando con el fantasma del Mono.

VII. UN CHURRE TRAVIESO

MECHE
Hola, Monito.

EL MONO
Hola, Mechita.

LA CHUNGA
Entra, no tengas miedo, no te vamos a pegar.

EL MONO
Ya sé que ustedes dos son muy buenas.

MECHE
Ven, siéntate acá, junto a mí.

El Mono se sienta en la cama, junto a Meche, y la Chunga se coloca al otro lado. Las dos mujeres se conducen con el Mono como si fuera un niño mimado, y él también, en sus gestos y actitudes, parece haber regresado a la infancia. Se le escapa un suspiro. Otro. Se diría que algo lo atormenta, algo que quisiera compartir con ellas, pero no se atreve.

LA CHUNGA
Con toda confianza. ¿Qué se te antoja? Estás en tu casa. Eres el niño dios. Manda.

MECHE
Estamos aquí para darte gusto en lo que sea. ¿Qué te provoca?

LA CHUNGA
¿Quieres que te hagamos un striptease, Monito?

MECHE
¿Que bailemos las dos calatitas, para ti solito?

EL MONO
(Tapándose la cara, escandalizado.) ¡No! ¡No! ¡Por favor!

LA CHUNGA
(Señalando la cama.) ¿Te gustaría que nos acostáramos los tres, tú en el medio?

MECHE
¿Que te hiciéramos cariños hasta que gritaras «Basta, basta, ya no más»?

LA CHUNGA
¿Quieres que te hagamos poses?

EL MONO
(Riéndose, muy nervioso.) ¡No hagan esas bromas que me da vergüenza! ¡Les ruego! *(Lo sobrecoge un arrebato de tristeza.)* Ustedes son lo mejor que hay, Chunga, Mechita. Perdonen que me ponga así, pero yo no soy como ustedes. Yo... soy una mierda.

LA CHUNGA
No digas eso. No es verdad.

MECHE
Un poco payaso, tal vez. Pero, en el fondo, un niño bueno, Monito.

EL MONO
Te equivocas. Soy muy mala gente. Un churre de lo peor. Es inútil que me lo niegues. Lo que pasa es que ustedes no saben. Si yo les contara...

LA CHUNGA
Cuéntanos, pues, entonces.

MECHE
¿Eso es lo que quieres? ¿Que te consolemos?

EL MONO
No quiero forzarlas a nada. Sólo si ustedes insisten...

LA CHUNGA
(Lo hace apoyar la cabeza en sus faldas; el Mono se encoge como un niño miedoso.) Ven, apóyate aquí. Ponte cómodo.

MECHE
(Con voz acariciadora, dulce.) Cuenta, Monito.

EL MONO

(Nervioso, haciendo un gran esfuerzo.) Yo ni siquiera me di cuenta de lo que le hacía. Era muy chiquito, un churre de pantalón corto.

LA CHUNGA

¿Te refieres a la chiquita esa? ¿A la hijita de doña Jesusa, tu vecina?

EL MONO

Yo era un churre. ¿Acaso un churre tiene uso de razón?

MECHE

Claro que no, Monito. Sigue, pues. Yo te ayudo. Estuviste espiando que doña Jesusa saliera al Mercado, a su puesto de verduras...

LA CHUNGA

Y cuando ella salió, entraste a su casa sin que nadie te viera. Saltando la pared de cañas que da al platanal. ¿No?

EL MONO

Sí. Y ahí estaba la churre, en cuclillas, ordeñando la cabra. Le exprimía las tetitas. Así, así. ¡Y no tenía calzón, Chunga! ¡Te lo juro!

MECHE

Claro que te creemos. ¿Le viste todo, entonces?

EL MONO
Mejor di que ella me mostró todo, Mechita. ¿Para qué estaba sin calzón, pues? ¡Para qué iba a ser! Para que le vieran la cosita, para mostrársela a los hombres.

LA CHUNGA
¿Quiere decir que ella te provocó, Monito? Entonces, tú no tienes la culpa de nada. Ella se la buscó, por sinvergüenza y por cochina.

MECHE
¿Eso querías contarnos? ¿Que toda la culpa fue de la churre?

EL MONO
(Tristón.) Bueno, no. Yo también tuve algo de culpa. ¿Acaso no me metí a casa de doña Jesusa a escondidas? Así se meten a las casas los rateros, ¿no?

LA CHUNGA
Pero tú no te metiste para robar, Monito.

EL MONO
No. Me metí para ver a la churre, nomás.

MECHE
¿Querías verla calatita?

EL MONO
Era un churre, compréndanme. No me daba cuenta, no diferenciaba el bien del mal todavía.

LA CHUNGA
Pero llevabas un cuchillo de este tamaño, Mono. ¿Te acuerdas?

EL MONO
Me acuerdo.

MECHE
¿No te dio pena la churre? ¿Ni cuando te sonrió, creyendo que estabas ahí por una simple travesura?

EL MONO
(Desasosegado.) ¡Era una simple travesura! Y ella estaba sin calzón, Meche. Me provocó. Me...

LA CHUNGA
(Amonestándolo, sin mucha severidad.) La verdad, la verdad, Monito. Sí tenía calzón. Tú hiciste que se lo quitara.

MECHE
Amenazándola con matarla. ¿Sí o no, Monito?

EL MONO
Bueno, tal vez. Hace mucho de eso. Se me ha olvidado.

LA CHUNGA
Mentira, no se te ha olvidado. Le arranchaste el vestido y le ordenaste: «Bájate el calzón». Y, cuando lo hizo, le miraste lo que querías mirarle. ¿Sí, Monito?

EL MONO
(Avergonzado.) Sí, Chunguita.

MECHE
Y también la manoseaste, ¿no? También la toqueteaste por todas partes a la churre. ¿Sí o no?

EL MONO
(Angustiado.) Pero no la violé, Meche. Juro por lo más santo que no la violé. Eso no.

LA CHUNGA
¿No la violaste? ¿Y qué fue lo que le hiciste, entonces? ¿No es lo mismo?

EL MONO
(Riéndose.) ¡Qué va a ser lo mismo! No seas tonta, Chunga. *(Bajando la voz, llevándose un dedo a los labios, haciendo «Shhht, shhht», como si fuera a revelar un gran secreto.)* Se la metí por el chiquito, ¿no te das cuenta? Ella quedó intacta de donde importa. Ni un rasguño, su marido pudo romperla la noche de bodas. Es una diferencia importantísima. Pregúntenle al padre García, si quieren. «Si el himen quedó indemne, te absuelvo. Pero si no, no hay tutías, so tal por cual: te casas con la churre de la Jesusa». No me casó, o sea que... Ustedes tienen el honor en la telita esa, en el himen, y eso es lo que deben defender con uñas y dientes. Nosotros, en cambio, tenemos el honor en el culo. Porque al hombre que le dan por el chiquito, juácate, recontrajodido para siempre. *(La Chunga y Me-*

che lo miran, burlonas, mudas, y él se entristece y compunge. Se incorpora.) Sí, es cierto, tienen razón en lo que están pensando. Fue muy malvado lo que le hice a la churre. Al padre García pude engañarlo, pero a ustedes, no. Sé que, cuando me muera, Dios me castigará por eso.

LA CHUNGA
¿Para qué esperar tanto, Monito?

MECHE
Podemos castigarte nosotras de una vez.

EL MONO
(Se saca la correa de la cintura y se la alcanza. Se pone en postura de ser azotado.) Bueno. Sáquenme la mugre, háganme pagar mis maldades. No me tengan compasión. Rómpanme el honor, Chunga, Mechita.

LA CHUNGA Y MECHE
(Mientras lo azotan.) ¡Churre travieso! ¡Niño malcriado! ¡Churre bandido! ¡Niño corrompido! ¡Churre vicioso! ¡Niño malvado! ¡Degenerado!

El Mono gime, recibe los golpes encogido, sudando, con una suerte de fruición que termina en un espasmo. Meche y la Chunga se sientan y lo observan, mientras él, saciado, tristón, se endereza, se limpia la frente, se coloca la correa en el pantalón, se peina. Sin mirarlas, sale del cuartito y, discretamente, va a ocupar su lugar en la mesa de los inconquistables.

LA CHUNGA
¿Te vas sin despedirte ni decir gracias, Monito?

MECHE
Cuando quieras, vuelve a contarnos más maldades, Monito.

VIII. DOS AMIGAS

Desde que el Mono desaparece del cuarto, Meche y la Chunga cambian de actitud, como si la anterior escena no hubiera ocurrido.

LA CHUNGA
Algunos lo disimulan mejor que otros. Pero, apenas rascas un poquito y cae la costra, aparece la bestia.

MECHE
¿Crees que todos los hombres son así, Chunga? ¿Todos llevan escondido algo sucio?

LA CHUNGA
Todos los que conozco, sí.

MECHE
¿Las mujeres somos mejor?

LA CHUNGA
Por lo menos, lo que tenemos entre las piernas no nos vuelve, como a los hombres, unos demonios inmundos.

MECHE
(Tocándose el vientre.) Entonces, ojalá sea mujer.

LA CHUNGA
¿Estás encinta?

MECHE
Se me ha cortado la regla hace dos meses.

LA CHUNGA
¿No te has hecho ver?

MECHE
Tengo miedo que me digan que estoy.

LA CHUNGA
¿No quieres tenerlo?

MECHE
Claro que quiero. Pero Josefino, no. Si estoy encinta, me hará abortar. Dice que ninguna mujer lo amarrará con un hijo.

LA CHUNGA
En eso, le doy la razón. No creo que valga la pena traer más gente a este mundo. ¿Para qué quieres un hijo? ¿Para que, de grande, sea igual a uno de ésos?

MECHE
Si todos pensaran así, se acabaría la vida.

LA CHUNGA
Por mí, se puede acabar mañana mismo.

Pausa.

MECHE

¿Sabes una cosa, Chunga? No creo que seas tan amarga como tratas de hacerme creer.

LA CHUNGA

Yo no trato de hacerte creer nada.

MECHE

Si lo fueras, yo no estaría aquí. *(Una luz pícara brota en sus ojos.)* No le habrías dado esos tres mil a Josefino para que yo pasara la noche contigo. Además...

LA CHUNGA

¿Además, qué?

MECHE

(Señalando la cama.) Hace un rato, cuando me hacías cariños, me decías unas cosas muy tiernas. Que yo te hacía ver el cielo, que estabas feliz. ¿Me mentías?

LA CHUNGA

No. Era cierto.

MECHE

Entonces la vida no es tan fea, pues. Tiene sus cosas buenas. *(Se ríe.)* Me alegro de ser una de las cosas buenas que te puede dar la vida, Chunga. *(Pausa.)* ¿Te hago una pregunta?

LA CHUNGA

Si es cuántas mujeres han entrado aquí antes que tú, mejor no. No te lo voy a decir.

MECHE

No, no es eso. Sino, ¿te enamorarías de mí, Chunga? ¿Así como un hombre de una mujer? ¿Me querrías?

LA CHUNGA

Yo no me enamoraría de ti ni de nadie.

MECHE

No te creo, Chunga. No se puede vivir sin amor. Qué sería la vida si una no quisiera a alguien, si a una no la quisieran.

LA CHUNGA

La que se enamora se vuelve débil. Se deja dominar. *(La mira un rato en silencio.)* Ahora crees que es bueno. Ya hablaremos cuando veas lo que hace Josefino con tu amor. Ya hablaremos cuando estés en la Casa Verde.

MECHE

¿Por qué me asustas todo el tiempo con eso?

LA CHUNGA

Porque sé cuál será tu suerte. Ya te tiene en su puño, ya hace contigo lo que quiere. Comenzará por prestarte a uno de los inconquistables, una noche de éstas, en una borrachera. Y acabará por convencerte que putees, con el cuento de juntar plata para una casita, para irse de viaje, para casarse.

MECHE

Cuando me dices esas cosas, no sé si lo haces por buena o por mala. Si quieres ayudarme o si te gusta darme miedo.

LA CHUNGA

Quiero ayudarte.

MECHE

¿Pero, por qué? ¿Acaso estás enamorada de mí? Me acabas de decir que no. ¿Por qué querrías ayudarme, tú, a la que todo le resbala, a la que todos le importan un pito?

LA CHUNGA

(La mira, reflexionando.) Tienes razón. No sé por qué te estoy aconsejando. Qué me puede importar a mí tu vida.

MECHE

¿Aconsejaste antes a alguna conquista de Josefino?

LA CHUNGA

No. *(Observa a Meche. Le coge la barbilla con una mano y la obliga a mirarla a los ojos, acercándole mucho la cara.)* Quizá me das más pena que las otras, sólo porque eres más bonita. Otra injusticia de la vida. Si no tuvieras esa carita, seguramente me importaría un pito que Josefino hiciera contigo lo que fuera.

MECHE
A ratos me pareces un monstruo, Chunga.

LA CHUNGA
Porque no quieres ver la vida como es. Lo monstruoso es la vida. No yo.

MECHE
Si la vida es como dices, preferible ser como yo. No pensar en lo que va a suceder. Vivir el momento, nomás. Y que sea lo que Dios quiera. *(Queda con una expresión de desconsuelo, mirándose el vientre.)*

LA CHUNGA
A lo mejor haces ese milagro: que Josefino se regenere.

MECHE
Sabes que no va a ocurrir.

LA CHUNGA
No. No va a ocurrir.

MECHE
(Se deja ir contra la Chunga y apoya su cabeza en su hombro. Pero la Chunga no la abraza.) Me gustaría ser una mujer fuerte, como tú. Que sabe valerse por sí misma, que puede defenderse. Yo, si no tuviera quien se ocupara de mí, no sé qué haría.

LA CHUNGA
¿Eres manca, acaso?

MECHE
Si apenas sé leer, Chunga. ¿Dónde me darían trabajo? Sólo de sirvienta. ¿Mañana, tarde y noche barriendo, lavando, planchando la caca de los blanquitos de Piura? Eso no.

Pausa.

LA CHUNGA
Si hubiera sabido que podías estar encinta, no te habría hecho el amor.

MECHE
¿Te da asco una mujer embarazada?

LA CHUNGA
Sí. *(Pausa.)* ¿Te molestó lo que hicimos?

MECHE
¿Molestó? No sé. No...

LA CHUNGA
Dime la verdad.

MECHE
Al principio, algo. Me daban ganas de reírme. ¿Acaso eres un hombre? Me parecía que no era de verdad, que era un juego. Estuve conteniendo la risa, al principio.

LA CHUNGA
Si te hubieras reído...

MECHE
¿Me hubieras pegado?

LA CHUNGA
Sí, a lo mejor te hubiera pegado.

MECHE
Y tú decías que sólo a los hombres eso que tienen entre las piernas los convierte en unos demonios inmundos.

LA CHUNGA
Será que soy un hombre, entonces.

MECHE
No, no lo eres. Eres una mujer. Y, si quisieras, hasta una mujer guapa.

LA CHUNGA
No quiero ser guapa. Nadie me respetaría si lo fuera.

MECHE
¿Te has enojado por lo que te dije?

LA CHUNGA
¿Que contenías la risa? No, yo te pedí que me dijeras la verdad.

MECHE
Quiero que sepas una cosa, Chunga. Aunque yo no sea marimacho, bueno, perdona, como tú, quiero decir, me has caído bien. Me gustaría que fuéramos amigas.

LA CHUNGA
Anda, vete de Piura. No seas tonta. ¿No ves que ya estás con un pie en la trampa? Antes que Josefino te dé el zarpazo, lárgate. Lejos de aquí. Todavía tienes tiempo. *(Le coge la cara.)* Yo te ayudaré.

MECHE
¿De veras, Chunga?

LA CHUNGA
Sí. *(De nuevo le pasa la mano por la cara, en una caricia brusca.)* No quiero verte pudriéndote en la Casa Verde, pasando de borracho en borracho... Anda, vete a Lima, hazme caso.

MECHE
No conozco a nadie allá. ¿Qué voy a hacer en Lima?

LA CHUNGA
Aprender a valerte por ti misma. Pero, no seas estúpida. No te enamores. Eso distrae, y la mujer que se distrae se friega. Que se enamoren de ti, ellos. Tú no, nunca. Tú busca tu seguridad, una vida mejor de la que tienes. Acuérdate de esto, siempre: en el fondo, todos son como Josefino. Si les tomas cariño, te fregaste.

MECHE
No hables así, Chunga. ¿Sabes que cuando dices esas cosas me recuerdas a él?

LA CHUNGA
Será que Josefino y yo somos iguales.

Como si la mención de su nombre hubiera sido una llamada, Josefino se levanta de la mesa de los inconquistables. Sube la escalerilla.

IX. EL GRAN CAFICHE

Aunque Meche está en el cuartito y sigue, interesada, el diálogo de esta escena, Josefino y la Chunga actúan como si ella estuviera ausente.

JOSEFINO

Hola, Chunga. *(Mira en derredor y pasa los ojos por sobre Meche, sin verla.)* Vengo a llevarme a Meche.

LA CHUNGA

Ya se fue.

JOSEFINO

¿Tan temprano? Podías haberla atajado todavía un rato. *(Con una risita procaz.)* Sacarle el jugo a tus solcitos. *(La Chunga se limita a observarlo con la expresión admonitoria y de disgusto con que siempre lo mira.)* ¿Qué tal? ¿Cómo fue?

LA CHUNGA

¿Cómo fue qué?

JOSEFINO

La Mechita. ¿Valía la pena?

LA CHUNGA

Te has pasado la noche chupando, ¿no? Apestas de pies a cabeza.

JOSEFINO
Qué me quedaba, Chunguita, si me habías dejado viudo. Dime, pues, ¿cómo se portó Meche?

LA CHUNGA
No te lo voy a decir. Eso no estaba en el trato.

JOSEFINO
(Riéndose.) Tienes razón. Jajá, la próxima vez pondré esa cláusula. *(Pausa.)* ¿Por qué te caigo mal, Chunga? No mientas, yo me doy cuenta que siempre te he caído atravesado.

LA CHUNGA
No tengo por qué mentir. Es verdad. Siempre me has parecido un bicho de lo peor.

JOSEFINO
Yo, en cambio, siempre he tenido debilidad por ti. Hablando en serio, Chunga.

LA CHUNGA
(Riéndose.) ¿Vas a tratar de conquistarme a mí también? Sigue. Muéstrame cómo engatusas a esas pobres idiotas.

JOSEFINO
No, no voy a tratar de conquistarte. *(Desnudándola con la mirada.)* No me faltan ganas, te aseguro. También me gustas como mujer. Pero yo sé cuándo no hay nada

que hacer con una hembra. Contigo, sería perder el tiempo, no me harías caso. Yo nunca he perdido el tiempo con mujeres.

LA CHUNGA
Bueno, entonces, anda, vete.

JOSEFINO
Primero hablemos. Quiero proponerte algo. Un negocio.

LA CHUNGA
¿Un negocio? ¿Tú y yo?

JOSEFINO
(Se sienta en la cama, enciende un cigarrillo. Se nota que lo que va a decir lo ha pensado largamente.) Yo no quiero seguir siendo lo que soy, Chunga. Un inconquistable, eso. Yo tengo ambiciones, carajo. Yo quiero tener plata, chupar fino, fumar fino, vestirme con ternos de chasqui blanquisísísimos. Tener mi auto, mi casa, mis sirvientes. Poder hacer viajes. Yo quiero vivir como los blancos de Piura, Chunga. Eso es lo que quieres tú también, ¿no? Para eso trabajas mañana, tarde y noche, para eso te rompes el alma. Porque quieres otra vida, esa que sólo se consigue con platita. Vamos a asociarnos, Chunga. Tú y yo, juntos, podemos hacer grandes cosas.

LA CHUNGA
Ya sé lo que me vas a proponer.

JOSEFINO
Mejor, entonces.

LA CHUNGA
La respuesta es no.

JOSEFINO
¿Tienes prejuicios? ¿Qué diferencia hay entre este barcito y un burdel? Yo te voy a decir cuál: que aquí se ganan centavos y en un burdel millones. *(Poniéndose de pie, señalando con los dedos, paseando por la habitación.)* Lo tengo todo muy estudiado, Chunga. Podemos empezar con unos cuatro cuartitos. Se pueden construir ahí, detrás de la cocina, en el corral de las basuras. Algo sencillo, de esteras y cañas, nomás. Yo me encargo de las chicas. Todas de primera, garantizado. En la Casa Verde les cobran el cincuenta por ciento. Les cobraremos el cuarenta y así podemos jalarnos a las que queramos. Pocas, al principio. En vez de cantidad, calidad. Yo me ocupo del orden y tú de la administración. *(Ansioso, vehemente.)* Nos haremos ricos, Chunguita.

LA CHUNGA
Si hubiera querido poner un burdel, ya lo habría hecho. ¿Para qué te necesito a ti?

JOSEFINO
Para las chicas. Yo seré todo lo que quieras, pero en eso ¿he demostrado que sirvo o no? En eso soy el mejor, Chunga. Las conseguiré de primera, que no hayan trabajado antes. ¡Y hasta virgencitas, verás! De quince, dieciséis añitos. Eso enloquece a los clientes, Chunga. Tendre-

mos aquí a todos los blancos de Piura, dispuestos a pagar fortunas. Chicas que estén iniciándose, nuevecitas...

LA CHUNGA
¿Como Meche?

JOSEFINO
Bueno, la Meche ya no está tan nuevecita, jajá... Ella será la estrella de la casa, por supuesto. Te juro que conseguiré chicas iguales o mejores que Meche, Chunga.

LA CHUNGA
¿Y si no quieren trabajar?

JOSEFINO
Eso es asunto mío. No sabré otras cosas, pero enseñarle a una chica que lo que Dios le dio es un número premiado de la lotería, eso sí lo sé. Yo he hecho ganar fortunas a la Casa Verde llevándole mujeres. ¿Para qué, carajo? Para recibir unas propinas mugrientas. Ya basta, ahora yo también quiero ser capitalista. ¿Qué dices, Chunguita?

LA CHUNGA
Ya te lo he dicho. No.

JOSEFINO
¿Por qué, Chunga? ¿Desconfías de mí?

LA CHUNGA
Claro que desconfío de ti. Al día siguiente de asociarnos, comenzarías a hacerme las cuentas del tío.

JOSEFINO
Por Dios que no, Chunga. Manejarás toda la plata. Te acepto eso. Te encargarás de los arreglos con las chicas, decidirás los porcentajes. No tocaré un centavo. Tienes carta blanca. Se hará lo que decidas. ¿Qué más quieres? No des la espalda a la suerte que viene a tocarte la puerta.

LA CHUNGA
Tú no serás nunca la suerte de nadie, Josefino. Y mucho menos de una mujer. Tú eres la mala suerte de las mujeres que, para su desgracia, creen lo que les dices.

JOSEFINO
¿O sea que te has vuelto santurrona, Chunguita? Yo nunca le he puesto la pistola en la cabeza a ninguna mujer. Yo las convenzo de una verdad. Que, en una noche en la Casa Verde, ganan más que trabajando seis meses en el Mercado. ¿Es cierto eso o no? Gracias a mí, algunas de ésas viven mejor que tú y que yo, carajo.

LA CHUNGA
No es por santurrona que no quiero ser tu socia. Ellas no me dan pena. Si fueron tan idiotas de hacerte caso, se merecen su suerte.

JOSEFINO
No me gusta cómo me estás hablando, Chunga. He venido en son de paz, a proponerte un buen negocio. Y tú me insultas. ¿Y si me enojo? ¿Sabes lo que podría

pasar si me enojara? ¿O crees que una marimacho como tú puede resistirme a mí? *(A medida que habla, se va encolerizando.)* La verdad es que ya me tienes harto con esas maneritas de dueña del mundo, de creída, de concha de su madre, que te das conmigo. ¡Basta, carajo! Voy a escarmentarte, a ponerte en tu sitio. Hace rato que te la estás buscando. A mí ninguna mujer, y mucho menos una marimacho, me va a tratar por sobre el hombro. *(Saca su navaja y amenaza a la Chunga, como si ésta siguiera frente a él. Pero, en verdad, la Chunga se ha desplazado discretamente junto a Meche. Ambas observan a Josefino, que sigue hablando, amenazando, a una Chunga invisible.)* ¿Y ahora, marimacho? ¿Tienes miedo, no es cierto? ¿Te orinas de miedo, no? Vas a ver cómo trato a las chúcaras. Nada me gusta tanto como que una hembra se me ponga chúcara. Eso me arrecha, para que lo sepas. ¡De rodillas, carajo! Obedece, si no quieres que te haga un crucigrama en la cara. ¡De rodillas he dicho! ¿Te crees mucho porque tienes esta pocilga de porquería? ¿Por los cuatro reales que has ahorrado explotando a los cojudos que venimos a consumir tus cervezas, pese a ser tan antipática? ¿Tú crees que no sé quién eres? ¿Tú crees que todo Piura no sabe que naciste en la Casa Verde, carajo?

Entre las putas, el agua de ruda y los caches. Quieta ahí, siga usted de rodillas, o la corto en pedacitos, so mierda. Eso es lo que eres tú, Chunga. Una hija de la Casa Verde, es decir, una hija de puta. No vengas a darte humos conmigo, que sé muy bien de dónde sales. Y ahora, chupa. Chupa o mueres, mierda. Obedece a tu macho. Chupa. Despacio y con cariño. Aprende a ser mi puta *(Un buen rato, mima la escena, sudando, temblando, acariciado por la invisible Chunga.)* Ahora, trágate eso que tienes en la boca. Es mi regalo de cumpleaños. *(Lanza una risita, ya aplacado y hasta un poco aburrido.)* Dicen que es bueno para el cutis, jajá. ¿Te asustaste? ¿Creíste que te iba a matar? Qué sonsa eres. Yo no soy capaz de matar a una mujer; en el fondo, yo soy un caballero, Chunguita. Yo respeto al sexo débil. Es un juego, ¿ves? Eso me la para y así me doy gusto. ¿Tú no tienes tus truquitos, también? Cuando entremos más en confianza, me los dirás, y yo te daré gusto. No soy uno de esos que creen que la mujer no debe darse gusto, que si le enseñas a irse terminará metiéndote cuernos. Eso es lo que creen José y el Mono, por ejemplo. Yo no, yo soy justo. La hembra también tiene derecho, ¿por qué no, pues? ¿Hacemos las paces, Chunguita? No seas rencorosa. Amistemos. Choquemos esos cinco, como dicen los churres. *(La Chunga se ha materializado de nuevo junto a Josefino.)* ¿Te animas a que hagamos ese negocio? Nos haríamos ricos, te juro.

LA CHUNGA
No nos haríamos ricos. Quizá ganaríamos más de lo que yo gano. Pero es seguro que yo saldría perdiendo. Tú me harías sentir, tarde o temprano, que eres el más fuerte, como ahorita. Y donde te discutiera, sacarías tu chaveta, tus puños, tus patadas. Terminarías ganando. Prefiero morirme pobre que hacerme rica contigo.

JOSEFINO
(Yendo a reunirse con los otros inconquistables, en la mesa de juego.) Qué brutas pueden ser las mujeres, Dios mío...

X. FIN DE FIESTA

Larga pausa entre Meche y la Chunga, mientras observan a Josefino bajar la escalerilla, ocupar otra vez su sitio.

MECHE

Dime, Chunga, ¿me podría ir ya? No tarda en amanecer. Deben ser como las seis, ¿no?

LA CHUNGA

Sí, te puedes ir. ¿No quieres dormir un poco, antes?

MECHE

Si no te importa, preferiría irme.

LA CHUNGA

No me importa.

Bajan juntas la escalerita y avanzan hacia la salida. Se detienen a la altura de la mecedora. Los inconquistables se han acabado las cervezas y juegan, bostezando, sin ver a las dos mujeres.

MECHE

(Dudando un poco.) Si quieres que venga otra vez, a quedarme aquí contigo, en la noche quiero decir...

LA CHUNGA

Claro que me gustaría que pasáramos juntas otra noche.

MECHE

Bueno, no hay problema. A mí no me importa, Chunga. Más bien...

LA CHUNGA

Espera, déjame terminar. Me gustaría, pero no quiero. Ni que vengas a pasar otra noche conmigo, ni que vuelvas por acá.

MECHE

¿Pero por qué, Chunga? ¿Qué he hecho?

LA CHUNGA

(La mira un momento, muda, y, luego, le coge la cara, como otras veces.) Porque eres muy bonita. Porque me gustas y porque has conseguido que me compadezca de ti, de tu suerte. Eso, para mí, es tan peligroso como enamorarme, Meche. Ya te lo he dicho. No puedo distraerme. Perdería la guerra. Así que no quiero verte nunca más aquí.

MECHE

No entiendo lo que dices, Chunga.

LA CHUNGA

Ya sé que no entiendes. No importa.

MECHE

¿Te has enojado conmigo por algo?

LA CHUNGA
No, no me he enojado por nada. *(Le alcanza un dinero.)* Toma. Es un regalo. Para ti, no para Josefino. No se lo des, ni le digas que te lo he dado.

MECHE
(Confundida.) No, no le diré nada. *(Se esconde el dinero en la ropa.)* Me da vergüenza recibir tu plata. Me hace sentir...

LA CHUNGA
¿Una puta? Bueno, anda acostumbrándote, por si trabajas en la Casa Verde. En fin... ¿Sabes lo que vas a hacer con tu vida? *(Meche va a responder, pero la Chunga le tapa la boca.)* No me lo digas. No quiero saberlo. Si te vas de Piura o te quedas, es cosa tuya. No me cuentes. Esta noche he querido ayudarte, pero mañana será otro día. No estarás aquí y todo será diferente. Si te vas y me dices dónde, y a mí Josefino me pone la chaveta aquí, terminaré diciéndole todo. Ya te he dicho que no quiero perder la guerra. Y, si me matan, ya no hay más guerra. Anda, piensa, decídete y haz lo que te parezca. Pero, sobre todo, si te vas, nunca se te ocurra decirme ni escribirme ni hacerme saber dónde estás. ¿Bueno?

MECHE
Bueno, Chunga. Chau, entonces.

LA CHUNGA
Chau, Meche. Buena suerte.

Meche sale de la casa. La Chunga regresa a sentarse en su mecedora. Queda en la misma postura en que estaba al levantarse el telón, al principio de la obra. Se oyen las voces de los inconquistables, bajo el humo de sus cigarrillos. Larga pausa.

LA CHUNGA
(Enérgica.) ¡Ahora, sí! Me pagan y se van. Voy a cerrar.

EL MONO
Siquiera cinco minutitos más, Chunga.

LA CHUNGA
Ni un segundo más. Se van ahora mismo, he dicho. Tengo sueño.

LITUMA
(Poniéndose de pie.) Yo también tengo sueño. Y, además, ya me pelaron hasta el último cobre.

JOSÉ
Sí, vámonos de una vez, la noche se ha puesto triste.

EL MONO
Pero, antes, el himno de despedida, inconquistables.

EL MONO, JOSÉ, LITUMA Y JOSEFINO
(Cantan, con aburrida voz de fin de fiesta.)
Somos los inconquistables
Que no quieren trabajar:
Sólo chupar, sólo vagar,

Sólo cachar.
Somos los inconquistables
Y ahora vamos a partir:
¡Adiós, Chunguita!

Se levantan, se dirigen hacia la mecedora. La Chunga se pone de pie, para recibir el dinero de las cervezas. Se lo alcanzan, entre todos. La Chunga los acompaña hasta la puerta.

JOSÉ
(Antes de cruzar el umbral, como repitiendo un rito.) ¿Mañana me cuentas lo que pasó esa vez con Mechita, Chunga?

LA CHUNGA
(Cerrándole la puerta en las narices.) Que te lo cuente la que ya sabes.

Afuera, los inconquistables se ríen, festejando la grosería. La Chunga asegura la puerta con una tranca. Va y apaga la lámpara de querosene que pendía sobre la mesa donde jugaban los inconquistables. Con aire soñoliento, sube a su cuartito. Sus gestos denotan gran fatiga. Se deja caer en la cama, quitándose apenas las sandalias.

VOZ DE LA CHUNGA
Hasta mañana, Mechita.

TELÓN

EL LOCO DE LOS BALCONES

A Ricardo Blume

PERSONAJES

PROFESOR ALDO BRUNELLI, anciano
ILEANA, su hija
INGENIERO CÁNEPA
DIEGO, su hijo
UN BORRACHO
DOCTOR ASDRÚBAL QUIJANO
TEÓFILO HUAMANI
Los cruzados:
DOÑA ENRIQUETA, DOÑA ROSA MARÍA, RICARDO y PANCHÍN

EL VIEJO ESPLENDOR

EL RÍMAC, en la Lima de los años cincuenta.

El barrio, corazón de la vida virreinal en el siglo XVIII, es ahora un distrito popular, de viejas casas convertidas en tugurios y conventillos que parecen hormigueros. Hay cantinas violentas, llenas de borrachos y gentes de mal vivir, y placitas recoletas y desmoronadas donde cuchichean las beatas y dormitan mendigos que huelen a pis. Las esquinas hierven de vagos y los faroles han sido pulverizados por pedradas de palomillas. Entre el presente de muros leprosos y fachadas descoloridas, aceras rotas y techos a medio encofrar, asoman, aquí y allá, huellas del extinto esplendor: iglesitas cuarteadas por los temblores, de altares churriguerescos; ventanas de hierro forjado; balcones con celosías; torrecillas moriscas; calles de piedras sin desbastar y esqueletos de mansiones convertidas en mercados, pensiones o comisarías cuyos huertos han degenerado en descampado y muladar.

El Rímac es un barrio forajido, ruinoso, mosquiento, promiscuo, muy vital. En sus arrabales se confinaron los esclavos libertos en el siglo XIX y fue, entonces, famoso —como, antes, por sus palacios, carrozas, alamedas y conventos— por sus fiestas de ritmos africanos, sus brujerías y supersticiones, sus hábitos morados, sus procesiones, sus orgías, sus duelos a cuchillo, sus serenatas y sus lenocinios. Aquí nació el criollismo y la mitología pasadista de Lima. Y, también, el vals criollo de guitarra, palmas y cajón; la *replana*, esotérica jerga local, la variante zamba de la marinera y la lisura, en sus dos acepciones de palabra malsonante y gracia de mujer.

Al Rímac vienen todavía, huyendo de la respetabilidad, los burgueses de la otra orilla del río hablador, a pasarse una noche de rompe y raja con morenos y mulatas. Cantan valses de la guardia vieja, bailan marineras, beben mulitas de pisco, pulsan la guitarra y tocan el cajón. En octubre, durante la feria, los domingos y otros días de corrida, no sólo la plaza de Acho, todo el barrio recobra por unas horas su protagonismo y tradición.

Ahora es el amanecer y el Rímac duerme, en una oscuridad tranquila, interrumpida por maullidos de gatos rijosos. Humedece el aire esa lluviecita invisible de Lima, la garúa.

Mal alumbrado por el farol de la esquina, dando prestancia a un muro encanallado de inscripciones, hay un balcón. En él, entregado a extrañas manipulaciones, se divisa a un viejecillo enteco y ágil, vestido a la manera de otros tiempos.

Al fondo de la calle, andando despacio para no perder el equilibrio, aparece la silueta de un borracho.

Se acerca, canturreando.

EL LOCO DE LOS BALCONES

I. AL PIE DE UN BALCÓN MUDÉJAR

BORRACHO

¡Ayayayay! ¡Caaanta y no llooores! Porque, cantaaando... Jesús, qué es esto. ¡Los diablos azules! Pero si sólo nos tomamos una botellita con mis primos. ¿O serían las mezclas de cerveza y pisco? Me habían dicho que uno ve ratas y cucarachas y esto parece más bien un viejito. Oiga, usted no es una pesadilla sino un cristiano de carne y hueso, ¿cierto?

PROFESOR BRUNELLI

Buenas noches, amigo.

BORRACHO

¿Qué busca trepado en ese balcón, se puede saber? Esas travesuras se hacen de muchacho, no a sus años. Usted está subido ahí, ¿no? ¿O son los diablos azules?

PROFESOR BRUNELLI

Es una percepción exacta de la realidad. Estoy en la barandilla de este balcón, efectivamente. Trepé aquí sin ayuda de nadie.

BORRACHO

Estará usted más borracho que yo, entonces.

PROFESOR BRUNELLI

El último trago que tomé fue una copita de Chianti Classico, un vinito de mi tierra, hace la friolera de cuarenta años. Desde entonces, sólo agua y jugos de fruta.

BORRACHO

¿Se puede saber qué hace ahí? ¿Para qué amarra esa soga? No me diga que se va a robar a una muchacha, descolgándose con ella en sus brazos.

PROFESOR BRUNELLI

Ya veo que ha leído *Romeo y Julieta*.

BORRACHO

Leído, no. Vi la película. *(Pausa.)* Ese balcón estará comido por las polillas. Ahorita se viene abajo y quedará usted como mazamorra, don.

PROFESOR BRUNELLI

Es fuerte como una roca, a pesar de los doscientos diecisiete años que acaba de cumplir. De madera de cedro, traída a Lima desde Nicaragua. Nos puede resistir a los dos juntos. ¿Quiere hacer la prueba?

BORRACHO

Ni de a vainas. Estaré borracho pero de tonto no tengo un pelo. ¿Tiene doscientos diecisiete años ese vejestorio?

PROFESOR BRUNELLI

Y algunos meses, aunque no podría precisar cuántos. El modelo vino de Sevilla. Del taller del maestro Santiago de Olivares y Girondo, cuyos dibujantes diseñaron la mayoría de balcones coloniales de Lima. Y los de Arequipa, Trujillo, Ayacucho, Huancavelica, Cusco y Cajamarca. Pero, permítame aclararle algo, amigo.

BORRACHO

Diga, nomás.

PROFESOR BRUNELLI

Aunque los planos venían de allá, usted buscaría en vano, en Sevilla o en toda Andalucía, un balcón parecido a éste.

BORRACHO

¿Está burlándose de mí? ¿A qué viene ese discurso?

PROFESOR BRUNELLI

A que este balcón, aunque concebido en España, es más peruano que usted y más limeño que santa Rosa de Lima. ¿Se da cuenta?

BORRACHO

Usted parece más loco de lo que creí. ¿De qué tendría que darme cuenta?

PROFESOR BRUNELLI

De que lo esencial no fueron los planos, ni los arquitectos sevillanos, sino los ejecutantes. Los carpinteros, los ebanistas, los talladores de aquí. Ellos lo crearon, con sus manos, con su espíritu y, sobre todo, con su amor.

BORRACHO

Debo tener diablos azules, sí. Son las cinco de la mañana, hay neblina, no queda un perro suelto en las calles. Y usted, trepado en ese balcón ¡hablando del espíritu de los carpinteros!

PROFESOR BRUNELLI

Los esclavos africanos y los artesanos indios que cortaron, labraron, pulieron y clavaron estas maderas en el XVII, en el XVIII, en el XIX, volcaron en ellas lo mejor que tenían. Y su espíritu quedó impregnado en las tablas.

BORRACHO

(Tratando de hacer un chiste para disimular su confusión.) ¿Impregnado como el olor a pipí que me quedó en el cuerpo de esa cantina muerta de hambre a la que me arrastraron mis primos?

PROFESOR BRUNELLI

Probablemente, ni se daban cuenta. No advertían que, al materializar esos dibujos sevillanos, los alteraban. Cambiándoles el semblante y la personalidad.

BORRACHO

¡Jajajá! ¡El semblante y la personalidad de los balcones! Esto se pone chistoso, don.

PROFESOR BRUNELLI

Infundiéndoles una vida propia.

BORRACHO

¿Los balcones, una vida propia?

PROFESOR BRUNELLI

Quien tiene ojos para ver, lo puede ver. Yo lo veo. Cuando descubro los mensajes que los peruanos de entonces nos dejaron en estas tablas, me parece dialogar con ellos. Verlos, estrecharles la mano.

BORRACHO

¡Ya sé! Usted es un rosacruz. Conocí a uno, hace tiempo. Veía mensajes en las nubes, en las piedras. Se las pasaba hablando con las almas. ¿Es usted un rosacruz, don?

PROFESOR BRUNELLI

Soy profesor de historia del arte. Y he dado, también, clases de italiano.

BORRACHO

Bueno, bueno, siga con su cantaleta. ¿Qué mensaje dejaron esos fulanos en los balcones?

PROFESOR BRUNELLI

Su cultura. Lo hicieron con tanta astucia que sus amos no se dieron cuenta. No lo habrían permitido. Y, mucho menos, los inquisidores, si hubieran adivinado que en estos balcones quedaban huellas de las idolatrías que creían haber extirpado.

BORRACHO
Me está dando usted todo un sermón. ¿Y para qué amarra ahí esa soga, se puede saber?

PROFESOR BRUNELLI
¿Un sermón? No, una charla. Di decenas, en colegios, iglesias, clubs, casas particulares. Enseñando a la gente que el pasado es tan importante como el futuro, para un país. Decenas de decenas. Mis oyentes solían quedarse como usted. Cierre la boca, amigo, no se vaya a tragar una mosca.

BORRACHO
La verdad es que ando despistado, don. ¿Es usted sabio o le falta un tornillo? Yo sólo veo unas tablas despintadas, llenas de telarañas.

PROFESOR BRUNELLI
Hay que mirar a los balcones con el mismo amor con que fueron fabricados. Entonces, las yemas de los dedos, acariciando su superficie, identifican las creencias de sus constructores. Los peces y las conchas que insinuaron los artesanos del litoral. Las escamas de serpientes, los colmillos de pumas, los espolones y picos de cóndores que incrustaron en sus pilastras y dinteles los ebanistas de la sierra. Los cuernos, medialunas, soles radiantes, estelas, tótems que escondieron en sus molduras los esclavos nostálgicos del África.

BORRACHO
¿Hay todas esas cosas en los balcones cochambrosos de Lima?

PROFESOR BRUNELLI
Sugeridas, aludidas. Basta un poco de sensibilidad para notarlo. ¿No se han ganado por ello el derecho a la existencia?

BORRACHO
Por qué grita, abuelo.

PROFESOR BRUNELLI
¿No tenemos la obligación de defenderlos? ¿De atajar a esos especuladores sin cultura y sin moral que quieren destruirlos?

BORRACHO
Vaya, ahora me riñe. ¿Yo qué le hice, caballero?

PROFESOR BRUNELLI
Me exalté un poco. Le pido disculpas.

BORRACHO
¿Sabe que habla como si los balcones fueran personas?

PROFESOR BRUNELLI
Están vivos. Ni más ni menos que usted y yo.

BORRACHO
¿Me puede decir ahora qué amarra ahí? No estará pensando en ahorcarse, ¿no?

PROFESOR BRUNELLI
No se preocupe por mí.

BORRACHO
¿No tiene frío ahí arriba? Un catarro a sus años podría ser fatal, don.

PROFESOR BRUNELLI
Estoy bien abrigado, gracias.

BORRACHO
Yo, en cambio, me muero de frío y de sueño. Así que, a casita, a enfrentarse a la Gertrudis. ¿Puedo hacer algo por usted?

PROFESOR BRUNELLI
Nada, gracias. Pero por este balcón y sus hermanos, puede. Alertar la conciencia pública. Explicar que destruirlos es una traición a esos ancestros que, desde el fondo de los siglos, nos miran y nos juzgan. Hágale ese servicio a su país, amigo.

BORRACHO
No quiero que me tiren piedras ni que me pongan una camisa de fuerza. Un consejo, antes de irme. No se ahorque. A pesar de todo, la vida vale la pena. Se lo dice alguien con el que esta ciudad de mierda ha sido muy ingrata. Y, sin embargo, aquí estoy, sacando el pecho y dando la pelea. Adiós, don.

Se aleja, con andar vacilante, en el amanecer todavía sin luz. En el tenue silbido del viento se insinúa el estribillo del Himno de los Balcones. Sus compases y algunos ladridos de perros madrugadores quedan como música de fondo, mientras el profesor Brunelli, distraído un momento del nudo que hace en la soga, fantasea, recuerda y dialoga con una ciudad fantasma.

II. LA LIMA QUE SE FUE

PROFESOR BRUNELLI

Lima, Lima, ¿has sido también ingrata conmigo? Sí, pues me voy de tus calles más pobre de lo que llegué. Se terminó el noviazgo, putanilla. Cuarenta y pico de años. Quedas libre de ir a corromperte por ahí con gentes como el doctor-doctor Asdrúbal Quijano o el ingeniero Cánepa. Te comprarán abrigos de concreto armado, joyas de plexiglás, vestidos de acero y sombreros de vidrio esmerilado. ¡Pobre de ti! ¡La Ciudad de los Reyes! Así te llamaban cuando el joven Brunelli desembarcó en el puerto del Callao, hambriento de exotismo. ¡Lima, la morisca! ¡Lima, la sevillana! ¡Lima, la sensual! ¡Lima, la andaluza! ¡Lima, la mística! Coqueterías de putanilla para seducir al joven florentino enamorado del arte y de la Historia. Eras la capital de una república, pero la vida colonial seguía viva. Cómo te deslumbraba ese pasado que era aquí presente, Aldo Brunelli. Cuando iba a dar mis clases a las niñas de sociedad, todo me maravillaba de ti. ¡Qué espectáculo! Las calles trazadas a cordel, por los conquistadores. Los adoquines pulidos por las herraduras de las bestias. Los aguateros y afiladores pregonando sus servicios y los párrocos llevando la extremaunción, entre campanillas y sahumerios, a los moribundos del barrio. ¡Adónde viniste a parar, Aldo Brunelli! Era octubre. Allí pasaban los negros y mulatos, vestidos de morado, en la procesión del Señor de los Milagros, o bebiendo y zapateando como en una saturnal. Fue un amor a primera vista, putanilla. A pesar de lo maltratada que estás, todavía te amo. Aún pienso en ti como en mi novia. «A lo único que le tengo celos es a Lima», decía mi pobre mujer, que en paz descanse. Ni a ti ni a Ileana les di la vida que se merecían, esposa, es verdad. ¡Ileana, hijita querida! Ahora recibirás tu recompensa por tantas privaciones. ¿Te alegra que nuestra hija se haya casado con ese muchacho, esposa? Claro que te alegra. A mí también, te lo juro. «Pero, Aldo, ¿me quieres explicar qué le ves a Lima?» «Le veo el alma, amor mío.» Anticuada, pintoresca, multicolor, promiscua, excéntrica, miserable, suntuosa, pestilente. Así eres, putanilla. Mi mujer no podía entender que tú y yo fuéramos novios. Ileana tampoco, por lo visto. Pero a ti y a mí nos daba lo mismo que ellas no lo entendieran, ¿cierto? Nos hemos llevado bien. Pronto hubiéramos cumplido nuestras bodas de oro. Te están matando a poquitos y yo ya no estaré aquí para entonar los responsos. Hasta he contribuido a tu desaparición, buena amiga. Hice lo que tenía que hacer. Tú lo apruebas, lo sé. ¡Adiós, iglesias barrocas cargadas de exvotos! ¡Adiós, conventos de osarios macabros y huertos fragantes! Parecías haber escapado a la usura del tiempo, por una distracción divina. Pero ya llegaron los ingenieros Cánepas con sus escuadras y sus plomadas a incrustarte en la cronología. Tú no fuiste ingrata conmigo, putanilla. Me has dado lo mejor que tenías. Tu garúa, la lluvia que no es lluvia. Tu neblina, la niebla que no es niebla. Tus teatinas, ni techos ni ventanas sino techos-ventanas. Tus zaguanes donde retumba la Historia. Y tus balcones, tan amados. No me guardas rencor, ¿verdad, putanilla? Hubiera sido peor que cayeran en manos de los ingenieros Cánepas de este mundo, ¿no es cierto? Ah, los ingenieros Cánepas...

En su recuerdo se materializa una escena no lejana, de incalculables consecuencias. A los pies del balcón se ilumina el despacho, lleno de planos y maquetas, del ingeniero Cánepa. Y allí está, también, Diego. Padre e hijo miran asombrados al inesperado y resuelto visitante que tienen al frente.

III. MAGIA, MISTERIO, RATAS Y ELECTRICIDAD

INGENIERO CÁNEPA
¿De balcones, dice usted?

PROFESOR BRUNELLI
Sí, ingeniero Cánepa, eso digo.

INGENIERO CÁNEPA
¿De eso viene a hablarme?

PROFESOR BRUNELLI
Ellos dan a Lima un sello de distinción y originalidad entre todas las ciudades del mundo. Esos balcones que usted se ha empeñado en echar abajo con sus bulldozers, monstruos que parecen salidos de una pesadilla de Hieronymus Bosch. Pero, claro, usted no sabrá quién es El Bosco.

INGENIERO CÁNEPA
En cambio, sé quién es usted. ¡Por supuesto! Usted es...

PROFESOR BRUNELLI
El loco de los balcones. En efecto, señor demoledor. Usted y yo seremos siempre enemigos. Pero lo cortés no quita lo valiente. Profesor Aldo Brunelli, a sus órdenes.

INGENIERO CÁNEPA
Mucho gusto. Éste es Diego, mi hijo. Otro demoledor en ciernes, pues acaba de recibirse de arquitecto.

PROFESOR BRUNELLI
Hola, joven.

DIEGO
Encantado, profesor.

INGENIERO CÁNEPA
Mi hijo es uno de sus admiradores. Lo cree un Quijote moderno.

DIEGO
¿Le vas a decir lo que tú piensas de él, papá?

INGENIERO CÁNEPA
Claro que sí. Yo le decía a Diego que usted no es un idealista sino un romántico.

PROFESOR BRUNELLI
¿Es incompatible ser idealista y romántico?

INGENIERO CÁNEPA
En mi opinión, sí. Un idealista quiere cambiar las cosas para mejor, perfeccionar la vida, elevar la condición de los hombres y de la sociedad. Yo soy un idealista, profesor. Un romántico es un iluso. Un soñador retorcido e impráctico, que sueña imposibles, como erigir casas en las nubes. Las casas se construyen en la tierra firme, profesor Brunelli.

PROFESOR BRUNELLI

Los balcones están en el aire, cerca de las nubes.

INGENIERO CÁNEPA

Me gusta que tenga sentido del humor. Yo también tomo las cosas con alegría. Bien, ya lo ve, aquí no nos sobra el tiempo. ¿Puedo saber el motivo de su visita?

PROFESOR BRUNELLI

Lo sabe de sobra: la casa de la calle de Espaderos. Una de las pocas sobrevivientes del XVII. Por esa mansión que usted ha comenzado a pulverizar pasaron virreyes, oidores, arzobispos, magistrados. Y parece que en ella escondieron sus amores el libertador Simón Bolívar y una mulata vivandera.

INGENIERO CÁNEPA

¡Pasaron, tuvieron! Tiempo pretérito. Ahora, esa mansión es un cuchitril subdividido con tabiques y esteras. Sin agua y sin luz. Donde los inquilinos se disputan el espacio con ratas y cucarachas. ¿Ha venido a pedirme que no eche abajo ese monumento a la mugre?

PROFESOR BRUNELLI

He venido a pedirle compasión para sus dos balcones. Están bien conservados. La celosía del que mira al poniente se halla intacta. Y la del otro, aunque dañada, se puede restaurar. Destruirlos sería un crimen de lesa cultura. No puede hacer semejante cosa a la ciudad que lo vio nacer.

INGENIERO CÁNEPA
Le voy a hacer un bien. Un edificio de doce pisos, moderno e higiénico. Donde los limeños vivirán y trabajarán en condiciones decentes, como hombres y mujeres del siglo XX. Su cruzada es simpática, lo admito. Pero usted no puede exigir que, por unos cuantos balcones, Lima renuncie al progreso.

PROFESOR BRUNELLI
Sólo le pido que no cometa un suicidio histórico. ¿No estamos rodeados de desiertos por el norte y el sur? Erupcione esos arenales de rascacielos. ¿Por qué levantar sus edificios precisamente donde, para construir el futuro, tiene que borrar trescientos años de pasado? Usted y sus colegas están robándole el alma a Lima. Matando su magia, su misterio.

INGENIERO CÁNEPA
Estamos dotándola de electricidad, de agua potable, de desagües. De viviendas y oficinas para esos limeños que se multiplican como conejos. Para vivir, se necesitan cosas concretas, profesor. De magias y misterios no vive nadie. Ya sé que no lo voy a convencer. Sepa, pues, que tengo todos los permisos. Municipales y ministeriales. Y el visto bueno de la Dirección de Preservación del Patrimonio Artístico y Monumentos Históricos.

PROFESOR BRUNELLI
¡La Dirección de Preservación del Patrimonio Artístico y Monumentos Históricos! Tamaño nombre para ese cubil de burócratas. ¿Le digo cuánto le costó el permiso?

Conozco las tarifas del doctor-doctor Asdrúbal Quijano, historiador y arqueólogo que, bien remunerado, autorizaría la demolición de la catedral de Lima.

INGENIERO CÁNEPA

No sea tan severo. También los arqueólogos y los historiadores deben alimentarse y el Estado paga mal. Bueno, mucho gusto de haberle conocido, profesor.

PROFESOR BRUNELLI

No me voy todavía. Ya veo que he fracasado en mis exhortaciones. Hablemos de negocios, entonces.

INGENIERO CÁNEPA

¿De negocios?

PROFESOR BRUNELLI

¿Cuánto quiere por esos balcones? Véndamelos.

INGENIERO CÁNEPA

Son suyos. Se los regalo. ¿Qué va a hacer con ellos?

PROFESOR BRUNELLI

Por lo pronto, salvarles la vida. Después, restaurarlos de las inclemencias del tiempo y de los bárbaros. Luego, ya se verá.

INGENIERO CÁNEPA

¿Sabe que, aunque sus ideas me parecen anacrónicas, eso que hace me impresiona? A lo mejor tengo un alma romántica yo también.

PROFESOR BRUNELLI

Entonces, hágame el favor completo. ¿No podría, uno de los monstruos rodantes de su empresa, llevarme los balcones a mi corralón, en el Rímac?

DIEGO

Se los llevaré yo mismo, profesor. Le prometo descolgarlos de la fachada sin que sufran un rasguño.

INGENIERO CÁNEPA

¿Tiene usted un cementerio de balcones, allá, en el Rímac?

Pero el profesor Brunelli ya no lo escucha. Desconectado del recuerdo, sumido de nuevo en su monólogo, ha emprendido el retorno al viejo balcón.

PROFESOR BRUNELLI

(Escalando ágilmente el muro, volviendo a manipular la soga.) Cementerio de balcones, cementerio de ilusiones, de sueños, de esperanzas. ¿No, Ileana?

INGENIERO CÁNEPA

(Hablando a un invisible interlocutor, con voz que se desvanece al igual que su persona y su despacho, en las sombras del olvido.) Eso sí, profesor Brunelli. Nos estamos despidiendo como amigos, ¿verdad? Entonces, no se le ocurra organizarme una manifestación con cartelitos, en la obra de Espaderos. Mi compañía tiene un plazo y no puedo permitir interrupciones, porque me multan. Si sus viejitas y sus

niños románticos vienen a molestar, mis obreros los correrán a palos. Por lo demás, muy amigos, y aquí me tiene para lo que se le ofrezca.

El derredor se ilumina con una luz de mediodía, veraniega. Aparece el cementerio de los balcones, donde el profesor Brunelli ha ido acumulando los objetos antiguos que rescata. Los balcones se apiñan, unos sobre otros, en increíble desorden. Hay varias decenas, de todos los estilos y épocas, en distinto estado de conservación. Un grupo de señoras y jóvenes se afana entre los balcones, limpiándolos, barnizándolos y clasificándolos, en un ambiente risueño y entusiasta. En un rincón del descampado, medio aplastada entre los trastos, se divisa la modesta casita donde vive el profesor con su hija Ileana. Desde lo alto del balcón rimense en el que ha decidido ahorcarse, el profesor Brunelli contempla el espectáculo, en su memoria, enternecido: ahí está Ileana, recibiendo a Diego Cánepa, que llega al descampado trayendo los dos balcones de la calle de Espaderos.

PROFESOR BRUNELLI

¡Adiós, viejitas! ¡Adiós, doña Enriqueta Santos de Lozano, alma noble, colaboradora eximia! ¡Adiós, doña Rosa María de Sepúlveda, matrona generosa, de la casta de las santas y las heroínas! ¡Adiós, caro Ricardo! ¡Adiós, queridísimo Panchín! Románticos como ustedes hicieron Machu Picchu y el Taj Mahal, los Uffizi y el Louvre. ¡Adiós, Ileana Brunelli, flor inocente cuya juventud sacrifiqué sin darme cuenta!

Parece que fuera a ponerse la soga en el cuello. Pero lo que ocurre a sus pies, en el cementerio de los balcones, captura su atención. Curioso, entretenido, observa.

IV. EL CEMENTERIO DE LOS BALCONES

ILEANA
Eres Diego Cánepa, ¿no?

DIEGO
Hola. Traigo estos balcones para el profesor Brunelli.

ILEANA
Los de la calle de Espaderos. Mi papá me había prevenido. *(A los cargadores.)* Pónganlos donde encuentren un hueco. *(A Diego.)* Soy Ileana, la hija del profesor. Mi papá volverá ahorita.

DIEGO
Mucho gusto.

ILEANA
Despierta, vuelve a la tierra.

DIEGO
Es que nunca me hubiera imaginado un lugar así, en este barrio. Como el escenario de un cuento de hadas.

ILEANA
De brujas, dirás.

DIEGO

Bueno, tal vez. Todos esos balcones y amontonados de esa manera. Una ciudad de fantasmas, una pesadilla gótica. No sé con qué compararlo, la verdad. ¿Cuántos balcones hay aquí?

ILEANA

Setenta y seis. Setenta y ocho, con los que acabas de traer. Todo está tan desordenado por la falta de espacio. Ya no caben, tenemos que ponerlos unos sobre otros. Nos han ido acorralando. Apenas podemos respirar mi papá y yo, en ese rinconcito.

DIEGO

¿Ustedes viven aquí?

ILEANA

En el Rímac no sólo hay negros y cholos. También blancos muertos de hambre, como nosotros.

DIEGO

Era una simple pregunta. ¡Setenta y ocho balcones! Parece mentira. ¡Todo el virreinato! Trescientos años de historia en un corralón de Bajo el Puente.

PROFESOR BRUNELLI

(Reflexionando, dentro del recuerdo.) Cuatrocientos. Había, también, balcones republicanos de principios, de mediados y de finales del XIX. Hubiera podido ser el museo más original del mundo. «Cuatro siglos de Lima a través

de sus balcones.» No se te ocurrió, mi querido Diego, a ti que se te ocurrían tantas cosas.

DIEGO

¿Y esos muchachos y esas señoras?

ILEANA

Son los cruzados.

DIEGO

Caramba.

ILEANA

A mi padre le gustan las grandes palabras y los símbolos, como buen italiano. Tiene un sentido operático de la vida.

DIEGO

Eso parece: un decorado de ópera. Vaya, encontré la comparación que buscaba. ¿Eres italiana, también?

ILEANA

No, yo soy limeña. Como mi mamá.

DIEGO

¿También tiene ella la pasión de los balcones?

ILEANA

Murió cuando yo era de este tamañito. No la conocí, en realidad. Sólo por fotos. Y por una carta. Me la escribió cuando sintió que se moría, para que la leyera de grande. Pidiéndome que ayudara a mi papá. «Un hombre tan bueno pero sin ningún sentido práctico», me decía. Eso es lo que soy: el ancla de mi padre en este mundo. Sin mí, empezaría a levitar y desaparecería entre las nubes, de puro bueno que es.

DIEGO
Lo vi apenas un minuto, pero me bastó para saber que era un ser íntegro. ¿Y qué hacen los cruzados?

ILEANA
Ya lo ves: trabajan. O, como diría mi padre...

PROFESOR BRUNELLI
¡Libran la batalla de la cultura! ¡Quiebran lanzas por el ideal!

ILEANA
Porque los demoledores son sólo parte del problema. También quieren acabar con ellos las polillas y la humedad. Los curamos con un preparado de alcohol y alcanfor que mata los bichos sin dañar la madera y los barnizados con una cera que los proteja contra la corrosión.

DIEGO
Como a bebitos con resfrío, ni más ni menos. Una gota en cada agujerito. En ese balcón, que parece un colador, la pobre señora se va a tardar un año.

ILEANA

Somos apenas un puñado. No llegamos a veinte, cuando vienen todos, lo que ocurre rara vez.

DIEGO

(Bajando la voz.) ¿Todos voluntarios? Quiero decir...

ILEANA

¿Crees que podemos pagar sueldos? Lo que gana mi papá, y los pocos donativos, se van en rescatar esos balcones de las manos de los atilas.

DIEGO

¡Los atilas! ¿Así lo llaman a mi viejo?

PROFESOR BRUNELLI

No todos eran tan generosos como el ingeniero Cánepa, lo admito. Los otros no nos regalaban los balcones. Había que comprárselos, regateando centavo a centavo. ¡Adiós, fenicios insensibles!

ILEANA

¿No te llama la atención que entre los cruzados sólo haya viejas y jovencitos?

DIEGO

Ya lo sabía. He visto fotos de las manifestaciones que hacen ustedes, cuando van a tumbar una casa antigua.

ILEANA

Mi padre dice que, en este país, el idealismo sólo se da en la primera y la tercera edad. Y que a nuestra generación el egoísmo no la deja ver más allá de sus narices.

PROFESOR BRUNELLI

¡Más allá de sus carteras, más bien!

DIEGO

Bueno, tú eres la excepción a la regla. La que salva el honor de la gente de nuestra edad.

ILEANA

Como hija del profesor Aldo Brunelli, qué me queda. Estoy condenada a ser idealista.

DIEGO

¿Sabes que estoy conmovido? Con todo esto, quiero decir. Con tu padre, sobre todo. Eso se llama tener convicciones, principios. Puede ser una quimera, pero lo que ustedes hacen es admirable.

ILEANA

Vaya, vaya. ¿No será que el hijo del atila número uno de la Lima antigua es también un idealista?

DIEGO

¿Podría echarles una mano en mis ratos libres?

ILEANA

De mil amores. Necesitamos voluntarios. Porque, además de curarlos y barnizarlos, hay que estudiarlos, clasificarlos, fotografiarlos. Y escudriñarlos milímetro a milímetro, pues cada uno de ellos es...

PROFESOR BRUNELLI E ILEANA

(A coro.) ¡Un cofre de tesoros! ¡Un arca de maravillas! ¡De enseñanzas, de sugerencias, de reminiscencias y perfumes históricos!

DIEGO

No parece que lo creyeras. Lo dices como burlándote.

ILEANA

¡Te equivocas! Yo creo todo lo que cree mi padre. Muchos piensan que está chocho. ¿No le han puesto los periódicos «El loco de los balcones»? En realidad, es el hombre más lúcido y más cuerdo, además del más generoso que hay en esta ciudad. ¿Es de veras, lo de venir a ayudarnos?

DIEGO

Me gustaría mucho.

V. LOS CRUZADOS

El profesor Brunelli, como a pesar de sí mismo, es atraído por lo que ocurre. Suelta la soga, desciende del balcón, se desliza entre los cruzados.

ILEANA
Magnífico, Diego. ¡Muchachos, señoras! Otro voluntario para la cruzada. Les presento a Diego Cánepa. ¡Un aplauso de bienvenida! *(Los cruzados se aproximan a los dos jóvenes, con un rumor entusiasta. Hay exclamaciones –¡Bravo! ¡Bienvenido!– y un prolongado aplauso.)* Aquí llega mi papá. Se va a llevar una sorpresa. ¡Hola, papá! Mira quién está aquí. Diego Cánepa, hijo del que ya sabes.

DIEGO
El atila número uno... Cómo está, profesor.

ILEANA
Trajo los dos balcones de Espaderos... Y, cáete de espaldas, va a trabajar con nosotros como voluntario. ¡Qué te parece!

PROFESOR BRUNELLI
Estupendo, Ileana. Deme esa mano, Diego. Ya me pareció ver en sus ojos un brillo inteligente, de hombre sensible. ¿Así que nos ayudará? Es una buena noticia. Compensa en algo la mala que les traigo.

Los cruzados lo rodean, inquietos.

DOÑA ENRIQUETA
¿La casa del Corsario, la de la calle de la Pelota?

PROFESOR BRUNELLI
Sí, doña Enriqueta.

DOÑA ROSA MARÍA
La echarán abajo, ¿entonces?

PROFESOR BRUNELLI
La Dirección de Preservación del Patrimonio Artístico y Monumentos Históricos autorizó la demolición. Con los pretextos de siempre.

VI. EL DESPOTISMO ILUSTRADO

En un rincón del escenario aparece, detrás de su escritorio, la cara iracunda del doctor Asdrúbal Quijano, jefe de la Dirección de Preservación del Patrimonio Artístico y Monumentos Históricos.

DOCTOR QUIJANO
Estado ruinoso. Techos agujereados y podridos por la humedad. Vigas carcomidas por polillas y roídas por roedores. Entretechos ocupados por murciélagos. Suelos desembaldosados por los ladrones. Paredes desajustadas por los temblores y descascaradas por el tiempo y la incuria. Puertas y ventanas desaparecidas y sustituidas por cartones. Cañerías y desagües inexistentes. Tragaluces tapiados por nidos de gorriones y madejas de telarañas. Ventilación nula. Pestilencia y putrefacción. Aguas servidas, alimañas volantes y reptantes en pasillos y habitaciones. Salvo el baño: porque no lo hay, ni nada que se le parezca, ni siquiera una simple letrina o pozo higiénico. Ése es el colmenar de inmundicias y aberraciones arquitectónicas por cuyo anacronismo usted se interesa. Que, además, y para terminar, se halla en peligro inminente de desmoronarse y aplastar a los inquilinos. ¿Está usted satisfecho, señor Brunelli?

PROFESOR BRUNELLI
(Se ha ido acercando al escritorio del burócrata, imantado por su voz.) Todos esos argumentos son falsos, señor direc-

tor. Exageraciones y distorsiones para engañar a la opinión pública.

DOCTOR QUIJANO

¿Se atreve usted a llamarme, a mí, Asdrúbal Quijano, director de Preservación del Patrimonio Artístico y Monumentos Históricos, un falsario?

PROFESOR BRUNELLI

Y también un insensible a la Historia.

DOCTOR QUIJANO

Si no fuera por sus canas, le respondería como es debido. Tengo dos doctorados, para que se entere. Uno en arqueología y otro en ciencias sociales. A propósito, ¿tiene usted algún título académico?

PROFESOR BRUNELLI

Sólo el bachillerato. Pero, no me cambie de tema. En esa casa que está entregando a los demoledores, pasó una noche el corsario Morgan, luego de arrasar el puerto del Callao y la ciudad de Lima.

DOCTOR QUIJANO

¿Y quiere que gastemos los escasos recursos del Estado en conservar una pocilga de tuberculosos porque en ella durmió un pirata asesino y truhán, depredador de bienes muebles e inmuebles y espanto de todas las vírgenes del continente austral? Se nota que es usted un extranjero sin patria, ciego y sordo a los intereses del país que le brinda hospitalidad.

PROFESOR BRUNELLI
En esa casa de la calle de la Pelota vivió también el Pico della Mirandola peruano: don Pedro de Peralta y Barnuevo, comediógrafo, erudito, filósofo, políglota y poeta. Sus huesos deben crujir de indignación oyendo sus historicidios, doctor-doctor.

DOCTOR QUIJANO
Que crujan. Estoy demasiado preocupado por los vivos, para perder mi tiempo con los muertos. Y tengo mi conciencia tan limpia como el agua de nuestros manantiales serranos. ¿Puede usted decir lo mismo, bachiller?

PROFESOR BRUNELLI
Esa casa se menciona en varias crónicas coloniales. En el siglo XVIII tuvo un pequeño escenario, donde la Perricholi, amante del virrey Amat, representó muchas comedias. Se debe restaurar, convertir en un teatrín de cámara.

DOCTOR QUIJANO
¡Contésteme lo que le he preguntado! ¿Tiene usted la conciencia tan nívea y transparente como la tengo yo?

PROFESOR BRUNELLI
He venido a que hablemos de la casa del Corsario, no a comparar nuestras conciencias. Doctor-doctor.

DOCTOR QUIJANO
¿Está usted asustado, bachiller?

PROFESOR BRUNELLI
Nunca lo he estado en mi vida. ¿De qué lo estaría?

DOCTOR QUIJANO
De su pasado. De estas preguntas: ¿Quién es usted? ¿De dónde vino? ¿Por qué llegó hasta aquí? ¿Huyendo de quién, de qué?

PROFESOR BRUNELLI
De nada ni de nadie. Me embarqué hacia esta tierra por espíritu de aventura. El nombre del Perú se asociaba en mi imaginación juvenil con lo fabuloso y lo mítico. No con burócratas prevaricadores.

DOCTOR QUIJANO
¿Huyendo de la policía, a lo mejor? ¿O de los tribunales de justicia? ¿De algún Comité de Depuración, tal vez? ¿No figurará el apellido Brunelli en los archivos de la magistratura italiana mezclado a hechos de sangre? ¿A estafas? ¿A proezas mafiosas? Basta que yo mueva el dedo meñique para que los diarios que controlamos conviertan esas suposiciones en verdades axiomáticas. Ríase. Yo sé que tras esa risa se oculta el pánico.

PROFESOR BRUNELLI
Me río de sus tácticas intimidatorias, doctor-doctor. No tengo prontuario alguno. Ninguna amenaza me va a callar ni poner fin a mi campaña en defensa del patrimonio de este país, que quiero como mío. Eso lo sabe usted muy bien.

DOCTOR QUIJANO

Yo sé que es usted un expatriado. Un inmigrante. Un sujeto sin títulos. Un apátrida. Un revoltoso. Un decrépito. Un atrabiliario. Que está aquí gracias a la benevolencia de nuestro gobierno. Al que sus intromisiones en los asuntos públicos comienzan a irritar.

PROFESOR BRUNELLI

Yo no me meto con el gobierno. Yo sólo irrito a los funcionarios que no cumplen con su deber. Usted y yo tendríamos que ser aliados, no enemigos. ¿No se da cuenta?

DOCTOR QUIJANO

Su permiso de residencia es temporal y puede ser revocado en cualquier momento. Aténgase a las consecuencias de sus chocheras, bachiller Brunelli.

PROFESOR BRUNELLI

¿Cuánto le pagaron esta vez los atilas por la casa del Corsario?

DOCTOR QUIJANO

Moveré cielo y tierra para que sea expulsado del Perú, de manera ignominiosa. Por indeseable. Por escupir en la mano que le ha dado de comer todos estos años. ¡Fuera de aquí!

PROFESOR BRUNELLI

¡Director de Preservación del Patrimonio Artístico y Monumentos Históricos! ¿No se le cae la cara al oír este título? ¡Doctor usurpador! ¡Doctor impostor!

DOCTOR QUIJANO
(Avanzando hacia él en forma amenazadora.) ¡Fuera de aquí, he dicho! ¡Viejo payaso! ¡Fuera, bachiche! ¡Fuera, apátrida! ¡Fuera, extranjero! ¡Te prohíbo que vuelvas a ensuciar mi despacho con tu ridícula presencia!

La cara exasperada y el cuerpo trémulo del doctor Quijano se borran en la sombra. El profesor Brunelli se junta otra vez con los cruzados.

VII. LOS CRUZADOS

RICARDO SANTURCE
¿No se puede apelar al Ministerio?

PROFESOR BRUNELLI
El Ministerio ya dio su visto bueno, Ricardo. Legalmente, no hay nada que hacer. A menos de un milagro, la casa del Corsario será demolida.

DOÑA ENRIQUETA
¿Y nos vamos a quedar con los brazos cruzados?

DOÑA ROSA MARÍA
¿Vamos a ser cómplices de una nueva puñalada contra la pobre vieja Lima?

PROFESOR BRUNELLI
(Reponiéndose, dándose ánimos.) Por supuesto que no. Vamos a salir a la calle. Con nuestros carteles. A aullar como los perros a la luna, hasta que los sordos escuchen y los ciegos vean. ¡Ea, amigos, ahora mismo! ¡Ea, de una vez! ¡Los carteles! ¡El himno! ¡A la casa del Corsario! Denunciemos el crimen. Que el pueblo dé su veredicto. ¡Ea, ea, a la calle! ¡A desfilar!

VIII. EL DESFILE

Una explosión de alegría sumerge sus palabras. Azuzándose mutuamente con exclamaciones de ¡vamos!, los cruzados enarbolan carteles y se lanzan a la calle. Diego Cánepa, contagiado, se suma a ellos. Desfilan por los pasillos y recovecos del teatro, mudados en las callecitas de la vieja Lima. Por sobre el tráfago callejero y los ronquidos y bocinas de los automóviles, vibrantes, míticas, resuenan las notas de su himno.

LOS CRUZADOS

¡Los balcones
son la historia,
la memoria
y la gloria
de nuestra ciudad!
Son las voces del ayer
que nos piden
—día y noche,
noche y día—
conservar nuestra ciudad.

ILEANA

Canta, Diego, canta.

DIEGO

Es que no sé la letra. A ver, cómo es.

LOS CRUZADOS

¡Los balcones
son la historia,
la memoria
y la gloria
de nuestra ciudad!
Son los sueños
que debemos
realizar.
Los ideales
que tenemos
que encarnar.
Ellos vienen
de muy lejos:
de la India
y de Egipto
y de Córdoba
y Granada
y de Esmirna
y de Bagdad.
Pero son
pero son
pero son
más limeños
que la niebla,
la garúa,
santa Rosa,
y san Martín.

PROFESOR BRUNELLI
(Discreto, distraído, se va apartando de los cruzados y vuelve a encaramarse en el balcón del Rímac.) Cuántos desfiles tratando de despertar la conciencia de los apáticos y de los indiferentes. En todas las calles del centro quedó sentada nuestra protesta contra los urbanicidios y los historicidios. ¿De qué sirvió? Fuimos unos ingenuos y unos ciegos. Nos creíamos la chispa que movilizaría a los generosos, a los buenos, a los sensibles y a los idealistas, contra la barbarie. En verdad, fuimos un grupito de extravagantes que, de cuando en cuando, entretenía un rato a los transeúntes.

LOS CRUZADOS
¡Los balcones
son la historia,
la memoria
y la gloria
de nuestra ciudad!
Los balcones
tienen gracia
—fantasía, poesía—
y misterio
de conjuro
y de adulterio
y alegría
de función
de carnaval.

DIEGO
Si mi padre me viera desfilando aquí con ustedes...

ILEANA

¿Te desheredaría?

DIEGO

Diría que he confirmado una de sus predicciones. La de tener un corazón bohemio, impráctico. De chico me decía el nefelibata.

ILEANA

¿Qué es eso?

DIEGO

El que anda por las nubes. Es lo que estoy haciendo ahora con ustedes, ¿no?

DOÑA ENRIQUETA

¿Y no es lindo, acaso, andar por las nubes? Me llamo Enriqueta Santos de Lozano. Tengo setenta y un años pero un corazón de chiquilla desde que formo parte de los cruzados del profesor Brunelli. Mucho gusto, Diego, y bienvenido a la buena causa.

DIEGO

Gracias, señora.

PROFESOR BRUNELLI

No todos se reían de nosotros, cuando manifestábamos ante las casas condenadas. Algunos nos aplaudían, nos animaban. En el fondo, estaban con la cruzada, pero el escepticismo y la abulia prevalecían. ¡Adiós, incautos! ¡Adiós, limeños perezosos!

LOS CRUZADOS
¡Los balcones
son la historia,
la memoria
y la gloria
de nuestra ciudad!
Son altares
de ilusión.
¡Un balcón
es una rosa!
Miradores
de esperanzas.
Y crisoles
de culturas
y de razas
y de tiempos.
¡Un balcón
es un gorrión!
¡Es una niña!
¡Es un varón!

ILEANA
Todas esas viejitas andan enamoradas de mi padre. Ahora, se enamorarán de ti.

DIEGO
¿Siempre dices las cosas así, con un poquito de ácido?

PANCHÍN

Choca esos cinco, Diego. Soy Francisco Andrade, pero me dicen Panchín. El próximo año terminaré el colegio. Antes dedicaba mi tiempo libre a los boy scouts. Pero esto es más divertido. Qué bueno que seas de los nuestros. Ah, y ojalá seamos amigos.

DIEGO

Ya lo somos, Panchín.

PROFESOR BRUNELLI

¡Adiós, falsos modernistas! ¡Adiós, ávidos! ¡Adiós, balconicidas sin moral ni corazón!

LOS CRUZADOS

¡Los balcones
son la historia,
la memoria
y la gloria
de nuestra ciudad!
Los balcones
nos vigilan
y nos juzgan.
Nos animan
a soñar.
Nos ayudan
a vivir.
Los balcones
son el tiempo:
el pasado
en el presente

y el porvenir.
¡Los balcones
no pueden morir!
¡No deben morir!
¡No van a morir!

ILEANA

¿Te parece que hablo con amargura?

DIEGO

Sí, a veces. ¿Te importa que te lo diga?

ILEANA

No, no me importa.

DIEGO

A lo mejor es por mí. ¿Te caigo antipático?

ILEANA

No me caes antipático. Tu papá, sí, pese a que nunca le he visto la cara.

DIEGO

El atila número uno.

ILEANA

Donde pone el ojo, cae un balcón.

DIEGO

Y surge un edificio o una vivienda moderna. Ésa es la otra cara de la moneda.

ILEANA
Si tu padre supiera cuánto hace sufrir al mío cada vez que sus bulldozers arremeten contra las viejas casas. Me lo imagino frío, calculador, interesado en amasar mucho dinero. ¿Es así?

DOÑA ROSA MARÍA
Permíteme estrecharte la mano, Diego. Soy Rosa María de Sepúlveda y te tuteo porque podría ser tu abuela, a quien, por lo demás, conocí mucho. Por la cruzada he renunciado a mis juegos de canasta, pero lo hago feliz, porque, si París vale una misa, Lima vale un balcón.

DIEGO
Mucho gusto, doña Rosa María.

ILEANA
¿Es el ingeniero Cánepa como me lo imagino?

DIEGO
Insensible a la historia y al arte, tal vez lo sea. Pero no se trata de un mercader sin escrúpulos, ni mucho menos. También quiere a Lima, a su manera. Le horroriza verla tan arruinada y miserable. La quisiera próspera, limpia, flamante, llena de edificios modernos y avenidas relucientes. Es un constructor, en todo el sentido de la palabra. Le gusta ganar dinero, por supuesto. Pero se lo gana trabajando.

ILEANA
Derribando casas antiguas.

DIEGO

Sólo cuando están tan decrépitas que, a su juicio, no tienen compostura. Él piensa que el país carece de medios para reconstruir esas ruinas. Que nuestros pocos recursos deben emplearse en hacer esta ciudad más vivible para los limeños de hoy y de mañana.

RICARDO SANTURCE

Encantado de que estés con nosotros, Diego. Ricardo Santurce, a tus órdenes. Estudio en la Escuela de Arte de la Católica. Me gusta mucho la fotografía. He fotografiado todos los balcones de Lima que quedan en pie. Cuando quieras ver mis fotos, te las enseño.

DIEGO

Gracias, Ricardo.

LOS CRUZADOS

Son antiguos
y modernos.
Son hispanos
y son árabes
y son indios
e indostanos
y africanos.
Son peruanos
y limeños
y limeños
y limeños.
¡Y los vamos

a salvar!
¡Y los vamos
a salvar!
¡A salvar!
¡A salvar!
¡Los balcones
son la historia,
la memoria
y la gloria
de nuestra ciudad!

ILEANA
Bueno, ya está, ya eres de la familia. ¡Diego Cánepa, cruzado de los balcones! Qué bien suena.

DIEGO
Si fuera vanidoso creería que estás coqueteando conmigo, Ileana Brunelli.

ILEANA
A lo mejor lo estoy haciendo, Diego Cánepa, cruzado de los balcones, jajajá.

Las voces de los jóvenes se pierden, al igual que las notas del himno. La oscuridad creciente sumerge el cementerio de los balcones, la vieja Lima. Sólo queda visible el balcón del Rímac, en la húmeda madrugada, con el profesor Brunelli trepado en él, acariciando la soga con la que piensa ahorcarse.

IX. FANÁTICOS

PROFESOR BRUNELLI

El romance debió comenzar ese primer día que se vieron. Mientras desfilábamos hacia la casa del Corsario (que en paz descanse). Sería también un amor a primera vista. Como el nuestro, putanilla. Me alegro, desde luego. Ileana es una magnífica chica y Diego un buen muchacho. Ella lo quiere, por más que dijera lo que me dijo. Espero que se lleven bien y sean muy felices. *(Como segregado por la memoria del profesor Brunelli, la silueta de Teófilo Huamani se perfila al pie del balcón.)* Pensaba lo mismo cuando enamorabas a mi hija, Teófilo Huamani. Tú no lo creíste nunca, ya lo sé. Se te había metido en la cabeza que te indisponía con Ileana. ¡Falso de toda falsedad! Siempre estuviste equivocado, Teófilo Huamani. Nunca pedí a Ileana que rompiera contigo. Más bien lo lamenté, cuando ocurrió. Te tenía simpatía, pese a nuestras desavenencias. Tus ideas iconoclastas y tu furor me asustaban, cierto. Pero me parecías un joven puro. Cómo te alegraría verme en este balcón, con una soga al cuello.

TEÓFILO HUAMANI

No me alegraría. Tampoco me apenaría, profesor Brunelli. Simplemente, tomaría nota del hecho. Ha sido usted derrotado. Se lo advertí, en nuestra última charla. No se puede remar contra la Historia, detener la marcha del camarada Cronos. Los que lo intentan se hacen trizas. Eso le ha pasado a usted. Vencido por declarar una guerra perdida de antemano. Lo ocurrido tenía que ocurrir.

PROFESOR BRUNELLI
Qué extraordinaria seguridad. Es algo que siempre he envidiado en gente como tú. La certeza de tener a la Historia de su lado. En cambio, yo he vivido perplejo ante lo que iría a pasar. ¿Sabes a quién me recordabas? A un paisano mío, del siglo XV. Él creía de su parte al cielo, a la verdad divina. Hubiera quemado todos los cuadros y los libros y los palacios de Florencia si lo hubieran dejado, pues los consideraba un obstáculo para la salvación de los florentinos. A él lo quemaron, más bien. No creo que a ti te quemen, como a ese frailecillo fanático. Pero mucho me temo que mueras fusilado o asesinado, Teófilo Huamani.

TEÓFILO HUAMANI
Usted no debería hablar de fanáticos, profesor.

PROFESOR BRUNELLI
¿Por qué no debería?

TEÓFILO HUAMANI
Porque usted es la encarnación del fanático. Más todavía que su paisano Savonarola o que yo. Haga un examen de conciencia, ahora que nadie lo ve ni lo oye, ahora que está solo ante su Dios. Porque usted cree en Dios, me imagino.

PROFESOR BRUNELLI
Sí, creo en Dios. Mejor dicho, creo que creo en Dios. Ni siquiera de eso estoy totalmente seguro, figúrate.

TEÓFILO HUAMANI
Entonces, ahora que está solo ante este balcón, su tótem, su ídolo. ¿Es o no es un fanático?

PROFESOR BRUNELLI
No lo sé. Espero que no.

TEÓFILO HUAMANI
En un momento así, un hombre tiene la obligación de ser honesto consigo mismo. ¿Es usted un fanático, a su manera, sí o no?

PROFESOR BRUNELLI
Bueno, a mi manera, tal vez lo sea.

TEÓFILO HUAMANI
Claro que lo es. ¿Se lo digo por qué?

PROFESOR BRUNELLI
¿Por qué lo soy?

TEÓFILO HUAMANI
Por su escala de valores pervertida. En ella, la primera prioridad han sido unos balcones enmohecidos. En vez de cosas mucho más importantes.

PROFESOR BRUNELLI

¿Cuáles, por ejemplo?

TEÓFILO HUAMANI

Su hija, por ejemplo.

PROFESOR BRUNELLI

Ileana...

TEÓFILO HUAMANI

Reconozca que la sacrificó a un sueño: esas limeñas del siglo XVIII, tapadas con mantillas, espiando a sus galanes detrás de unas celosías. ¿La sacrificó por ese espejismo, sí o no?

PROFESOR BRUNELLI

No fue mi intención.

TEÓFILO HUAMANI

Importan los resultados, no las intenciones, profesor. El precio de su capricho por esas tablas podridas fue la infelicidad de su hija.

PROFESOR BRUNELLI

Siempre creí que Ileana compartía mi amor y mi angustia por los balcones de Lima. Siempre la vi tan entregada, tan entusiasta...

TEÓFILO HUAMANI

Usted no le dejó escapatoria. La obligó a seguirlo, mediante un chantaje moral. Sabiendo muy bien que, en su fuero íntimo, Ileana nunca creyó en esa causa perdida.

PROFESOR BRUNELLI
No, no lo sabía.

TEÓFILO HUAMANI
Lo sabía. Yo se lo dije. Confiésese la verdad, profesor.

PROFESOR BRUNELLI
Sí, me lo dijiste.

Baja la cabeza, apesadumbrado. Pero, un momento después, lo atrae la presencia, en el cementerio de balcones, de Ileana y Diego, que están saludándose.

X. COQUETERÍAS

ILEANA
Felicitaciones, señor articulista.

DIEGO
Ah, leíste mi artículo.

ILEANA
Dos veces. Una, en voz alta, para mi papá. Quedó conmovido con lo que dices de él.

DIEGO
Es lo que pienso. Los peruanos y, sobre todo, los limeños, debemos estarle eternamente agradecidos. El profesor Brunelli es un héroe civil.

ILEANA
A mí no tienes que convencerme.

DIEGO
Ya lo sé. Aunque a veces...

ILEANA
¿A veces, qué?

DIEGO
A veces no estoy seguro de qué piensas sobre estos balcones. Sobre nada, en realidad.

ILEANA
O sea que te parezco... misteriosa.

DIEGO
Todo lo dices de esa manerita medio burlona, medio irónica. Nunca sé a qué atenerme contigo, Ileana.

ILEANA
¿No estaré haciéndome la enigmática para que te enamores de mí?

DIEGO
Tú sabrás.

PROFESOR BRUNELLI
(Divertido con sus recuerdos.) Tan coqueta como su madre. Así me fuiste tendiendo la trampa, esposa. Con jueguitos idénticos a los de tu hija. Y, como caí yo, caerás tú también, incauto Diego.

ILEANA
¿Qué dijo el atila número uno de tu artículo? ¿Que te habías pasado al enemigo?

DIEGO
Me dijo: «¿Sabes que estoy celoso, Diego? Me gustaría que sintieras por mí la admiración que tienes al viejito romántico de los balcones». A propósito, ¿no está el profesor? Le traigo un proyecto.

ILEANA

No tardará. Ha ido con doña Enriqueta y doña Rosa María a ver al señor de la plazuela de San Agustín, para que nos venda el balcón. Van a demoler la casa en cualquier momento, pues ya sacaron a los inquilinos.

DIEGO

¡Otra más! Habrá que hacer algo, entonces.

ILEANA

¿Una manifestación?

DIEGO

Por ejemplo.

ILEANA

No sirven de nada.

DIEGO

Claro que sirven. Hacemos bulla, se habla del asunto y alguna gente abre los ojos.

ILEANA

Has aprendido la lección. Y, como mi papá, no aceptas la evidencia.

DIEGO

¿Cuál es la evidencia?

ILEANA

Que nuestras manifestaciones no hacen ninguna bulla. Ya nadie habla de ellas. Al principio, sí. Era algo pintoresco. El viejo profesor y su coleta de excéntricos, desfilando y cantando por unos balcones. Divertía a la gente. Ya no. Ya no es novedad.

DIEGO

No te desmoralices, Ileana. Así no se ganan las guerras.

ILEANA

Ésta la hemos perdido. Y, si no, mira el campo de batalla, sembrado de cadáveres. ¿Ha habido, acaso, un solo artículo sobre las últimas manifestaciones?

DIEGO

El mío, en *El Comercio*.

ILEANA

Es verdad. Bueno, no debí hablarte así. Olvídate, por favor.

DIEGO

¡Fttt! Borrado y olvidado. ¿Te puedo decir una cosa?

ILEANA

Me puedes decir dos y hasta tres.

DIEGO

Sin que te burles.

ILEANA

¿Qué cosa?

DIEGO

Que eres muy bonita.

ILEANA

Ya está, ya me lo dijiste.

DIEGO

Y que, hoy, estás más bonita que otros días.

ILEANA

¿Algo más?

DIEGO

Que me gustas mucho. No necesitas hacerte la misteriosa. Porque ya me he enamorado de ti.

ILEANA

No, no me beses.

DIEGO

Está bien, perdona. ¿Te has enojado?

ILEANA

No quiero hablar de eso ahora. No creo que estés enamorado de mí. Tú te has enamorado de éstos, más bien.

DIEGO

También de ellos. Pero no del mismo modo. A los balcones no sueño con besarlos, ni con...

ILEANA

¿Podemos cambiar de tema?

DIEGO

Déjame preguntarte algo, entonces. ¿Por qué estás así? Tan abatida. ¿Ha pasado algo?

ILEANA

Ya me cansé, creo. Para ti, para doña Enriqueta, o doña Rosa María, o los chiquilines, ésta es una aventura de un día por semana, de una tarde al mes. ¡Convertir en realidad los sueños del profesor Brunelli! Para mí, es la vida de todos los días. Después de barnizarlos, curarlos, matarles las polillas, ustedes se van. Yo me quedo en este corralón. En este barrio.

DIEGO

Lo comprendo, Ileana. Es un gran sacrificio para ti. Y para el profesor.

ILEANA

Él tiene sus compensaciones. Es preferible una vejez como la suya, ¿no?, llena de excitación, combatiendo por algo en lo que cree, a la de un jubilado que no sabe qué hacerse con su tiempo, salvo esperar la muerte. Vivir pobremente para él no es problema, pues, como dice, siempre fue pobre. En realidad, mi padre está pasando una vejez feliz.

PROFESOR BRUNELLI
(Iniciando el descenso del balcón.) No sospechaba que con ello te hacía daño, hijita. Que una vejez feliz para mí significaba, para ti, una juventud desdichada.

DIEGO
A ver si te levanto un poco el ánimo, Ileana.

ILEANA
¿Cómo?

DIEGO
Con mi proyecto. Lo he pensado y repensado y creo que tendrá éxito. Una gran campaña para darles unos padres a estos huérfanos. Una campaña titulada: «¡Adopte un balcón!».

PROFESOR BRUNELLI
(Integrándose al diálogo de los jóvenes.) ¡Magnífico, Diego! ¡Una gran idea! Bravísimo. Claro que tendrá éxito, los limeños la apoyarán. «¡Adopte un balcón!» Cómo no se le ocurrió a nadie hasta ahora.

DIEGO
Debemos planearlo todo con mucha maña, profesor. Lanzar una moda. Que adoptar un balcón dé prestigio social. Si llega a surgir una competencia entre la gente acomodada, entre las empresas, a ver quién adopta más balcones para que hablen de ellos en las páginas sociales, la victoria es nuestra.

PROFESOR BRUNELLI

(Entusiasmado.) Sí, sí. Que se lleven todos los balcones que hemos salvado. Que los restauren, que los resuciten en casas y oficinas. Que Lima vuelva a ser la ciudad de los balcones, como la llamó el barón de Humboldt.

DIEGO

En vez de cobrar por los balcones adoptados, haremos un pacto. Por cada balcón que se lleven de aquí, los padres adoptivos se comprometen a rescatar algún balcón amenazado del centro de Lima.

PROFESOR BRUNELLI

¡Mataremos dos pájaros de un tiro!

ILEANA

¿Quedarán bien los balcones coloniales en las construcciones modernas?

DIEGO

En edificios de vidrio o en rascacielos de concreto armado, no. Pero en otro tipo de viviendas, por supuesto.

PROFESOR BRUNELLI

Basta que un arquitecto de talento, con imaginación, diseñe unos modelos que incorporen estos balcones de una manera funcional. Entonces, la gente comprenderá que, además de bellos, pueden ser utilísimos.

DIEGO
He hecho algunos proyectos. Tengo una maqueta terminada. No se olvide que soy arquitecto, profesor. Le gustará.

PROFESOR BRUNELLI
Seguro que sí, Diego. Cada uno de estos balcones está embebido de las aventuras, los secretos, las tragedias de esta ciudad a lo largo de tres siglos. Quienes los adopten harán algo más que decorar con ellos sus viviendas. Fundarán una genealogía. Tenderán un puente espiritual con los limeños de ayer y los de antes de ayer. Esa continuidad es la civilización. Qué hermoso sería ver a estos balcones encaramarse de nuevo sobre las paredes de Lima, otear otra vez desde lo alto la vida y milagros de la ciudad. ¿No, Ileana?

ILEANA
Sí, papá.

Una melodía melancólica, sutil, que evoca tiempos idos y una existencia irreal, baña el ambiente. El lugar se ha ido recubriendo de una luminosidad fantástica. Las voces de los personajes se transforman también, a medida que fantasean y se divierten, jugando a resucitar balcones.

XI. LA FANTASÍA DE LOS BALCONES

DIEGO

Ya estoy viendo a éste, rejuvenecido, reluciente, con sus celosías rehechas y sus travesaños reforzados. ¿Dónde lo veo? En una casa de Barranco. Domina un jardín con floripondios, madreselvas y crotos. Acaba de empezar su segunda vida. ¿Se imagina cómo fue la primera, profesor?

PROFESOR BRUNELLI

Estaba junto a la parroquia de la Buena Muerte. Detrás de sus maderas olorosas a naranja, veo una muchacha tan linda como Ileana, tímida y soñadora, destinada por sus padres al convento. Está escribiendo. ¿Qué escribe? ¡Una carta de amor, en endecasílabos rimados! ¿Y a quién? Al poeta de moda en todo el mundo hispánico. ¿Quién es esa muchacha? Pues Amarilis, la misteriosa amante de Lope de Vega.

Diego e Ileana aplauden.

DIEGO

A este pobrecito, tan viejito, lleno de lunares y jorobas, lo veo enderezarse y ponerse de pie, como un ave fénix, como un lázaro. Ahora parece uno de esos viejos espléndidos e inmortales de las pinturas de Rembrandt. Sobrevuela olímpicamente un patio de adoquines y un jardincillo seco, de arenilla y piedra, como el de un monasterio budista zen. Ha iniciado una nueva existencia. En los locales de una compañía minera, nada menos. ¿Quién puede decirme cómo fue su existencia anterior? ¿Tú, Ileana?

ILEANA
Nació en la alameda de los Descalzos, en el taller de unos carpinteros mulatos, famosos en el barrio por su manera frenética de bailar el candomblé. Durante dos siglos vio desfilar a sus pies las carrozas de los virreyes y las andas de las procesiones. El más ilustre de sus dueños fue un inquisidor, que, sentado en él, tomando el fresco de la tarde, escribió con una pluma de ganso la sentencia de muerte por fuego de cinco herejes limeños.

El profesor y Diego aplauden.

PROFESOR BRUNELLI
A éste, ni aristocrático ni plebeyo, de una mansión de medianías, allá por la plaza del Cercado, lo veo ahora desafiando al mar, en una casa de Magdalena. En los amaneceres con neblina, los pescadores lo tomarán por el mascarón de proa de uno de los veleros del corsario Morgan que vino a naufragar en los acantilados limeños. ¿Será muy distinta su vida de la que tuvo en el pasado?

DIEGO
Muy distinta. Porque ahora verá la espuma de las olas, el vuelo de las gaviotas y oirá el chillido de los pelí-

canos. En el siglo XIX, en cambio, oyó pasar, reventando tiros, a todas las montoneras de las guerras civiles. Y un caudillo de opereta, uniformado de paño rojo, arengó a sus secuaces trepado en su baranda.

ILEANA

A éste, tan pequeñito y desvalido que parece de juguete —nos costó sólo diez soles, ¿te acuerdas, papá?—, lo veo en una guardería de niños, en uno de esos barrios nuevos que están surgiendo allá por La Molina. Hay a su alrededor sauces, laureles, ficus, un estanque con peces, pasto con trampolines, subibajas y columpios. Los niños brincan y se oyen silbatos. El balconcito mira y escucha esa vida joven, aturdido y feliz.

PROFESOR BRUNELLI

En su primera edad no conoció nada de eso. Se hallaba en un convento de clausura y sólo veía hábitos talares y caperuzas cenicientas. Cuando llamaban a recreo, el celador, escondido entre sus tablas, espiaba a los novicios, a ver si todos respetaban la consigna de estricto silencio.

ILEANA
¿Y a éste, tan enorme, dónde lo ves, Diego?

DIEGO
En la fachada de una Facultad de Derecho. ¿No tiene, con todos esos laberínticos adornos y tortuosos labrados, algo de forense, de jurídico, de procesal?

ILEANA

Tienes razón. Pues, mira, has hecho que se me fuera el abatimiento. Ahora, tengo ganas de reír. De cantar, de bailar.

El profesor, discretamente, se retira hacia su balcón. Los jóvenes siguen jugando, olvidados de él.

DIEGO

Sigamos, entonces. ¿En qué muro empotramos a éste?

ILEANA

En un prostíbulo, naturalmente. ¿No ves sus curvas exageradas, esos bultos voluptuosos que exhibe con tanta desvergüenza?

DIEGO

No es de extrañar. En el siglo XVIII adornaba la casa peor afamada de Lima. A su sombra, una alcahueta sin escrúpulos negoció la virtud de muchas doncellas. Y, también, la de respetables matronas de la mejor sociedad.

ILEANA

Con éste me quedaré yo. Es mi engreído. Yo misma lo limpio, lo vacuno, lo barnizo, y, cuando nadie nos ve, le cuento mis secretos. Porque yo lo descubrí, abandonado en un muladar del Puente del Ejército. Lo traje aquí, lo limpié y mira cómo quedó. ¿No te gusta?

DIEGO

Sí. Y también me gustas tú, Ileana.

ILEANA

No es muy antiguo, parece. Republicano, de mediados del XIX, según mi papá. A mí me impresiona por su sobriedad. Por esa elegancia austera que tiene, sobre todo de perfil. Y el airecillo arrogante con que mira el mundo.

DIEGO

Se parece a ti. A mí también me impresiona tu sobriedad, tu elegancia austera y tu airecillo arrogante.

ILEANA

¿De veras estás enamorado de mí?

DIEGO

De veras.

ILEANA

¿Más que de estos balcones?

DIEGO

Más.

ILEANA

Puedes seguir enamorado también de ellos. No les tengo celos.

DIEGO

¿Eres celosa?

ILEANA

Un poquito.

DIEGO
¿Ahora sí te puedo besar?

ILEANA
Ahora sí.

XII. DESERCIONES

Mientras se besan, la melodía se va extinguiendo y, lentamente, vuelve la luz de la realidad. Se escucha, acercándose, el cuchicheo de doña Enriqueta y doña Rosa María.

PROFESOR BRUNELLI
¿«No hay mal que por bien no venga» o «No hay bien que por mal no venga»? Nunca fui bueno para recordar refranes. En mi caso ha sido «No hay mal que por bien no venga». ¿No es verdad, putanilla? Una ley inexorable de la vida, al parecer. Cuando el romance de Ileana y Diego; cuando la campaña «Adopte un balcón», en la que pusimos tantas esperanzas, ya todo había empezado a desmoronarse.

Los jóvenes han desaparecido. La atención del profesor se concentra en las dos señoras, que conversan a sus pies.

DOÑA ENRIQUETA
¿Cómo se lo vamos a decir, Rosa María?

DOÑA ROSA MARÍA
Me muero de pena, Enriqueta. Pero tenemos que armarnos de valor y decírselo, qué remedio.

TEÓFILO HUAMANI

Va a ser una gran decepción para él. Es tan viejito, le podría dar un soponcio.

PROFESOR BRUNELLI

(Entusiasmado.) Por ahí nos íbamos en edad, mis amigas. Pero yo no me quitaba los años, como ustedes.

DOÑA ROSA MARÍA

Tenemos que hacérselo saber con mucha delicadeza. Ya se lo adelanté a Ileana.

DOÑA ENRIQUETA

¿Y cómo lo tomó?

DOÑA ROSA MARÍA

Lo comprendió. ¿Sabes el comentario que me hizo? «Si yo pudiera, haría lo mismo, doña Rosa María.»

DOÑA ENRIQUETA

¿Eso dijo Ileana?

DOÑA ROSA MARÍA

Calla, calla, ahí está.

PROFESOR BRUNELLI

Buenos días, buenos días, doña Enriqueta. ¿Se encuentra ya bien? Precisamente vengo de su casa. No sabe qué mortificado estoy por lo que le ocurrió. Cuánto lo siento, querida amiga.

DOÑA ENRIQUETA
Bah, no fue nada, profesor. Más susto que otra cosa.

DOÑA ROSA MARÍA
No digas eso, Enriqueta, no es verdad. Tiene resentida la cadera con el golpe que le dio el ladrón. Ah, si me sucede a mí no sé qué hubiera hecho. ¡Quedarme tiesa del terror!

DOÑA ENRIQUETA
Pero si soy más miedosa que tú. La verdad es que me transformé ante el peligro. Yo misma no me reconocía cuando lo estaba rasguñando.

PROFESOR BRUNELLI
¿Lo rasguñó usted al ladrón, doña Enriqueta?

DOÑA ENRIQUETA
Lo dejé sangrando, imagínese. Pobre, espero que no se le infectaran los rasguños.

PROFESOR BRUNELLI
Fue una imprudencia suya el defenderse. ¿Se llevó muchas cosas ese bandido?

DOÑA ENRIQUETA
No tenía nada de valor encima, felizmente. Nunca traigo aquí reloj, aretes ni collares. Lo justo para el taxi, porque el Rímac ya no es de fiar. La pena es que en la cartera llevaba mi san Judas Tadeo.

DOÑA ROSA MARÍA
¿Tu san Judas Tadeo? Ahora sé por qué te pusiste a trompearte con el ladrón.

DOÑA ENRIQUETA
Una estatuita muy milagrosa, profesor. Nunca me había separado de ella, desde joven. Cuando vi que se la llevaba, me dio una furia. Me le prendí y comencé a arañarlo. Hasta le dije lisuras, creo.

PROFESOR BRUNELLI
Usted diciendo palabrotas, imposible.

DOÑA ROSA MARÍA
No se fíe de las apariencias, profesor. Enriqueta le tiene mucho respeto y delante de usted no se suelta. Pero, entre amigas, nos cuenta unos chistes que nos ponen como camarones.

DOÑA ENRIQUETA
La sorpresa que se habrá llevado cuando abrió mi cartera y, en vez de plata, se encontró con mi san Judas. Bueno, a lo mejor el santo lo convierte en un hombre de bien.

PROFESOR BRUNELLI
No me sorprendería que Dios la eligiera como instrumento para redimir a un pecador, doña Enriqueta. Me siento culpable, ¿sabe? Sí, sí, le ocurrió ese mal trance por venir a ayudarme, con ese entusiasmo suyo por las buenas causas.

DOÑA ENRIQUETA
Ayudarlo en la cruzada ha sido la cosa más bonita que he hecho en la vida, profesor. Por eso, me da mucha, mucha pena decirle que no podré venir más.

PROFESOR BRUNELLI
¿Nunca más, doña Enriqueta? Claro, me doy cuenta. Después de lo que le pasó...

DOÑA ENRIQUETA
No se trata de mí, sino de mi marido. Siempre estaba advirtiéndome: «En este barrio, cualquier día te llevarás el gran susto». Ha puesto el grito en el cielo y me hizo prometer que no volvería.

DOÑA ROSA MARÍA
Tampoco yo podré volver, profesor. Se lo digo con lágrimas en los ojos, míreme. Pero mis hijos, desde que supieron lo de Enriqueta...

PROFESOR BRUNELLI
Qué le vamos a hacer, doña Rosa María. Entiendo muy bien a sus hijos. Es cierto, el Rímac se ha vuelto peligroso. Es que hay mucha pobreza. Y el alcohol, esas cantinas siempre repletas. En fin, no se preocupen. Les estoy enormemente reconocido. Y estos balcones, también. Las van a echar de menos.

DOÑA ENRIQUETA
Y yo a ellos. Mucho.

DOÑA ROSA MARÍA
Seguiremos ayudándole en lo que podamos.

DOÑA ENRIQUETA
Escribiendo cartas, haciendo colectas.

PROFESOR BRUNELLI
Por supuesto. Trabajo no va a faltar.

DOÑA ROSA MARÍA
Estamos afligidas de causarle esta pena, profesor.

PROFESOR BRUNELLI
Lo sé, doña Rosa María. No todo en la vida es de color de rosa. Hay decepciones, reveses. Lo importante es no descorazonarse y seguir luchando por lo que uno cree justo. Y la cruzada lo es.

DOÑA ENRIQUETA
Por supuesto que lo es.

DOÑA ROSA MARÍA
Hasta un ciego se daría cuenta de todo lo que usted ha hecho por Lima, profesor.

PROFESOR BRUNELLI
Entonces, éste debe ser un país de ciegos. Permítanme un pequeño desahogo. No me suelo desmoralizar fácilmente. Pero, la verdad, no comprendo por qué nuestra campaña «Adopte un balcón» no tiene el menor eco. ¡Pobrecillos! Nadie quiere adoptarlos.

DOÑA ENRIQUETA

Yo tampoco lo entiendo. He hablado por lo menos con una docena de amigas, tratando de convencerlas.

DOÑA ROSA MARÍA

Y yo con otras tantas. Ninguna se anima. Eso de poner un balcón antiguo en una casa nueva les parece una cursilería. Tendrán el gusto extraviado, pues.

PROFESOR BRUNELLI

Carecen de gusto, más bien. No se atreven a tener un gusto propio. Pero ¿y ustedes? ¡Usted, doña Rosa María! ¡Usted, doña Enriqueta! ¿No podrían dar el ejemplo? Basta que alguien se anime a hacerlo y las timoratas seguirán la corriente.

DOÑA ENRIQUETA

Ya se lo he explicado, profesor. Vivo en el décimo piso de un edificio. ¿Dónde quiere usted que ponga un balcón colonial?

DOÑA ROSA MARÍA

Yo sí podría, en mi casa. Lo intenté, créame. Hasta le elegí un sitio: mi dormitorio, mirando al jardín. Quería adoptar ése, el de las celosías que parecen un encaje. Pero mis hijos no lo consintieron. Ellos son los dueños de la casa, profesor. Para mis hijos todo lo que es viejo es feo.

Doña Enriqueta y doña Rosa María desaparecen. El profesor Brunelli se pasea, melancólico, entre los balcones.

PROFESOR BRUNELLI
No se puede obligar a nadie a cambiar de modo de pensar de la noche a la mañana, desde luego. Habrá que buscar otra manera, entonces. No teman, buenos amigos. Ya les encontraremos padres adoptivos. Han resistido terremotos, saqueos, guerras, la incuria y la ingratitud de la gente. Pese a todo, han sobrevivido. Pueden esperar un poco más, ¿no es cierto?

La presencia de su hija interrumpe su divagación.

XIII. ARTE, HISTORIA Y CALABAZAS

ILEANA
Ha venido Teófilo, papá. Quiere hablar a solas contigo.

PROFESOR BRUNELLI
Dile que pase.

ILEANA
¿Lo tratarás bien, papá?

PROFESOR BRUNELLI
Pero qué recomendación es ésa. ¿Lo he tratado mal alguna vez, acaso? Adelante, adelante, Teófilo, cómo le va.

Ileana se retira.

TEÓFILO HUAMANI
Bien, profesor Brunelli. Buenos días.

PROFESOR BRUNELLI
¿Quería usted hablar a solas conmigo?

TEÓFILO HUAMANI
Sí. Ya sé que usted no me tiene simpatía.

PROFESOR BRUNELLI
¿Y por qué se le ocurre eso?

TEÓFILO HUAMANI

Porque yo no apoyo su campaña. Porque, para mí, los balcones representan la opresión.

PROFESOR BRUNELLI

¿Se puede saber a quién o a qué oprimen estos pobres balcones?

TEÓFILO HUAMANI

Antes de que llegaran aquí los forasteros que los trajeron, en el Perú había una gran civilización, profesor.

PROFESOR BRUNELLI

La de los incas, lo sé muy bien. Y, antes, habían los chimús, los nazcas, los tiahuanacos, muchos más. A esa gran civilización inca se añadió la española, Huamani, que también era grande. Y de ambos resultó el país en el que vivimos usted y yo. Los balcones son, como los retablos de los altares, las fachadas de las iglesias o las pinturas cusqueñas, una expresión de ese matrimonio.

TEÓFILO HUAMANI

Concubinato, querrá decir. Es lo que existe entre amos y esclavos. Los balcones representan a los dueños, no a los siervos.

PROFESOR BRUNELLI

Se equivoca. En el diseño, sí, decidían los amos. Pero en la ejecución, en los adornos, las víctimas volcaron su propio mundo, de manera sutil. Esos balcones son mestizos, es decir, peruanísimos. *(Pausa.)* Cuando lo oigo hablar con esa amargura de la conquista, pienso que es usted quien vive en el pasado. Han corrido cuatro siglos, Huamani.

TEÓFILO HUAMANI

Los hijos de los conquistadores siguen despreciando a los hijos de los conquistados. Cuatrocientos años después, los abusos de la conquista continúan. Para que esto cambie, tenemos que sacudirnos de encima ese pasado. ¡Tenemos que quemar estos balcones, profesor!

PROFESOR BRUNELLI

Habría que quemar también los conventos, entonces. Las pinturas coloniales. Prohibir el castellano, la religión católica. Resucitar el culto a Viracocha, el Sol, la Luna y los sacrificios humanos. ¿Es posible eso?

TEÓFILO HUAMANI

No. Ni deseable. Pero tampoco podemos revivir el virreinato, que es lo que a usted le gustaría. Ni el incario ni la colonia. Algo nuevo, un país distinto, sin ataduras con el pasado. Por lo demás, eso de quemar fue una metáfora. No soy un incendiario.

PROFESOR BRUNELLI

Ya lo sé. Está en un error, Huamani. Preservar las obras de arte no es negarse al progreso. Un país debe avanzar apoyándose en todo lo bueno que produjo. Así se da contenido a la vida, sustento a la civilización. Eso es la cultura.

TEÓFILO HUAMANI
Para que este país progrese, hay que acabar con esa mentalidad según la cual todo tiempo pasado fue mejor. Y eso es lo que usted inculca a la gente con su campaña.

PROFESOR BRUNELLI
Lo único que quiero es que no se destruya algo bello. Yo también estoy por el progreso. Sacrificando los viejos balcones no habrá más justicia en el Perú.

TEÓFILO HUAMANI
Hay que canalizar las energías del pueblo en la buena dirección, no dilapidarlas en empresas de dudoso contenido ideológico. E, incluso, estético.

PROFESOR BRUNELLI
¿No le parecen bellos estos balcones?

TEÓFILO HUAMANI
Son imitaciones de imitaciones. Terceras, cuartas o quintas versiones de los modelos originales de El Cairo, Marrakech o de Córdoba. No puedo admirar un arte parasitario.

PROFESOR BRUNELLI
Todo nace de mezclas y tradiciones múltiples, Huamani. La originalidad consiste en integrar lo diverso, añadiéndole experiencias y matices nuevos. Ésa es la historia de estos balcones.

TEÓFILO HUAMANI
Bueno, nunca nos vamos a poner de acuerdo sobre este tema. Yo, más bien, venía a hablarle de su hija.

PROFESOR BRUNELLI
Sí, Teófilo.

TEÓFILO HUAMANI
¿Por qué se opone a que yo salga con ella? ¿Es por mis ideas? ¿O porque soy pobre?

PROFESOR BRUNELLI
Si de pobres se trata, por ahí nos vamos usted y yo. ¿Sabe cuál es todo mi capital en el mundo? Estos fantasmas que usted tanto desprecia.

TEÓFILO HUAMANI
Si no es porque soy pobre, será porque me llamo Huamani y porque soy un indio. Será porque alguien nacido en una comunidad campesina, que tuvo que luchar con uñas y dientes para educarse, no es un buen partido para su hija.

PROFESOR BRUNELLI
Déjeme contarle algo que ni siquiera Ileana sabe. Mis padres eran también campesinos, como los suyos. Mi madre nunca aprendió a leer. Yo le leía las cartas... No tengo prejuicios contra nadie, Teófilo. Si Ileana no quiere salir con usted es cosa de ella, yo no se lo he prohibido.

TEÓFILO HUAMANI
Ella me ha dicho que...

PROFESOR BRUNELLI
Es un pretexto, ¿no se da cuenta? No habrá querido ofenderlo. Ella sabe lo susceptible que es, Huamani. Ella sabe que todo lo resiente y lo ofende, que vive viendo enemigos por todas partes.

TEÓFILO HUAMANI
Este país me ha hecho así.

PROFESOR BRUNELLI
Seguramente. En fin, compréndalo. Si mi hija no le hace caso, es asunto de ella. Yo no le elijo los pretendientes. Ileana es una mujercita hecha y derecha y tengo confianza en su juicio. Si no ha sabido conquistarla, lo siento mucho.

TEÓFILO HUAMANI
Es que... ella me ha dicho que si no fuera por usted, mejor dicho, por estos malditos balcones, aceptaría ser mi compañera.

PROFESOR BRUNELLI
Ileana no puede haberle dicho semejante cosa.

TEÓFILO HUAMANI
Me lo dijo con todas sus letras:

ILEANA
(Ha aparecido junto a Huamani.) Si no fuera por estos malditos balcones, me iría contigo, Teófilo. Pero no puedo hacerle eso a mi padre. Y tampoco a mi madre, a quien se lo he jurado.

Ileana desaparece.

PROFESOR BRUNELLI
Eso se llama levantar falso testimonio, Huamani.

TEÓFILO HUAMANI
Ileana no quiere defraudarlo. Ella vive bajo el hechizo de esa carta que le escribió su esposa antes de morir. Es la única razón por la que sigue aquí. Usted la está sacrificando a una obsesión, señor Brunelli.

PROFESOR BRUNELLI
¿Ha perdido el juicio? ¿Quién es usted para hablarme de ese modo?

TEÓFILO HUAMANI
Ileana no cree en su misión, en su cruzada. Ella se da cuenta que es la manía de un anciano, una excentricidad sin pies ni cabeza.

PROFESOR BRUNELLI
¡Cállese! ¡Cómo se atreve!

TEÓFILO HUAMANI
Usted ha encontrado una manera de divertirse, de sobrellevar los años. Los periódicos lo entrevistan, las ra-

dios hablan de usted, las gentes lo reconocen en la calle. Y usted se siente un héroe. Pero ¿y su hija? ¿Cree que a Ileana le gusta este corralón, pasarse los años entre restos de balcones? ¿En vez de estudiar, de trabajar, de tener su propia vida?

PROFESOR BRUNELLI
Me alegro que Ileana no le haya hecho caso. No se merece una muchacha como ella. Usted es un resentido, Huamani.

TEÓFILO HUAMANI
Tal vez lo sea. Pero esto se lo tenía que decir. ¿Sabe por qué? Porque a Ileana yo la quiero. No sé si conmigo ella sería feliz. Tal vez no. Pero, con usted, es desgraciada.

PROFESOR BRUNELLI
Váyase, Huamani. No quiero verlo más por aquí.

TEÓFILO HUAMANI
Está bien, profesor, usted manda en su casa. Quisiera dejarle dos adivinanzas. La primera. ¿Tomará en serio Ileana a esas señoras y a esos niñitos de sociedad que juegan a los cruzados los fines de semana?

PROFESOR BRUNELLI
Basta ya. *(Abrumado.)* ¿Y la segunda adivinanza?

TEÓFILO HUAMANI
¿No se dará cuenta Ileana de lo absurdo que es dedicar la vida a rescatar balcones viejos en un país donde la

gente se muere de hambre, de falta de trabajo, de falta de salud, de falta de educación, de falta de todo? *(Pausa.)* Ahora, me puedo ir. Algún día se acordará de esta conversación, profesor.

El recuerdo de Teófilo se desvanece.

PROFESOR BRUNELLI
(Retornando, despacio, a su balcón.) Me acuerdo muy bien de ella, Teófilo Huamani. Todavía te veo vibrando de indignación y de rencor. Es verdad, me previniste de todo esto. No sé si me he arrepentido. Si tuviera que empezar de nuevo, creo que haría lo mismo. Será que no sirvo para otra cosa. Me diste un gran disgusto, muchacho. ¡Bah! Estabas dolido. Ileana te había dado calabazas y yo pagué los platos rotos. Esa niña coqueta debió ponerte de vuelta y media, igual que al arquitecto...

Se escuchan, aproximándose, los gritos del ingeniero Cánepa. Trepado ya en su balcón, el profesor lo observa consternado.

XIV. CHAMUSQUINA

INGENIERO CÁNEPA

¡Profesor Brunelli! ¡Profesor Brunelli! ¿Está usted bien? Vaya, gracias a Dios, menos mal que lo encuentro sano y salvo. Está usted sano y salvo, ¿no? *(Acompañado por el invisible profesor, recorre a trancos, con expresión de espanto, lo que queda del cementerio de los balcones.)* Caramba, cómo quedó todo esto. Y el olor... Se mete hasta las entrañas y parece, no sé qué parece. El olor del infierno, la pestilencia de los condenados. Apenas puedo respirar. ¿De veras se encuentra bien? Quiero decir, físicamente. Me imagino lo que significa para usted. Y lo siento mucho. Ya sé que discrepamos sobre cómo remodelar el centro de Lima; pero que no tengamos las mismas ideas sobre arquitectura y urbanismo nunca ha impedido que lo aprecie y respete. Más ahora, que somos consuegros. Quién lo hubiera dicho, ese día que cayó por mi oficina a protestar por los dos balcones de Espaderos. El hijo del atila de Lima casado con la hija del loco de los balcones. Vaya sorpresas que tiene la vida. ¿No le maravillan las cosas inesperadas, las casualidades, las coincidencias, los imponderables que deciden los destinos? Estaba terminando de afeitarme cuando oí la radio... ¡Me pegué un susto! Salí a la carrera, temiendo que usted... Bueno, menos mal que no le pasó nada, profesor. Vine apretando el acelerador; casi choco, en la avenida Arequipa. Y aquí, al salir de Puente de Piedra. «Si al profesor le sucedió algo, qué les digo a los recién casados, cómo interrumpo su luna de miel, apenas llegaditos a Roma.» Qué alivio no tener que pasar por ese mal rato. Me alegra encontrarlo entero, profesor. Y, además, tan sereno. Sabía que era un hombre de carácter, capaz de enfrentarse a la adversidad. Lo importante es que a usted no le haya pasado nada. Lo de los balcones no es tan grave. Bueno, bueno, ya sé que le importa mucho. Desde su punto de vista, este incendio es una tragedia nacional, ¿no? Quiero decir, todavía hay balcones viejos, por ahí, en los conventillos, en las tapias ruinosas de tantas callejuelas del centro. Puede usted recomenzar su tarea, rescatarlos y, en un par de añitos, esto volverá a ser el gran cementerio..., bueno, lo que era. ¿Se sabe cómo ocurrió? Un cigarrillo mal apagado, me imagino, el fósforo de algún incauto. ¿No habrá sido un sabotaje? Imposible, usted es tan buena persona, quién querría hacerle daño. Uno de esos malvados que andan sueltos, tal vez. Un loquito que quería divertirse viendo el fuego. Aunque, cuesta imaginar que haya alguien tan retorcido como para ensañarse, porque sí, con unos balcones inservibles. No lo tome a mal, lo decía por decir algo. La verdad, estoy incómodo, no sé por qué. Incómodo y apenado. Como lo oye. Sé muy bien lo que siente. Así me sentiría yo si un edificio construido por mí, en el que se ha invertido trabajo, dinero y desvelos, de pronto, se hace humo. ¿Se lo va a contar a Diego e Ileana de inmediato? Todavía no, mejor. Bien pensado, consuegro. Para qué estropearles la luna de miel a los tortolitos. Son jóvenes, que se diviertan mientras puedan. Éste será el mejor momento de su vida, tal vez. El que recordarán más tarde con nostalgia, al que volverán los ojos cuando sean viejos como nosotros. Espero que nos den pronto un nietecito. O una nietecita.

Mi mujer preferiría una niña; yo, un varón. ¿Y usted, profesor? Ileana es una espléndida chica y ella y Diego se llevan como el manjarblanco y el almíbar. ¿No lo cree? Aunque, su hija es una mujercita de carácter, ¿no? Diego, en cambio, un poco blando. Le voy a confesar un secreto. Yo estaba celoso de usted. Por ese verdadero lavado de cerebro que le hizo a Diego, mi querido consuegro. Se lo ganó para su causa, pues. Tuvimos tremendas discusiones, él y yo, por los benditos balcones. «Este Brunelli me ha quitado a mi hijo, no hay derecho.» Si Diego hasta llegó a manifestar con ustedes ante una de mis obras. ¿Se ha visto cosa igual? Mi hijo manifestando con esas señoras y esos niños ante la empresa de la que es subgerente. ¿No es de locos? «Diego, Diego, no te reconozco. Todo joven debe tener sus rebeldías, hacer unas cuantas locuras. Eso es sano. Tú has sido demasiado serio y me alegra que, por fin, te dé alguna ventolera. ¡Pero ya está bien, hijito! No puedes ir contra tus intereses, contra los de tu padre, contra los de tu propia compañía, en nombre de una quimera.» Bueno, bueno, perdóneme, profesor, ya sé que no es el momento. No he dicho nada y usted no ha oído nada. Venga, deme el brazo, acompáñeme hasta mi auto, que dejé estacionado a la diabla. *(Toma del brazo al fantasma del profesor Brunelli y camina con él.)* Usted y yo de consuegros, qué cosas. Le voy a decir algo que le va a sorprender. Creo que, a Diego, el capricho de los balcones y las casas viejas se le está pasando. Y espero que, cuando regresen de Italia, se dedique a lo que debe dedicarse un constructor. A construir. No a frenar el desarrollo de la ciudad sino a impulsarlo. A dar la batalla del futuro, no la del pasado. Un joven debe mirar adelante, a alguien que se volvió a mirar atrás ¿no cuenta la Biblia que Dios lo convirtió en estatua? ¿Fue así? Usted sabe más que yo de esas cosas. ¿Por qué creo que a Diego se le está yendo la ventolera de los balcones? Tápese los oídos, consuegro. ¡Por Ileana! Sí, por ella. Está muy bien parada sobre la tierra, pese a ser la hija de un soñador. Me di cuenta apenas la conocí, por mil detalles. Soy buen observador, ¿sabe? En fin, mejor me callo, no quiero causarle otra contrariedad, y menos en este momento. Eso sí: Ileana es la mejor esposa que podía haber elegido Diego. Mi mujer piensa lo mismo. ¿Le gusta oírlo, consuegro? Bueno, ahora me marcho. Cuenta con mi solidaridad y mi afecto. ¿Ha decidido qué va a hacer? No puede seguir viviendo en esta mugre, entre tiznes y tablas chamuscadas. ¿Tiene adónde ir? Puede quedarse en mi casa hasta que encuentre otra vivienda, desde luego. Tenemos un cuarto de huéspedes y mi mujer estará encantada de alojarlo. También puedo facilitarle algún dinero, si le hace falta. Un préstamo sin intereses, por supuesto. En fin, a sus órdenes para lo que le haga falta. A cualquier hora del día o de la noche, consuegro.

Se va, despidiéndose de la sombra con la que ha dialogado. Desde su balcón, el profesor Brunelli, quien lo ha observado y escuchado con una cara contrita, lo ve alejarse y desaparecer. Mientras monologa, con gran pesadez y dificultad, como si hubiera perdido la fuerza vital, inicia el descenso hacia el pasado. Ahí está el cementerio de los balcones, antes del fuego que lo destruyó.

XV. PADRE E HIJA

PROFESOR BRUNELLI

Hombre servicial, después de todo. Y, en el fondo, de buenos sentimientos. Un realizador. Si alguien como él se hubiera dedicado a salvar la Lima antigua, con su energía y sus dotes de empresario, quizá lo hubiera conseguido. Yo no fui apto para la tarea. Es verdad, putanilla. Fracasé contigo. Y, lo peor, con Ileana. ¡Ileana! ¡Ileana! ¿Dónde estás? Vaya, por fin llegas. ¿Saliste con Diego? Traigo una gran noticia, hijita.

ILEANA

¿Cuál, papá?

PROFESOR BRUNELLI

Adivina.

ILEANA

No sé, papá.

PROFESOR BRUNELLI

¡Un milagro, Ileana! La Dirección de Preservación del Patrimonio Artístico y Monumentos Históricos... ¿Adivinas, ahora?

ILEANA

No.

PROFESOR BRUNELLI
¡Declaró monumento histórico la casita de la plaza de la Buena Muerte!

ILEANA
Me alegro por ti.

PROFESOR BRUNELLI
Por Lima, dirás. Por el Perú, por la cultura, por los artesanos que erigieron esa joya del arte mudéjar. Monumento histórico. Inalienable, intocable. Sí, señor. Ya no podrán echarla abajo, nunca.

ILEANA
¿Por qué te ilusionas, papá? Sabes que apelarán al Ministerio, al poder judicial, y que, tarde o temprano, la resolución será derogada. ¿No ha sido siempre así?

PROFESOR BRUNELLI
No siempre. En algunos casos, hemos triunfado. Que apelen. Daremos la pelea en todas las instancias. Ganaremos, ya verás. A la casita de la plaza de la Buena Muerte, con su acequia de lajas, su verja de lanzas, sus ventanas teatinas, la veremos un día restaurada y dando prestancia a todo el barrio. Un barrio que... bueno, tú ya sabes esa historia. Creí que lo tomarías con más entusiasmo, hijita.

ILEANA
Yo también tengo que darte una noticia.

PROFESOR BRUNELLI
¿Ah, sí?

ILEANA
Diego me ha pedido que me case con él.

PROFESOR BRUNELLI
¿Se van a casar? ¡Pero, Ileana, qué gran cosa! Felicitaciones, hijita. Me alegro muchísimo, por los dos. ¿Sabes que es la mejor noticia que podías darme? Y yo, hablándote de la casa de la Buena Muerte... Pero, vamos a ver, noviecita, cómo es posible que esté usted tan seria al comunicarle a su padre una nueva semejante. Deberías estar rutilando, cantando. ¿Me lo has dicho todo, Ileana?

ILEANA
Diego y yo nos iremos de viaje. A Italia.

PROFESOR BRUNELLI
A la tierra de tu padre, de tus abuelos. ¡Magnífico!

ILEANA
Por un año, papá. Diego ha conseguido una beca.

PROFESOR BRUNELLI
¡Un año! Es mucho tiempo, claro. Te voy a echar de menos. Y a él, por supuesto. Sin ustedes, la cruzada quedará disminuida. La cruzada voy a ser yo solo, en realidad. Porque, desde que doña Enriqueta y doña Rosa María ya no vienen, los chiquilines también comienzan

a faltar. Bueno, nada de eso importa. Ya me las arreglaré para matarles las polillas e irlos barnizando, de a pocos. Un año se pasa pronto.

ILEANA
Papá.

PROFESOR BRUNELLI
Estoy muy contento de que te cases con Diego, Ileana. Y de que conozcas la tierra de tus ancestros. Les voy a hacer un itinerario de paseos que tú y Diego me lo agradecerán toda la vida. Y, a través de ustedes, haré una visita yo también a Italia.

ILEANA
Papá.

PROFESOR BRUNELLI
Sí, hijita.

ILEANA
Yo animé a Diego a pedir una beca al gobierno italiano.

PROFESOR BRUNELLI
Será una buena experiencia para su carrera. La vieja Italia tiene mucho que enseñar a un arquitecto. Hiciste muy bien, animándolo.

ILEANA
No lo hice por él, papá. Lo hice por mí.

PROFESOR BRUNELLI
Hijita, no eres la de todos los días. ¿Qué tratas de decirme? Te vas a casar con un gran muchacho, vas a vivir un año en Europa, podrás visitar tantos sitios bellos. Deberías sentirte feliz. ¿Por qué estás tan seria, tan triste?

ILEANA
Lo hice para salir de aquí. Por librarme de este lugar. Por librarme de ti, papá.

PROFESOR BRUNELLI
¿Por librarte de mí?

ILEANA
De tu fantasía. De la ilusión en la que vives y en la que me has tenido prisionera. No aguanto más, papá.

PROFESOR BRUNELLI
¿Te refieres a la cruzada?

ILEANA
Sabes muy bien que no hay ninguna cruzada. Pero te niegas a ver la realidad y prefieres seguir fingiendo, engañándote. Hasta ahora te he seguido, simulando yo también. No puedo más. No quiero vivir más en la ficción. Tengo veintisiete años. Quiero vivir en la realidad, papá.

PROFESOR BRUNELLI
¿Qué te lo impide? ¿Qué me estás reprochando? ¿Te he hecho algún daño, acaso?

ILEANA
Te lo has hecho tú mismo. Y, de paso, me lo has hecho a mí.

PROFESOR BRUNELLI
Habla claro. ¿Qué me reprochas?

ILEANA
Haberme hecho vivir en este cementerio. Haberme hecho creer que estos balcones iban a resucitar. Los dos sabíamos que era una quimera y, sin embargo, hemos vivido como pobres diablos, gastando todo lo que ganabas en estos cadáveres. No sólo invertiste en ellos tus suelditos de profesor. También, la niñez que no tuve. La carrera que no pude estudiar. El trabajo que me hubiera hecho independiente.

PROFESOR BRUNELLI
Tú nunca me dejaste adivinar...

ILEANA
Quise ser una buena hija. Como me pidió mi mamá, en esa carta, cuando se sintió morir. Yo no tenía que hacértelo adivinar. Tú tenías que darte cuenta. No podías sacrificar tu vida y...

PROFESOR BRUNELLI
No he sacrificado mi vida. No haber tenido éxito no significa que aquello por lo que lucho no sea noble y generoso. El éxito no decide la justicia de una causa.

ILEANA
No debías haber sacrificado mi vida, entonces.

PROFESOR BRUNELLI
No te pude dar las comodidades que tenían otros, es cierto.

ILEANA
No te reprocho eso. Sino haberme hecho perder diez años, quince años, los mejores de la vida, en una empresa imposible.

PROFESOR BRUNELLI
¡No era una empresa imposible! Algo hemos conseguido. La Dirección de Preservación del Patrimonio Artístico y Monumentos Históricos ha declarado inalienable e intangible la casita de la plaza de la Buena Muerte. ¿No te das cuenta? Esta vez hemos derrotado a Asdrúbal Quijano.

ILEANA
Imposible, irreal, absurda. Una empresa en la que no cree nadie, salvo tú.

PROFESOR BRUNELLI
¿Te desmoralizó el fracaso de la campaña «Adopte un balcón»? No quiere decir nada, Ileana. Inventaremos otra fórmula, otros métodos para convencer a la gente.

ILEANA
Una empresa inmoral.

PROFESOR BRUNELLI
¿Por qué inmoral?

ILEANA
Dedicar su vida a luchar por los balcones coloniales en un país donde la miseria y la injusticia son tan grandes, es una inmoralidad.

PROFESOR BRUNELLI
¿Por qué es una inmoralidad?

ILEANA
Porque en la vida hay cosas importantes y cosas que no lo son. Y en un país como éste lo más importante no pueden ser las casas viejas, como lo han sido siempre para ti.

PROFESOR BRUNELLI
¿Eres tú, Ileana? Es tu voz, pero me parece estar oyendo a Teófilo Huamani.

ILEANA
Te reprocho no haberme ido con Teófilo, papá.

PROFESOR BRUNELLI
Era un resentido. Un muchacho lleno de odio.

ILEANA
Pero, con los pies bien puestos sobre la tierra. Sus fantasías, al menos, tenían que ver con la justicia. Las tuyas, no.

PROFESOR BRUNELLI
¿Estabas enamorada de Huamani, entonces?

ILEANA
Sí. Estaba enamorada de él.

PROFESOR BRUNELLI
Yo no te prohibí que te fueras con él.

ILEANA
Tú nunca me has prohibido nada, papá. Te reprocho también eso: tu bondad. Ella me ató a ti más que la carta que me escribió mi mamá pidiéndome que te cuidara. Si no hubieras sido tan bondadoso, estaría ahora con Teófilo.

PROFESOR BRUNELLI
Tu vida con él hubiera sido...

ILEANA
¿Sacrificada? Tal vez. Pero no me habría dejado en la boca el sabor de tiempo malgastado que ahora tengo.

PROFESOR BRUNELLI
Te vas a casar con alguien que vale muchísimo más, Ileana.

ILEANA
Te reprocho el tener que casarme con Diego para escapar de aquí.

PROFESOR BRUNELLI
¿No lo quieres, entonces?

ILEANA
No.

PROFESOR BRUNELLI
Ahora comprendo por qué estás tan agresiva y tan sombría, hijita. No es para menos. Tienes que haber sufrido mucho, odiado mucho este lugar, estos balcones, cuando, sólo para huir de aquí, te vas a casar con alguien que no quieres. He sido un avestruz, en efecto. Me has partido el alma, Ileana.

ILEANA
Tenía que decírtelo. Voy a empezar otra vida. Otro barrio, otras ideas, otras ocupaciones, otras ambiciones. No quiero ver un balcón nunca más en mi vida.

PROFESOR BRUNELLI
Lo entiendo muy bien.

ILEANA
Me gustaría que te sacudieras de la cabeza ese ensueño. Esa Lima tuya ya no tiene salvación. Desapareció, murió. Sólo existe en tu fantasía. Quisiera que tú también cambies de vida, papá.

PROFESOR BRUNELLI
Estoy un poco viejo para eso, Ileana.

ILEANA

Puedes vivir muchos años todavía. Enseñando, escribiendo esos libros que nunca terminaste por la cruzada. Tener una vejez tranquila, sin desilusiones. Puedes vivir con nosotros. Diego está de acuerdo. Yo también quiero que vivamos juntos. Con una sola condición.

PROFESOR BRUNELLI

No necesitas decirme cuál, hijita.

Le da la espalda, cabizbajo, y se dirige hacia los balcones encaramados unos sobre otros.

ILEANA

(Desvaneciéndose en el recuerdo del profesor Brunelli.) Te mandaré postales con todas las obras maestras de la pintura y de la arquitectura de Italia.

XVI. EL ESPECTÁCULO

El profesor Brunelli empieza a rociar los balcones con una invisible sustancia, yendo de un lado a otro, moviendo las manos con movimientos enérgicos, como si estuviera regando un jardín.

PROFESOR BRUNELLI

(Sigue esparciendo chorros de querosene a diestra y siniestra, discurriendo entre los balcones, que relucen en la noche con una luz azulina, tétrica.) Cumplirá su promesa, sin la menor duda. Ya debe haber alguna postal cruzando el Atlántico, con el Coliseo, el Foro romano o el Castello Sant'Angelo. No sabes lo que te pierdes, hijita querida. Y tú, mi flamante yerno. ¡Un espectáculo fuera de serie! La gran victoria del profesor Aldo Brunelli contra las polillas. Contra las cucarachas. Contra los ratones. Contra los perros vagabundos. Contra los gorriones, los gallinazos y los murciélagos depredadores. Contra los borrachos meones. Contra todos los parásitos que querían medrar en ellos, alimentarse de sus tiernas entrañas o vejarlos y descuartizarlos, degradándolos a la condición de cuevas, nidos, dormideros, urinarios y cagaderos. ¡Un espectáculo comparable al que provocó mi compatriota Nerón en Roma, aquella vez, por amor a la poesía! Ustedes han sido para mí la poesía, pobrecillos. Hijitos míos. Nietecitos míos. No me guardarán rencor, ¿no es verdad? En el cielo de los balcones serán recibidos como

mártires y héroes, después de tanta humillación y sufrimiento. ¡Basta ya! Hay un límite más allá del cual no es posible vivir sin deshonrarse. ¿Estamos de acuerdo, no es cierto? *(Ha terminado de esparcir el querosene. Enciende un fósforo. Se le apaga. Enciende otro. Lo arroja. Con los ojos muy abiertos, ve elevarse a su alrededor un cerco de llamas.)* No queremos vivir sin dignidad, sin el mínimo respeto a que tenemos derecho, como seres humanos o como obras artísticas. Hemos resistido. Nos han derrotado. Aceptamos la derrota. Pero no la indignidad ni la vejación. ¡Cómo arden los nobles, los dignísimos amigos! Mira, hijita. Qué elegante despedida. Cómo danzan, cómo se abrazan. Mira esos corazones azules, en el centro de sus llamas. Se extinguen sin un reproche, sin un lamento, con sobriedad espartana. ¡Así mueren los héroes! ¡Adiós, buenos hermanos! ¡Adiós, carísimos! ¡Hasta muy pronto! Hice lo que pude. Sé que ustedes prefieren acabar de esta manera. Los peruanos de hoy no están a la altura de aquellos que los construyeron. No los merecen a ustedes. Que se queden con sus casas muertas, con sus edificios sin alma. Esta ciudad ya no es la nuestra. ¡Vámonos con la música a otra parte, pues!

Echa a caminar, encogido, súbitamente abrumado. Va hacia el balcón del Rímac, que ha quedado intacto. Canturrea, a media voz, el estribillo del Himno de los Balcones:

¡Los balcones
son la historia,
la memoria

y la gloria
de nuestra ciudad!

Se trepa al balcón.

Bueno, Brunelli. Va siendo hora de terminar con este trámite.

Se oyen los pasos asimétricos del borracho y su voz agitada, de hombre que ha corrido.

XVII. NUEVAS AMISTADES

BORRACHO
Vaya, don, ahí está usted todavía. O sea que no lo soñé. No fue una alucinación, producto de esas mezclas asesinas que les gustan a mis primos: pisco con cerveza, cosas así. ¡No se las recomiendo a nadie que tenga úlceras!

PROFESOR BRUNELLI
¿A qué ha vuelto?

BORRACHO
A ver si usted estaba aquí o si eran los diablos azules.

PROFESOR BRUNELLI
Ya lo comprobó. Váyase, ahora. Lo que tengo que hacer, debo hacerlo solo. Con dignidad y sin testigos.

BORRACHO
La calle es también mía, por si acaso. Además, quería decirle que ya me acordé de usted. El viejito que hace mítines en las casas que van a tumbar. Es usted, ¿no?

PROFESOR BRUNELLI
Sí.

BORRACHO
Claro que es usted. Su foto estaba en *Última Hora* el otro día. ¿Cierto que le quemaron todos esos balcones

que tenía en un corralón del Rímac? El periódico decía que lloró usted como un niño. ¿De veras, don?

PROFESOR BRUNELLI
Yo no he llorado jamás. Por lo menos, para el público. Cuando lloro, lo hago para adentro y nadie lo ve.

BORRACHO
Llora con los ojos del alma, entonces. Como dice el vals.

PROFESOR BRUNELLI
Falso también que me los quemaran. Los quemé yo. Les eché querosene y los prendí, con estas manos.

BORRACHO
¿Por qué lo hizo? ¿No era usted, más bien, el salvador de los balcones?

PROFESOR BRUNELLI
Le ruego que siga su camino, amigo. Debo hacer algo grave y no quiero testigos.

BORRACHO
¿Por qué quiere usted matarse, se puede saber?

PROFESOR BRUNELLI
Los maté porque ésa era una muerte más digna para ellos que irse pudriendo, lentamente, ahora que no tendrán quien los cuide.

BORRACHO

¿Se refiere a los balcones?

PROFESOR BRUNELLI

Preferible acabar en un gran acto ceremonial, purificador, que a poquitos, comidos por polillas y ratones, roídos por la humedad, sirviendo de meadero a perros y a borrachos. Morir en un holocausto tiene grandeza. Ir desapareciendo entre la incuria y el desprecio de la gente es innoble.

BORRACHO

¿Para eso se va a matar? ¿Para tener un final de película?

PROFESOR BRUNELLI

A los condenados a muerte se les concede la última voluntad. Sea generoso: váyase.

BORRACHO

No puedo irme. Estoy un poco asustado, ¿sabe? No me gusta esto de saber que se quiere matar. Me siento cómplice de un crimen.

PROFESOR BRUNELLI

Diga más bien que no se va por morboso. Quiere verme morir.

BORRACHO

A lo mejor es por eso.

PROFESOR BRUNELLI
¿Piensa usted pillar mi cadáver? Se llevará una decepción. No tengo nada encima, salvo este terno raído y estos zapatones cansados.

BORRACHO
Me enojaría si no fuera usted el viejito que es, don. Y el mal rato que debe estar pasando para querer matarse. Soy más honrado que cualquiera. No he visto morir a nadie hasta ahora. ¿Será por simple curiosidad, que no puedo irme? No. Por compasión, más bien. Aunque, quién sabe, hay tantas cosas torcidas en la cabeza humana... ¡Jajajá! ¿Sabe de qué me río? Me acabo de acordar. En alguna parte leí, o alguien me dijo, que a los ahorcados, en el instante de morir, cuando la soga se les cierra en el pescuezo, se les para la... Bueno, que tienen una erección, para decirlo en educado. La despedida de la virilidad, o algo así. Aunque, usted, a sus años, ¡jajajá! Disculpe, ya sé que no está para bromas. No sé por qué me río, ni por qué digo estas cosas. Estoy nervioso. Me pone usted raro, no sé qué hacer. No puedo irme. Por qué no me hace un favor. Bájese de ese balcón y vayamos a tomarnos un caldito de gallina, aquí nomás, al Mercado del Rímac. Lo invito. ¿Me oye? Oiga, oiga, pero qué es esto. ¡Profesor, profesor! ¿Se ha ahorcado usted? ¿Eso hacía mientras yo bromeaba? Dios mío, qué pesadilla. ¡Socorro, policía! ¡Ayuda! *(Se oye crujir el balcón, amenazadoramente.)* Padre nuestro, que estás en los cielos, santificado sea tu Nombre... *(Lo interrumpe el estrépito con que se vienen abajo el balcón y el hombre colgado en él. Es un sonido aparatoso, monumental, de tablas y tablillas que se desparraman por todo el derredor entre una*

gran nube de polvo.) ¡Dios mío! Perdóname mis pecados, Santa Madre del Señor.

PROFESOR BRUNELLI
(*De entre las tablas, su voz suena remota y adolorida.*) Déjese de rezo y ayúdeme a salir de aquí. Me siento una rata aplastada.

BORRACHO
Sí, sí, por supuesto. ¿Está usted bien? ¿Ningún hueso roto? No, no, menos mal que no le pasó nada. Déjeme sacudirlo, parece un fantasmón con todo ese terral encima. Bueno, bueno, ahora sí que se me quitó la borrachera. ¡Qué emociones, para comenzar el día! ¡Pa su diablo! ¿No le duele el pescuezo? Y usted que decía que este balcón nos resistiría a los dos juntos.

PROFESOR BRUNELLI
Me salvaron la vida las polillas. ¿Se ha visto algo más ridículo? Ríase nomás, no es para menos.

BORRACHO
Me alegro de lo que pasó. No me hubiera gustado ser testigo de su muerte, don. Me pegó un sustazo, ¿sabe?, cuando lo vi ahí, colgando.

PROFESOR BRUNELLI
Yo quería terminar de una manera dramática, con un gran gesto simbólico. Para el presente y para la posteridad. Y todo ha terminado en una payasada. Pero lo peor no es eso. ¿Sabe qué es lo peor, mi amigo?

BORRACHO

¿Qué?

PROFESOR BRUNELLI

Que he destruido una de las maravillas barrocas del siglo XVIII. Yo, yo mismo la he pulverizado.

BORRACHO

Ésa es una manera de verlo. Podría haber otra, don.

PROFESOR BRUNELLI

¿Cuál otra?

BORRACHO

Que el balconcito se sacrificó para que usted se salvara. ¿No habla usted de esos balcones como si estuvieran vivitos y coleando? Entonces, cabe mi explicación. Cuando el balcón sintió su peso, reflexionó: «Ni de a vainas, yo no permito que el defensor de mis hermanos acabe así». Y prefirió desintegrarse para que usted viviera.

PROFESOR BRUNELLI

¿Sabe que esa explicación me gusta?

BORRACHO

A mí también.

PROFESOR BRUNELLI

¿Qué más pensó el balcón, antes de hacerse añicos para que yo me salvara?

BORRACHO
Bueno, mi cabeza ya produjo una genialidad. No producirá otra hasta el próximo año.

PROFESOR BRUNELLI
Pensó: «Ese viejo debe vivir para seguir batallando. Hay todavía muchas casas nobles, muchos balcones ilustres por salvar».

BORRACHO
¿Y eso es lo que va a hacer ahora?

PROFESOR BRUNELLI
No me queda alternativa. ¿Iba en serio eso del caldito de gallina en el Mercado del Rímac?

BORRACHO
Espéreme, déjeme ver si me alcanzan los solcitos. Porque, anoche, mis primos me hicieron pagar a mí todas esas mezclas asesinas de cerveza y pisco. Sí, alcanza. Mire, ya hay luz. Nada como un caldito de gallina sustancioso para comenzar el día.

PROFESOR BRUNELLI
Vamos, pues. Y, luego, me acompañará usted a mi corralón a recoger un par de carretillas, que se salvaron de la quema. Y volveremos aquí.

BORRACHO
¿Volveremos?

PROFESOR BRUNELLI
Venga, deme el brazo, que ando un poco magullado. Volveremos a llevarnos esas tablas, mi amigo. Las vigas, molduras, adornos. Hasta las astillas. Porque, aunque nos tomará algún tiempo, a este primor barroco lo vamos a resucitar.

BORRACHO
¿Me podría decir por qué habla en plural?

PROFESOR BRUNELLI
Porque usted será mi ayudante. Mi brazo derecho.

BORRACHO
Ah, caramba. Ya veo, es usted de esos a los que se les da la mano y se trepan hasta el codo.

PROFESOR BRUNELLI
Mientras nos tomamos ese caldito de gallina, se lo explicaré. Ya verá, salvar balcones viejos es mucho más que un servicio público. Ya verá qué aventura entretenida y exaltante puede ser.

BORRACHO
A este paso me voy a arrepentir de que se viniera abajo el balconcito, don. Ya me veo convertido en el loco de los balcones bis.

PROFESOR BRUNELLI
La cruzada ha experimentado una merma, con la partida de mi hija y de mi yerno. Y con ese malhadado

incendio. Habrá que recomenzar desde cero. Usted y yo seremos la semilla. La cruzada rebrotará como los árboles luego de la poda: más fuerte que antes. Creceremos, formaremos un ejército de soñadores. Devolveremos a Lima la gracia y la majestad que le corresponden por tradición y por historia...

Mientras se alejan, tomados del brazo, en el amanecer azulino, comienzan a oírse los compases del Himno de los Balcones.

BORRACHO
Lo peor de todo es que, con esa labia maldita, usted es capaz de convencerme. Ya nos estoy viendo a los dos encerrados en un manicomio y con camisa de fuerza, don.

Sus voces se pierden, sumergidas por el himno, cantado a voz en cuello por invisibles cruzados, mientras cae el

TELÓN

OJOS BONITOS, CUADROS FEOS

PERSONAJES

EDUARDO ZANELLI   Sesenta años
RUBÉN ZEVALLOS   Treinta años
ALICIA ZÚÑIGA   Entre veinte y veinticinco años

LA ACCIÓN ocurre en el pequeño departamento —décimo piso de un edificio, barrio residencial de clase media— donde vive el crítico y profesor de arte Eduardo Zanelli, y en la memoria o la fantasía de Rubén Zevallos. En el estudio de Zanelli, además de libros, discos, el tocadiscos y algunos cuadros, destaca el cartel de una exposición de Piet Mondrian.

Lima, época actual.

OJOS BONITOS,
CUADROS FEOS

I. EL *VERNISSAGE*

Eduardo y Rubén entran al departamento. Una puerta se abre y se cierra. Murmullos, apagadas risitas.

EDUARDO
Pasa, pasa, buen mozo. Estás en tu casa.

RUBÉN
¡Carambas, qué linda vista! Desde aquí, Lima parece una señora ciudad. Y qué bonito departamento.

EDUARDO
¿Te sirvo un whisky? Uno de verdad. Escocés de Escocia. Lo que nos dieron en el *vernissage* era whisky boliviano. Mañana tendremos dolor de estómago.

RUBÉN
¡Y cuántos libros de arte! En cambio, pocos cuadros. Eso sí que me llama la atención.

EDUARDO
¿Por qué te llama la atención?

RUBÉN
Un crítico de arte tan famoso debería tener su casa llena de cuadros.

EDUARDO

¿Con qué los compraría? ¿Y dónde los pondría en esta cueva en la que apenas puedo moverme? ¿Te sirvo un whisky?

RUBÉN

Con un poquito de hielo, por favor. Será chico, pero con qué gusto lo has arreglado. ¿Se te ocurrieron a ti estos colores de las paredes?

EDUARDO

Aquí tienes. ¡Salud, buen mozo!

Chocan los vasos.

RUBÉN

Sólo a un árbitro de la elegancia y el buen gusto se le ocurriría combinar el lúcuma con el marrón. Bonito, la verdad.

EDUARDO

¿Me estás tomando el pelo?

RUBÉN

Te estoy piropeando.

EDUARDO

¡Salud, buen mozo!

RUBÉN

Si quieres emborracharme para que las cosas salgan más fáciles, pierdes tu tiempo. Tengo muy buena cabeza, no me emborracho jamás.

EDUARDO

Estoy tratando de emborracharme yo. A mí, estas cosas nunca me salen fáciles.

RUBÉN

Estás nervioso, ya lo veo. Lo noté en el *vernissage*. Te tomabas esos whiskys bolivianos uno tras otro, como agua. ¡Vaya nochecita la que te espera!

EDUARDO

Tú tienes la culpa de mis nervios, buen mozo, no el whisky.

RUBÉN

También me di cuenta. Cuando empecé a sonreírte y a brindar contigo, de lejos, te cambió la cara. Te ponías rojo, te ponías pálido. ¿Te daba vergüenza que lo notara la gente?

EDUARDO

Estaba turbado por tu desfachatez. Bueno, no sólo por eso. Eres muy guapo. La belleza de un muchacho siempre me turba un poco.

RUBÉN

Ya no tan muchacho. Tengo treinta años.

EDUARDO

Sin esos whiskys bolivianos no me hubiera atrevido a acercarme a ti. Y menos a invitarte a venir a mi departamento.

RUBÉN

¿El crítico de arte de *El Comercio*, azote de pintores y escultores, es un tímido?

EDUARDO

Para ciertas cosas. ¿Me tomas el pelo? ¿Me estuviste tomando el pelo en el *vernissage*?

RUBÉN

Ni siquiera sabes cómo me llamo.

EDUARDO

Es verdad, no atiné a preguntártelo. Estaba turbado, ya te dije. Porque eres muy bello. Y porque me desconcertaste con esas miraditas insinuantes, con esas sonrisitas y brindis que me hacías delante de todos los imbéciles. Debí preguntarte tu nombre, por supuesto. Perdóname. ¿Cómo te llamas?

RUBÉN

Rubén Zevallos. No me digas el tuyo, lo conozco de sobra, como todo el mundo. Eduardo Zanelli. ¿O es Eduardo *de* Zanelli? Crítico de arte, árbitro del buen gusto limeño, conferencista, profesor. ¿Esos imbéciles? ¿Eso los consideras a tus *fans*? Qué ingratitud. Toda la gente que estaba en el *vernissage* te admira y te idolatra. Principalmente, las mujeres. Y todos sintonizan sus gustos con los tuyos.

EDUARDO

Me estás tomando el pelo a tu gusto, ¿no? Salud, buen mozo.

RUBÉN

O sea, un tímido. Quién lo hubiera dicho. Anda, sírvete otros dos whiskys, a ver si así te animas un poco. *(Se ríe, burlón.)*

EDUARDO

Dame tu vaso. Si quieres que se me vaya la timidez, tienes que ayudarme. Hablándome con ese tonito de perdonavidas, más bien me intimidas.

RUBÉN

¿Te intimido? ¿Yo a ti? ¿Un pelagatos, un don nadie como yo, al poderoso crítico cuya pluma endiosa o destruye a cualquier artista?

EDUARDO

Aquí tienes, *on the rocks*. Me intimidas porque, aunque yo sea más viejo que tú, seguro que en estas cosas tienes más experiencia que yo, joven dios griego.

RUBÉN

¿En *estas cosas*? ¿Cuáles?

EDUARDO
¡Salud, Rubén! *¡Cheers! ¡Santé! ¡Salute! ¡Prost! ¡Skal!*

RUBÉN
¿Cosas de rosquetes, quieres decir?

EDUARDO
Digamos de *gays*. No hay necesidad de ser vulgar.

RUBÉN
¿La vulgaridad te enfría la arrechura?

EDUARDO
Me disgusta, como todo lo feo. Y la vulgaridad es todavía más fea en boca de un muchacho tan bello como tú.

RUBÉN
Vaya, vaya, mi estimado crítico. Ahora me doy cuenta que es verdad. Eres un tímido, un chupado.

EDUARDO
¿Por qué te has dado cuenta?

RUBÉN
Por lo pálido que estás. Por la manera como te tiembla la mano. Porque estás loco por acercarte a mí, por tocarme y pedirme que nos vayamos a la cama. Pero no te atreves. ¡Salud, *arbitrum elegantiorum!* ¿Se dice así: *arbitrum elegantiorum*?

EDUARDO

¿Se puede saber a qué estás jugando? No sólo a tomarme el pelo, sino a algo más.

RUBÉN

¡Salud, crítico de arte! No me lo hubiera imaginado. Nadie se lo imaginaría en Lima. ¿Sabes lo que me dijo esa chica de la Escuela de Bellas Artes con la que estaba en el *vernissage* cuando por fin te acercaste? «Ahí viene el gran rosquete. Prepárate. Porque viene por ti, no por mí.»

EDUARDO

No digas más esa palabra, por favor.

RUBÉN

¿Rosquete?

EDUARDO

Es desagradable. Envilece el concepto. Si tienes que decirla, di *gay,* que es más bonita. Porque también quiere decir alegre.

RUBÉN

¿Puedo decir maricón?

EDUARDO

No, tampoco. Es todavía más fea. Las palabras son como las personas. Tienen semblantes y cuerpos. Esa que dijiste primero está picada de viruelas. Y, a la segunda, le salen pelos y forúnculos.

RUBÉN
¿Pero lo eres o no lo eres?

EDUARDO
¿Quieres que te diga lo que soy? Pues, óyelo, buen mozo. Un rosquete decente. Eso es lo que soy.

Se ríe, nervioso, y Rubén también se echa a reír, con una risita falsa.

II. ROSQUETE DECENTE CON IMBÉCILES

RUBÉN
Vaya. O sea que, a veces, usas también la palabrita con viruelas. Explícame lo de rosquete decente.

EDUARDO
(Sin rastro de la jovialidad de hace un momento.) Uno que lo es más en idea que en acto, más en la fantasía y el deseo que en la verdad de su vida. Uno que, de tanto guardar las formas, lo es a medias o, incluso, deja de serlo.

RUBÉN
¿Un marica que es también marica en el sentido de cobarde? ¿Uno que tiene miedo de ser lo que es? ¿Eso es lo que quieres decir?

EDUARDO
Uno que quiere y no quiere serlo. En mi caso, no tiene nada que ver con la valentía ni la cobardía.

RUBÉN
¿Con el qué dirán, entonces?

EDUARDO
¿Crees que me importa lo que piensen de mí los pobres imbéciles de esta ciudad de imbéciles? No me importa lo más mínimo. Tiene que ver conmigo solamente.

Estoy en contra del ritual, de la escenografía, de los estúpidos prolegómenos. Chocan con mi sistema, con mi amor a las formas, con mis valores estéticos. Toda la *mise en scène* me desagrada profundamente. Por eso lo hago tan mal, como puedes comprobarlo.

RUBÉN

¿Lo haces mal porque, llegada la hora, te asustas y te echas para atrás?

EDUARDO

Nunca llega la hora. Bueno, casi nunca. Lo normal es que me pase lo de esta noche, contigo. Una enorme ilusión, un chisporroteo en el espíritu, cosquillas por el cuerpo, una hermosa excitación de adolescente. Entonces, me atrevo. Doy el paso. Como en el *vernissage,* hace un rato. Al tercer o cuarto whisky boliviano, me acerqué, te invité. Mi cuerpo comenzó a echar llamas. Cuando veníamos en el auto, alcancé el apogeo. Me sentía viajando a las estrellas, iba a ser coronado emperador.

RUBÉN

Pero, apenas comencé a hacerte bromas y a tomarte el pelo, pum, pato al agua. Como un globo al que le hincan un alfiler.

EDUARDO

El deseo está siempre aquí adentro, crepitando. Porque eres muy guapo, un Alcibíades, un diosecillo griego. Pero, ahora, llegó el intruso. Ya está aquí, también. El convidado de piedra. El sentimiento del ridículo. La incomodidad. El malestar. La intuición del disgusto que me vendrá después. En fin, para decirlo con una de esas palabritas que no digo nunca: esto se jodió. Acabémonos el whisky y despidámonos como buenos amigos.

RUBÉN

¡Salud, *arbitrum elegantiorum*!

EDUARDO

Salud, buen mozo. *(Chocan los vasos. Un silencio.)* ¿Quieres oír música? ¿Te gusta la música clásica? ¿Te gusta Mahler?

RUBÉN

No sé quién es. Pon lo que prefieras. Estás en tu casa.

EDUARDO

A ver. Bueno, Mahler entonces. La última sinfonía que compuso: *Das Lied von der Erde*. Ya está. *(El diálogo prosigue, con la música de Mahler como fondo.)* ¿Se puede saber a qué te dedicas? Tú no eres un profesional de estas cosas, ¿no es cierto?

RUBÉN

¿Un rosquete profesional? No, claro que no. Te vas a sorprender mucho cuando sepas lo que soy.

EDUARDO

¿Un curita disfrazado en busca de pervertidos que regenerar?

RUBÉN
Un marino.

EDUARDO
¿Un militar?

RUBÉN
Te dije que te quedarías con la boca abierta.

EDUARDO
Bueno, sí, es una sorpresa. ¿Eres marino, de veras?

RUBÉN
Teniente primero de la Armada. El próximo año ascenderé a capitán de fragata.

EDUARDO
Vaya, vaya. Necesito otro whisky. Tú también. Dame tu vaso. Caracoles. Teniente primero de la Armada. O sea que hasta la ilustre Marina nacional tiene sus *gays*.

Ruido de vasos, al servir.

RUBÉN
No lo sé.

EDUARDO
Aquí está. ¿No lo sabes? ¿No has tenido tus aventuras, con los musculosos marineritos?

RUBÉN
Ni una sola.

EDUARDO
¿Me tomas el pelo de nuevo?

RUBÉN
Te voy a dar la segunda gran sorpresa de la noche, Eduardo Zanelli. En realidad, no soy *gay*.

Silencio. La música de Mahler sube y, por un momento, borra el diálogo.

EDUARDO
¿En serio?

RUBÉN
Nunca en mi vida he tocado a un hombre. Tampoco pienso hacerlo en el futuro. Sólo me gustan las mujeres.

Pausa, pauteada por la música de Mahler.

EDUARDO
¿Qué significa lo de esta noche, entonces? Las sonrisitas del *vernissage*, los brindis, las payasadas para hacerme creer que eras un rosquete.

RUBÉN
¿No te parecía tan fea esa palabrita?

EDUARDO
¿Eres un chantajista? ¿Un ratero? ¿O sólo un gracioso?

RUBÉN
Ya te he dicho lo que soy. Un marino. Tómate tu trago y tranquilízate. ¡Salud!

EDUARDO
¿Lo hiciste para ganar una apuesta?

RUBÉN
Quería hablar a solas contigo. Se me ocurrió que era la manera más segura. Y, ya ves, funcionó.

EDUARDO
Debo de haber presentido que era una farsa. Por eso la ilusión se me desmoronó tan rápido. Era demasiado maravilloso para ser cierto. El joven Adonis insinuándose al viejo sátiro acobardado. ¿Montaste este teatro para ganar una apuesta? ¿O sólo para divertirte, haciendo pasar un mal rato a alguien al que muchos imbéciles consideran importante?

RUBÉN
Quería hablar a solas contigo.

EDUARDO
¿De qué? ¿De pintura? ¿De arte querías hablar conmigo? Tú no eres uno de esos imbéciles que van a mis conferencias y leen mis críticas. ¿Me vas a decir que tramaste esto para pedirme un autógrafo?

RUBÉN
No quiero un autógrafo, ni que hablemos de arte o de pintura. Sino de una muchacha.

EDUARDO
¿De qué muchacha?

RUBÉN
De una de esas imbéciles, pues. De esas que nunca faltan a tus conferencias y leen todas tus críticas.

III. UNA MUCHACHA

ALICIA
Se diría que le tienes celos. ¿Le tienes celos? Confiesa, Rubén.

RUBÉN
Bueno, Alicia, confieso. Le tengo celos. ¿Me das un beso, por reconocerlo?

ALICIA
(Se echa a reír.) ¡Pero si es un viejo! Comparado contigo y conmigo, quiero decir.

RUBÉN
Y eso qué importa. Es sabido que todas las chicas se enamoran de sus profesores, ya que no pueden hacerlo de sus papás.

ALICIA
(Siempre riéndose.) ¿Se te ocurre que yo podría enamorarme de ese señor tan serio, tan formalito, tan intocable, tan no sé qué?

RUBÉN
Tan no sé qué que lo idolatras y lo adoras, no mientas. Y, por estar hablando de él, todavía no me has dado un beso. Claro que lo idolatras y lo adoras. Aunque sea viejo y aunque sea marica.

ALICIA

No, no lo es. Calumnias de los envidiosos. Habladurías porque se ha quedado soltero. ¿Acaso todos los hombres solteros son maricas?

RUBÉN

¿No ves? Lo defiendes como si significara mucho para ti.

ALICIA

Claro que significa mucho para mí. Me ha enseñado mil cosas. A ver los cuadros, a entender la pintura. A ver en mí misma, también. Sin él, nunca hubiera descubierto mi vocación. Lo que siento por el doctor Zanelli, además de admirarlo, es agradecimiento y mucho respeto.

RUBÉN

Tú no recuerdas a Alicia, por supuesto.

EDUARDO

Decenas, centenas de mujeres van a mis conferencias y a mis cursos. El noventa por ciento de mis alumnos son mujeres. ¿Quieres que recuerde el nombre de todas?

RUBÉN

¿Por qué te enojas?

EDUARDO
Porque este juego ya me cansó. Tengo ganas de darme un baño, de acostarme y dormir. Así que a casita, marinero. Te acompaño hasta la puerta.

RUBÉN
Sírveme otro whisky. No me voy todavía.

EDUARDO
¿Es una amenaza? ¿De eso se trata? ¿De amenazarme?

RUBÉN
Se trata de que conversemos de Alicia, ya te lo dije. Sírveme otro whisky y siéntate. Parado, te vas a cansar.

EDUARDO
¿Y si digo que no? ¿Si exijo que te vayas?

RUBÉN
Sabes de sobra que no puedes echarme. Soy más joven y más fuerte que tú, ¿no es cierto? Además, con tu sentido del ridículo, jamás harías un escándalo que despertara a los vecinos del edificio, ¿no? Anda, llena los vasos y conversemos. Vas a enterarte de cosas interesantes, te prometo.

Pausa. Se oye a Eduardo, sirviendo los whiskys. Se va apagando la música de Mahler.

EDUARDO
Bien. Este último whisky y te vas. Mientras, hablemos de Alicia. ¿Quién es? ¿Qué quiere de mí?

ALICIA

Entender a Picasso. Entender el cubismo. Entender el arte abstracto. Entender a Kandinsky. Entender el abstraccionismo lírico. Entender a Jackson Pollock. Entender el expresionismo, el dadaísmo, el surrealismo, el tachismo, el op-art, el pop-art. Entender toda la pintura moderna. No es fácil meterse en esa selva, en ese laberinto. Ahora, por fin, comienzo a orientarme. A poquitos. A pasitos. Gracias al doctor Zanelli.

EDUARDO

No soy doctor. Ni siquiera licenciado. No tengo ningún título. Sólo llegué a bachiller.

ALICIA

Pone una diapositiva y apaga la luz. Y lo va explicando. Poco a poco esas manchas de color dejan de ser frías. Esas líneas y volúmenes, esos espacios muertos van como resucitando. Se animan, se vuelven ideas, sentimientos, pasiones. Cuando se calla y prende la luz, el cuadro está hablando, gritando. Y vemos en él miles de cosas. ¿Me entiendes?

RUBÉN

No mucho, Alicia. Pero, me encanta verte tan contenta con ese cursillo. ¿Me das un beso, ahora?

ALICIA

(Cada vez más excitada.) A ver si te lo puedo explicar con un ejemplo. Mira esta reproducción. Es de Mondrian, un pintor holandés. ¿Qué ves en ella?

RUBÉN

Dos cuadrados azules sobre fondo blanco. Dos pares de líneas simétricas, horizontales y transversales. ¿Es un cuadro, eso?

EDUARDO

Es una vida humana a la que le quitaron la razón de vivir. A la que vaciaron de todo contenido vital y redujeron a pura forma. Es decir, a una serie de rutinas: levantarse, tomar el ómnibus, entrar a la oficina o a la fábrica, pasarse ocho horas llenando fichas o ensartando agujas, salir a la calle, tomar el ómnibus. Así, todos los días, las semanas, los meses, los años. Una vida que perdió la novedad, la esperanza, las ilusiones y el alma. Una existencia que se volvió repetición, una camisa de fuerza, una cárcel.

RUBÉN

¿Eso quieren decir los dos cuadraditos vacíos? ¡Pero Alicia! En fin, si me das un beso, me lo creo.

ALICIA

No te burles, Rubén. Yo no sé explicarlo. Pero el doctor Zanelli sí sabe. Cuando nos habló de este cuadro, que, al principio, también a mí me parecía sólo dos cuadraditos vacíos, el corazón me palpitaba fuertísimo.

RUBÉN

¿Como me palpita a mí cuando te tengo cerca?

ALICIA

Los cuadraditos son el símbolo de unas vidas horribles. De campos de concentración, de celdas, de trabajos embrutecedores, de existencias sin sentido, de esos destinos malogrados, desperdiciados, que son una diaria frustración, una muerte lenta y a pedacitos.

RUBÉN

Bueno, Eduardo Zanelli debe de ser un mago si es capaz de hacerte ver todo eso en un par de cuadraditos azules sobre fondo blanco.

ALICIA

Nos lo hace sentir. Oyéndolo, entiendes que, para que Mondrian llegara a esa forma extrema de abstracción, a esa pintura que es geometría, la vida tenía que haber llegado a despersonalizarse, a deshumanizarse, las familias a disolverse y el individuo a ser un muerto en vida, un zombie. En fin, yo no sé explicarlo. Pero él sí que sabe, Rubén. ¿Por qué me miras así? Pareces un perrito esperando que lo saquen a hacer pila. Bueno, te doy un beso. Uno solo, para que no te acostumbres.

EDUARDO

¿Ella siguió uno de los cursos que doy en la Galería Trapecio?

RUBÉN

Tres años seguidos, en la primera fila y sin faltar a una clase, estoy seguro. Y fue a todas tus conferencias.

Y leyó y recortó todas tus críticas de *El Comercio.* Y las pegó en un gran álbum de tapas azules que yo mismo le regalé.

EDUARDO

Ah, es una de ésas: las devotas fetichistas, las hagiográficas. Por si quieres saberlo, son las idiotas que más odio. Generalmente, tienen bigotes y un comienzo de bocio. ¿Es así Alicia? ¿Un cuco de fea?

RUBÉN

No, ella es lindísima como la Gioconda. Y la impresionaste más que a nadie con tus cuentos sobre los cuadraditos de Mondrian.

ALICIA

Más de lo que te imaginas, Rubén. Me ha dado confianza en mí misma. Ahora ya no tengo ninguna duda sobre lo que quiero hacer. Eduardo Zanelli me ha cambiado la vida, te juro.

EDUARDO

Es una pintora, entonces. Dios mío. ¿Otra más?

ALICIA

No todavía, no lo soy pero sé que puedo llegar a serlo, Rubén. Gracias al doctor Zanelli sé que lo seré.

EDUARDO

Nunca he animado a una joven a ser pintora. Ni a un joven tampoco. Siempre trato de desanimarlos, más bien. A todos les hago ver que hay demasiados pintores en el mundo. Que sobran las cuatro quintas partes de los que existen. Esa chica te mintió.

RUBÉN

Tú no sabías que la alentabas. Dictabas tus clases, convertías los cuadraditos de Mondrian en muchedumbres esclavizadas, en robots sin alma, en seres a los que se les había vaciado la vida, y Alicia se llenaba de confianza, de la ilusión de que podía pintar. Pero, con su manera de ser, es probable que nunca se haya atrevido a hablarte sobre su vocación.

EDUARDO

Si lo hubiera hecho, habría pasado un mal rato. A los aspirantes a artistas que me piden consejos les respondo como el monje guardián a los aprendices que tocan las puertas de los monasterios budistas zen.

RUBÉN

¿Es decir?

EDUARDO

Los insulto y trato de romperles una silla en la cabeza. Metafóricamente, por supuesto. Hago cuanto puedo para convencerlos de que lo probable es que no tengan talento, y de que, si lo tienen, es casi seguro que fracasarán, porque el mundo de la pintura está en manos de filisteos despreciables sin la menor noción de lo que es bueno, malo o pésimo.

RUBÉN

Si después de eso siguen yendo a tus clases y admirándote como Alicia, tienes razón de hablar de ellos como lo haces. Deben de ser imbéciles.

EDUARDO

He exagerado.

RUBÉN

Claro que has exagerado.

EDUARDO

Sucede que quienes se atreven a acercarse a fastidiarme la paciencia son siempre los estúpidos, las idiotas seguras de sí mismas, los cretinos que pintan para hacerse ricos y famosos. No descarto que haya algunos con una vocación auténtica. Pero ésos no se me acercan: son pudorosos y yo los intimido. Si Alicia pertenece a ese puñado, mejor para ella.

RUBÉN

¿Tú eras así, de joven? ¿Tímido, sensible, púdico? ¿No te atrevías a decir a nadie que tu sueño era ser el mejor crítico de arte del mundo?

IV. FRUSTRADO Y RESENTIDO

EDUARDO
(Con los primeros indicios de que el whisky comienza a hacer su efecto.) Nadie sueña con ser un crítico de arte. Se llega a serlo por eliminación o por impotencia. Yo no quería ser una caricatura de artista, sino un artista de verdad. Yo, de joven, soñaba con ser pintor.

RUBÉN
Como Alicia.

ALICIA
Una pintora, sí, sí, sí. No para triunfar, quién habla de eso. Para volcar en imágenes esos demonios que llevamos dentro.

EDUARDO
Para dar forma a las pasiones, perfil a las nostalgias, color y volumen a los sueños.

ALICIA
Es posible, Rubén. El doctor Zanelli lo ha dicho.

EDUARDO
El talento no es innato, sino una creación. Cada artista se lo construye, como una casa: con trabajo, paciencia, convicción, disciplina y terquedad.

ALICIA
¿Acaso no tengo yo todo eso? ¿Por que no podría ser una pintora, entonces?

EDUARDO
Quise ser pintor desde que tuve uso de razón. Quizás, desde antes. Es lo único que quise ser, siempre; lo único que estuvo absolutamente claro para mí, desde que tengo memoria. Y, si quieres conocer mi secreto, todavía no me conformo de no haberlo sido. Algunas noches me despierto, sudando de angustia: no llegué a serlo, nunca lo seré. Y siento una punzada, aquí, en la boca del estómago. No te diría esto sin todos los whiskys que ya llevo en el cuerpo, claro.

RUBÉN
Eduardo Zanelli se considera, pues, un frustrado.

EDUARDO
Como la mayoría de los críticos, supongo. Los que no se volvieron imbéciles, en todo caso.

RUBÉN
¿Y por qué fracasaste como pintor?

EDUARDO
Por la más simple de las razones: por falta de talento.

RUBÉN
¿No se construye el talento como una casa: con trabajo, paciencia, convicción, etcétera?

EDUARDO

Esa teoría está bien para recitársela en la clase a los imbéciles. Les da esperanza, ilusiones. Pero no es así. El talento es una tara de nacimiento. Un vicio congénito. No se puede adquirir. Pero se puede curar. Eso sí. La historia del arte está llena de talentos efímeros, desperdiciados. No se contrae de adulto, no se contagia. Si no nace contigo, si no está en tu naturaleza, en tus genes, como las alergias, el soplo al corazón o los juanetes, no hay nada que hacer.

RUBÉN

Entonces, a Alicia le mentiste. Ella te creyó que el talento era obra del esfuerzo. Y se dedicó en cuerpo y alma a matarse trabajando para llegar a ser una pintora.

EDUARDO

Me mentí yo también, por mucho tiempo. Malgasté mi juventud trabajando como un galeote, para contraer la inalcanzable enfermedad. Aquí, en la Escuela de Bellas Artes. En Madrid, en la Academia de San Fernando. Trabajando, estudiando, copiando, observando, insistiendo. Esperando que viniera. Pero no vino nunca.

RUBÉN

¿Quién lo decretó? ¿Un crítico que respetabas mucho?

EDUARDO

Lo supe yo, siempre.

RUBÉN
¿No podías haberte equivocado?

EDUARDO
En saber dónde hay talento y dónde no lo hay, no me equivoco. Eso es lo que arruinó mi carrera de artista. Ser demasiado inteligente.

ALICIA
Pero, profesor Zanelli, ni que hiciera falta ser bruto para ser un gran pintor.

EDUARDO
Hace falta ser visceral, intuitivo y sensorial. Sobre todo, sensorial. En pintura, los sentidos son más importantes que las ideas. A los grandes artistas el mundo les entra por los ojos y por los dedos, no por la cabeza. La inteligencia suele ser un gran obstáculo a la hora de pintar.

RUBÉN
Qué bonita manera de alabarte, hablando de tus fracasos.

EDUARDO
Te equivocas, no estoy orgulloso para nada de mis facultades. Mi lucidez me ha jodido la vida. Me ha frustrado como *gay* y como artista, inoculándome un paralizante sentido del ridículo. ¿Para qué me sirve la inteligencia? Para deprimirme cada día, revelándome que vivo rodeado de imbéciles. Y, a cambio de eso, me cerró las puertas del placer físico y frustró mi vocación. Por ser

inteligente, soy dos caricaturas: un rosquete decente y un comentarista de pintura ajena.

RUBÉN
Quién lo diría: el más importante crítico de Lima no está contento con su suerte.

EDUARDO
Como soy el único, me temo que eso de ser el más importante no quiera decir gran cosa. ¿O hay alguien más que haga crítica de arte, en Lima la horrible?

RUBÉN
No lo sé. Nunca leo las páginas de arte de los periódicos.

EDUARDO
¿Es inteligente Alicia?

RUBÉN
Si lo fuera, no se habría creído al pie de la letra lo que escribes ni los cuentanazos que les cuentas a tus alumnos en tus cursos, como ese de los cuadraditos de Mondrian, y de que el talento es obra del esfuerzo.

EDUARDO
¿Ella es su novia? ¿Tu amante?

RUBÉN
Íbamos a casarnos.

EDUARDO

¿Te dejó por la pintura? ¿Por algún pintor? ¿Te cambió por un muchacho bohemio, marihuanero y pelucón, aprofetado y genialoide?

RUBÉN

La voz te ha comenzado a temblar. ¿Se te subieron los tragos?

EDUARDO

Sí, se me han subido. Sólo cuando estoy borracho digo palabrotas. ¿Qué haces metido aquí en mi casa? ¿Qué mierda quieres conmigo? ¿Que vaya a ver los cuadros de Alicia y le diga que son geniales? ¿Para eso te has metido a mi casa con el truco del rosquete?

RUBÉN

Estábamos hablando de ti. De tus ambiciones juveniles. En Madrid, descubriste que nunca serías un Picasso. Y te dijiste: «A falta de pan, buenas son tortas». Si no puedo ser un pintor, seré un crítico. ¿Fue así?

EDUARDO

No. Ocurrió sin darme cuenta. Allá, en España, me moría de hambre; tenía una beca miserable. Comencé a mandar artículos a las revistas y periódicos de aquí, para ganarme unos centavos. Así, fui enredándome en la telaraña, poquito a poquito. Lo que comenzó como un trabajo alimenticio, acabó devorándome toda la vida. Pero ¿se puede saber qué te importa a ti mi vida? ¿Me vas a decir de una vez qué te traes entre manos? ¿Qué haces aquí, en mi casa?

RUBÉN

Ahora te entiendo mejor, Zanelli. Posas de cínico para ocultar lo que eres. Un amargado y un resentido.

EDUARDO

¿Un amargado y un resentido? ¿No es lo mismo? No, tienes razón; hay un matiz, la diferencia entre lo individual y lo social. El amargado se autotortura, el resentido es un peligro para los otros.

RUBÉN

En ese caso, tú eres principalmente un resentido.

EDUARDO

Sí, es probable. Creo que soy las dos cosas, en realidad. Salvo cuando escribo mis críticas. Mi frustración no me turba el juicio. En ellas, soy siempre objetivo y alerta. Y, por lo general, están bastante bien escritas. Pregúntaselo a Alicia. *(Pausa.)* Voy a servirme otro whisky, marinerito metete. ¿Te lleno el vaso?

RUBÉN

Ya he bebido bastante. Pero tú sí, anda, emborráchate. ¿Te da sólo por decir palabrotas? ¿No te quita el trago el sentido del ridículo? ¿Te atreverás a proponerme que nos vayamos a la cama cuando estés en las últimas?

EDUARDO

(Mientras se sirve el whisky.) Si apenas me atrevo a hacerles proposiciones a los *gays* de verdad, a un *gay* impos-

tor, y oficial de la Armada por añadidura, no me atrevería ni en estado comatoso. ¿No te has dado cuenta de que, más que un cínico, soy un pura boca? Eso es lo que de veras soy: un embaucador, una farsa viviente.

RUBÉN

O sea que odias escribir esos artículos en *El Comercio*.

EDUARDO

No, no me disgusta. Me deprime saber que no sirven para nada, que se los lleva el viento. Sin embargo, les tengo cierto cariño a mis críticas. Es lo único que sé hacer. Aunque, a veces, lo paso mal.

RUBÉN

¿Teniendo que asistir a exposiciones tan malas como la del *vernissage* de esta noche?

EDUARDO

En los *vernissages* no se puede apreciar los cuadros. Yo voy a verlos al día siguiente, cuando la galería está desierta. A los *vernissages* voy a ver a los amigos y, sobre todo, a los enemigos. Y a tomar, gratis, indigestos vinos peruanos y whiskys bolivianos. Con la pintura mala no la paso mal, a ésa estoy acostumbradísimo. La paso mal con los cuadros que son o que podrían ser buenos, con los que me desconciertan o me intrigan. Con los que me gustaría haber pintado.

RUBÉN

¿La pasas mal cuando descubres en un joven artista ese talento que no tuviste?

EDUARDO
Espera, eso tengo que aclararlo, porque no lo expliqué bien. La paso mal y la paso bien, al mismo tiempo. La envidia no estorba la admiración; la fortalece. Además, el talento de los otros me da más trabajo a la hora de escribir la crítica. Es mucho más difícil decir cosas inteligentes sobre una buena exposición que sobre una mediocre. Me toma el doble o el triple de tiempo.

RUBÉN
La crítica que hiciste a la exposición de Alicia en Trapecio debió de tomarte cinco minutos, entonces.

EDUARDO
¿Le hice una mala reseña a tu ex novia? ¿Has venido a tomarme cuentas por una mala crítica a tu chica? Por fin saltó la liebre. ¡Qué otra cosa se podía esperar de un marinerito!

RUBÉN
No fue una mala reseña. Fue una ejecución. Y, a propósito, ¿cómo sabías que Alicia tenía ojos bonitos? ¿No dices que no te acuerdas de ella? Cuando escribiste en *El Comercio* sobre su exposición, te acordabas muy bien de su cara. De sus ojos, al menos.

EDUARDO
¿De qué hablas?

RUBÉN
¿Tampoco te acuerdas de este artículo? ¿Ni del poético título que le pusiste: «Ojos bonitos, cuadros feos»?

EDUARDO
A ver, déjame ver qué artículo fue ése.

V. OJOS Y CUADROS

ALICIA

«Ojos bonitos, cuadros feos.» Lo que más me llama la atención es lo de mis ojos, Rubén. Él no sabe si los tengo grandes o chicos, azules o negros, si soy bizca, cuatro ojos o tuerta. Él nunca me ha mirado. O, mejor dicho, me mira pero no me ve. Sus ojos resbalan sobre la clase como si los alumnos fuéramos cosas, o invisibles. Te lo juro: nunca me ha visto, no sabe cómo soy. No escribió lo de mis «ojos bonitos» porque crea que los tengo bonitos. Lo hizo para que el juego de palabras, el contraste de calificativos, subrayara su desprecio. ¿Te fijaste que repite dos veces lo de «ojos bonitos, cuadros feos»? En el título y en la última frase de la crítica. No piensa que los tengo bonitos. Está insinuando que soy una frívola, una chica de sociedad a la que le han hecho creer que podía ser pintora, un capricho más de los muchos que tiene y que los que la rodean se desviven por complacerle. Eso es lo que el doctor Zanelli se imagina de mí. ¿Te das cuenta qué injusto, Rubén? Con el sacrificio que ha hecho mi madre para que pudiera pasarme estos años estudiando, para que pudiera pintar. Como ni siquiera me conoce ni ha hablado dos palabras conmigo, todas esas ideas tan despectivas se las sugirieron mis cuadros. Qué malos tienen que haberle parecido para que se hiciera esta triste idea de cómo soy. No te estoy exagerando, Rubén. Eso de «ojos bonitos» es la frase más insultante de su artículo. Quiere ponerme en mi sitio. Relajarme. Quiere hacerme saber que nunca seré una artista. Y, lo peor de todo, es que, de repente, tiene razón, Rubén. Él sabe, por más que me duela. Él tiene eso que a mí me falta: talento, genio. A lo mejor no trabajé bastante, a lo mejor me apresuré a exponer antes de acabar mi formación. Tal vez los dos años preparando esta exposición no eran suficientes. Pero ¿acaso soy una floja? Tú me has visto, metida en mi cuarto de la azotea, diez, doce horas diarias, los días de fiesta, los fines de semana. Pintando, despintando, repintando, retocando, rompiendo, rehaciendo. ¿Se puede trabajar más? ¿Son estas manos las de una chica frívola? Parecen más bien las de una sirvienta: llenas de durezas, de callos, casposas, los dedos como unas lijas. ¿Alguna vez has visto que me preocupara de mis manos? ¿O de mis ojos? ¿O de mi ropa? ¿No andas siempre burlándote de mí por lo poco coqueta que soy para arreglarme? ¿No me dices que ando siempre como una hippy? Eso es lo que más me duele de su artículo. No que diga que mi pintura carece de oficio y de alma, de imaginación y de gusto, de seguridad y de brújula. Todo eso dice. Me lo he aprendido de memoria, como una se aprende los versos que le gustan. Te lo podría recitar de principio a fin. Claro que me apena que alguien que yo respeto tanto piense tan mal de lo que hago. Pero lo que me ha lastimado es que se sintiera obligado a burlarse, que dudara de mi vocación, de mi amor por la pintura. ¿Qué más podría haber hecho para demostrar que estoy dispuesta a cualquier sacrificio con tal de ser una artista? ¿Cinco años de esfuerzos no son suficientes? No, claro que no lo son. Toda una vida es insuficiente para ser una pintora si una no está dotada. Pero ¿no le bastaba decir que carezco de talento? ¿Por qué lo de los «ojos bonitos»? ¿Por qué ridiculizarme ante todo el mundo? No es que me importe la opinión de todo el mundo. Para serte sincera, la única opinión que me importaba era la de Eduardo Zanelli. Ni la de mi madre, ni la de mis compañeros de la Escuela, ni la de mis amigos. Ni siquiera tu opinión me importaba, Rubén. Sólo la de él. ¿No te enojas, no? Es la verdad. Era así, era así. Estos dos años, mientras preparaba la exposición de Trapecio, lo que me daba aliento era pensar que él la aprobaría. Que me pondría buena nota, para decirlo como en el colegio. Mi gran ilusión no era que se vendieran mis cuadros, sino que él les hiciera un comentario elogioso en su columna de *El Comercio*. No te lo dije porque sabía que te daría celos, ¿no te da a veces por creer que ando enamorada de él? En eso sí que te equivocas. Nunca he estado enamorada de él. Él ha sido para mí mi modelo, mi guía, mi mentor, mi padre espiritual. Lo cierto es que todo lo que soy, lo que me gusta, lo que quiero ser en la vida, se lo debo a él. Desde que leí, cuando estaba en cuarto de media, cuando sólo tenía quince añitos, ese libro suyo, *Qué es el arte,* ese que te presté y que nunca terminaste. En mala hora lo fui a leer. Desde entonces, mi vida ha estado modelada por las manos del doctor Zanelli. He sido su hechura, su creación. Si él supiera cómo me cambió, cómo me hizo soñar con ser pintora, no habría escrito lo de los «ojos bonitos», no hubiera cometido esa crueldad. O, tal vez, sí. Porque es un hombre de principios. Un crítico que no se guía por otras consideraciones que la Estética. Él cita siempre una frase de Degas: «Debemos desalentar las vocaciones artísticas». Las que no merecen ser alentadas, se entiende. Ése será mi caso, pues. Ésa sería la reacción que tuvo cuando entró a Trapecio y vio mis cuadros: «La vocación que produce estas porquerías debe ser atajada, de inmediato. Liquidada, borrada, desaparecida. Para que no siga aumentando la excesiva fealdad que ya hay en el mundo». Está muy bien, no tengo derecho a reprochárselo. Si eso es lo que piensa, bien hecho que lo dijera. Un crítico no debe casarse con nadie. Pero ¿no estaba de más lo de los «ojos bonitos»? ¿No crees, Rubén, que era ensañarse, añadir ese insulto a su crítica?

VI. TRISTE Y AMARGADA

RUBÉN
Sí, estaba de más. El insulto sobraba.

EDUARDO
Por fin entiendo a qué has venido. A hacerme tragar el artículo que molestó a esa muchachita histérica.

RUBÉN
Encima, la insultas otra vez.

EDUARDO
No la insulto. La interpreto, la deconstruyo, la analizo y la califico. Si dejó de pintar porque recibió una mala crítica es histérica o loca. O, más bien, una niñita engreída. ¿Qué vocación es esa que se deshace al primer encontrón? O sea que has venido a desfacer el entuerto hecho a tu dama, valiente don Quijote del mar. ¿Vas a darme una paliza para desagraviar a la pintora despechada?

(Pausa.)

RUBÉN
¿Te acuerdas de la exposición de Alicia, en Trapecio?

EDUARDO

De su exposición no, para nada. Me acuerdo vagamente de mi artículo, o, mejor dicho, me acuerdo de su título. Ingenioso, reconócelo. «Ojos bonitos, cuadros feos.» Llama la atención, ¿no? Siempre tengo dificultad para los títulos; pero, esa vez me salió bien. Sí, ahora me viene a la memoria, me lo sugirió un cuento de Salinger.

RUBÉN

¿Eran muy malos sus cuadros?

EDUARDO

Supongo que malísimos, cuando ni siquiera los recuerdo.

RUBÉN

¿No te bastaba con decir eso? ¿Por qué tenías que burlarte?

EDUARDO

Vete a la mierda. Si estuviera sobrio, me intimidarías. Borracho, no. Sólo soy cobarde cuando estoy sobrio. Tú no me vas a tomar cuentas por lo que escribo. Ya lo has oído: vete a la mierda.

RUBÉN

Voy a tomarme otro whisky, más bien. Como te tiemblan tanto las manos, mejor me lo serviré yo mismo. Tú lo podrías derramar. *(Pausa. Rubén manipula la botella, el vaso y los cubitos de hielo.)* ¿Te tiemblan así las manos porque estás borracho? ¿No estarás muerto de miedo, también?

EDUARDO

No, no lo estoy. Para tener miedo, hay que ser sensible e imaginativo. A mí, el whisky me embota la sensibilidad y la imaginación. Tú debes de ser muy valiente, ¿no, marinerito? Por supuesto. El valor es cosa de gentes obtusas, por si no lo sabes. De pobres diablos sin fantasía, sin vuelo imaginativo. Las manos me tiemblan porque me he vuelto algo alcohólico, últimamente. Recuerda que yo también soy un frustrado, como Alicia. Un frustrado como rosquete y como pintor, y que, por eso, se dedica a los vicios solitarios: el alcohol, la paja, etcétera.

RUBÉN

¿Eres eso, también?

EDUARDO

¿Un pajero? A mucha honra. ¿Qué me quedaría, si no? Ahora que te vayas, me la correré pensando en ti, Popeye. Incluso si me pegas. ¿A eso has venido? ¿A pegarme? Pégame de una vez, entonces, valiente.

RUBÉN

¡Salud!

EDUARDO

¿Qué me vas a hacer?

RUBÉN

Voy a contarte la historia de Alicia. ¿No tienes curiosidad por saber qué fue de ella, después de que la ejecutaste?

EDUARDO
Dejó de pintar, ya me lo dijiste. ¿Y qué? Mejor para todos. Sobre todo, para ella. Si no tiene talento, preferible que se dedique a algo más productivo que a estropear telas y cartulinas y ofender la vista de la gente sensible. Que siga mi ejemplo, que se haga crítica de arte. Los pintores fracasados suelen ser excelentes críticos. Bueno, continúa. ¿Qué ha sido de ella?

RUBÉN
Dejó de pintar. Pero como, por culpa tuya, lo único que le interesaba en la vida era la pintura, se convirtió en un cuadradito de Mondrian. Vacía por dentro, hecha sólo una cáscara sin contenido. Así la dejaste.

EDUARDO
¿Quieres que sienta remordimientos?

RUBÉN
Perdió interés en todo y en todos. Se volvió una chica triste y amargada.

EDUARDO
¿Se dio a la marihuana, al alcohol, a la coca, como una heroína de telenovela venezolana?

RUBÉN
Nada de eso. La verdad es que, después de esa única vez, el día en que apareció en *El Comercio,* no volvió a mencionar tu artículo.

EDUARDO

Decidió castigar al perverso crítico con un aristocrático desprecio. ¡Ufff! Hizo muy bien, por supuesto. Me imagino que no volvería a asistir a mis clases.

RUBÉN

Nunca más.

EDUARDO

¿Dejó de leer mis artículos?

RUBÉN

Si los leía, era en secreto. No volvió a hablarme de ellos. Ni a nombrarte.

EDUARDO

¡Qué ingrata discípula! ¡Qué lectora voluble!

RUBÉN

Se consiguió un trabajo, para ayudar a su madre, una viuda que vive bastante ajustada. Ese detalle parece de telenovela, en efecto. Pero, así fue.

EDUARDO

¿Qué clase de trabajo?

RUBÉN

Secretaria, en un estudio de arquitectos. Ocho horas diarias y bastante bien pagado.

EDUARDO
¿De qué se queja, entonces? Le ha ido mejor que al noventa por ciento de pintores de este mundo, que ladran de hambre y tienen un nivel de vida de barrenderos. Si hubiera insistido en pintar, no hubiera vendido un solo cuadro.

RUBÉN
Vendió uno, en esa, su primera y última, exposición.

EDUARDO
¿No lo comprarías tú, por casualidad?

RUBÉN
Sí, yo lo compré. Sin que ella lo supiera. Es el único que sobrevive, de todos los que pintó. Los demás los destruyó.

EDUARDO
¡Qué atentado contra el patrimonio artístico de la humanidad! ¿Qué más? ¿Cómo continuó esa existencia malograda por las quinientas palabras de mi crítica?

RUBÉN
Dentro de una aburrida mediocridad.

EDUARDO
La vida de la inmensa mayoría. De millones, de billones de personas. Tú y yo, entre ellas. ¿No están nuestros pulmones llenos de la sofocante mediocridad que respiran las cuatro quintas partes del género humano?

RUBÉN
Por tu culpa, Alicia perdió lo mejor que tenía. No eran sus ojos, sino su entusiasmo. Yo me enamoré de ella por eso. Por su alegría de vivir, por su manera de exaltarse con todo lo que hacía, aun las tonterías, como si fuera lo más maravilloso del mundo.

EDUARDO
¿Mis conferencias, por ejemplo?

RUBÉN
Por ejemplo. Y tus clases y artículos, también. Pero, sobre todo, con la vocación que le hiciste creer que tenía, con ese talento que, según tú, se podía construir como una casa.

EDUARDO
Bueno, si yo se lo inculqué, ese entusiasmo era mío. Tenía derecho a quitárselo.

RUBÉN
No tenías derecho a arrebatarle lo que la hacía vivir. A convertirla en una zombie, en un cuadro abstracto de Piet Mondrian.

EDUARDO
¿Quieres saber una cosa? Nunca me imaginé que mis artículos produjeran cataclismos. Tampoco me imaginé que un oficial de la Naval fuera tan estúpido como tú. ¿Por qué no te casas con ella? Llévala al altar, ponle

una casa y hazle unos cuantos hijos. Nada como la vida doméstica para quitarle de la cabeza a una mujer las veleidades artísticas.

RUBÉN

Lo intenté. Pero sin éxito. Porque ésa fue otra consecuencia de tu famosísimo artículo de ¿quinientas palabras, dijiste? Menos, me pareció. No más de una página a máquina, a doble espacio. Sí: de la noche a la mañana, Alicia me mandó de paseo, a freír monos. Pero ¿qué dices? ¿Qué estás diciendo?

VII. RUPTURA DE NOVIOS

ALICIA
No me lo hagas más difícil, Rubén, te lo ruego.

RUBÉN
Pero ¿te has vuelto loca? ¿Qué significa esto? ¿Vamos a terminar así, sin ninguna explicación?

ALICIA
Te estoy dando una explicación.

RUBÉN
¿Decirme que lo nuestro se ha acabado es una explicación? Dime por qué. ¿Te he hecho algo, acaso?

ALICIA
No me has hecho nada. Siempre te has portado bien conmigo.

RUBÉN
¿Y, entonces? Ya no me puedes venir con que somos incompatibles, ¿no? Con que tenemos gustos y vocaciones diferentes, ¿no?

ALICIA
Nunca dije nada de eso.

RUBÉN

No lo decías pero lo pensabas. Por eso tenías tantas dudas y aplazabas una y otra vez la fecha de la boda. Creías que, casada con un marino, peligraría tu vocación de pintora.

ALICIA

Basta ya, Rubén. No discutamos. Separémonos como buenos amigos.

RUBÉN

Yo no quiero ser tu amigo. Yo estoy enamorado de ti. Yo te quiero. Yo sueño con que seas mi mujer. Siempre he tratado de amoldarme a tus gustos, aunque a veces me costaba. ¿Alguna vez me opuse a que fueras una artista, a que te dedicaras a pintar? Nunca te prohibí nada, ni siquiera ir a esos talleres asquerosos donde posaban hombres desnudos.

EDUARDO

(Riéndose a carcajadas.) ¿Sufrías como un perro con sarna imaginando a tu noviecita viendo pichulas, testículos y pubis que no eran los tuyos? ¡Jajajajá!

RUBÉN

Yo no tengo la culpa de lo que te pasó, Alicia. ¿Tengo yo la culpa de que a ese marica imbécil de Eduardo Zanelli no le gustara tu exposición en Trapecio?

EDUARDO

(Siempre riéndose.) ¿Marica imbécil? ¿Así me llamabas, marinerito?

ALICIA
¿Quién se acuerda de eso ahora, Rubén?

RUBÉN
Tú. Y con lujo de detalles. No dejas de pensar en eso ni un día, ni un minuto. Todo lo que haces desde entonces es por culpa del maldito artículo de ese rosquete. Por eso dejaste de pintar. Por eso rompiste tus cuadros. Por eso has cambiado tanto. Por eso no te has vuelto a reír ni a interesarte en nada. Y por eso quieres ahora pelear conmigo.

ALICIA
No sé de qué estás hablando, Rubén. Te he pedido que terminemos por una razón mucho más sencilla: porque no estoy enamorada de ti.

RUBÉN
¿Ah, no lo estás? Pero, antes, lo estabas. Todos esos años que hemos estado juntos, me querías, ¿no es cierto? ¿Se puede saber qué hizo que te desenamoraras de mí?

ALICIA
No lo sé, esas cosas no se pueden explicar. Pero ahora no estoy enamorada de ti y no quiero engañarte. No hagas esto más difícil, Rubén. Por favor, por favor. Quedemos como buenos amigos, te lo ruego.

EDUARDO
¿Lloraste? ¿Imploraste? ¿Caíste de rodillas a sus pies para que no te despidiera?

RUBÉN
Reaccioné como una bestia herida. Yo te voy a decir por qué dejaste de quererme, por qué has decidido romper conmigo. Porque, desde lo que te pasó, te has vuelto una amargada, una resentida.

ALICIA
Es mejor que terminemos esta conversación de una vez, Rubén.

RUBÉN
No te gusta oírlo, pero es la verdad. Eso es lo que te has vuelto, desde que tu ídolo, tu maestro, hizo trizas tu exposición. Y por tu manera de ser tan retorcida me haces pagar a mí el que a ese tipo no le gustaran tus cuadros y que dejaras de pintar.

ALICIA
Nunca me creí una pintora. Fue una tontería, una ventolera de la que ni siquiera me acuerdo. Te ruego que ahora te vayas, Rubén. Y no me llames ni me busques, por favor.

RUBÉN
¿Te has enamorado de alguien? ¿Por eso rompes conmigo?

EDUARDO
¿Sabes que esta historia me está interesando, buen mozo? Sigue, sigue.

ALICIA
Hasta luego, Rubén.

EDUARDO
¿Había un tercero? ¿Un amante secreto te había reemplazado en su corazón?

RUBÉN
Lo pensé, al principio. Esa ruptura tan de repente, tan inesperada, me hizo sospechar. Pero no, no había ningún otro. Me lo ha jurado su madre, a la que apenó mucho que Alicia peleara conmigo.

EDUARDO
La viuda mesocrática soñaba con que su hija se casara con el apuesto marinerito, en una fiesta llena de capitanes de fragata, de capitanes de navío y de almirantes en uniforme de parada. Bueno, y si no había ningún otro, ¿por qué te largó?

RUBÉN
Era una prueba de amor.

EDUARDO
Caramba. Tienes que presentarme a esa criatura. La Alicia de tu cuento parece más original que sus cuadros.

RUBÉN
Todo era parte de un plan. Algo muy bien pensado. Ella me seguía queriendo. Pero no era un gran amor, no

era una pasión. No se parecía ni remotamente a lo que había significado para ella la pintura. O tú.

EDUARDO

(Riéndose, de nuevo.) ¿No te das cuenta de lo ridículo que es eso que dices? ¿Cómo podía haber significado yo tanto para una chica con la que nunca conversé?

RUBÉN

Es ridículo, efectivamente. Es estúpido. Es absurdo. No tiene pies ni cabeza. Pero, es la verdad, también. Tú llegaste a ser para Alicia la persona más importante del mundo. Más que la pintura, incluso. Su razón de vivir. Suena falso, suena a telenovela, ya lo sé. Pero fue así. Por eso no puedo perdonarte lo que le hiciste. Y lo que, de paso, me hiciste a mí. Por eso estoy aquí, maestro Eduardo Zanelli. Y es por eso que voy a matarte.

VIII. RATA ASUSTADA

Largo silencio, en el que se va insinuando la respiración ansiosa del crítico de arte.

EDUARDO
En ese caso, voy a tomarme el último whisky. Triple y puro, porque se me acaba de quitar la borrachera. Y a repetir el disco de Mahler. No está mal como música de fondo para una ceremonia fúnebre.

Se escuchan sus pasos, lentos; sus manos, torpes, abriendo la botella, echando el licor y los cubos de hielo en el vaso. Y, finalmente, reponiendo el disco de Mahler.

RUBÉN
Sería inútil que te echaras a correr hacia la puerta. Tan inútil como un ataque preventivo. Por ejemplo, que trataras de golpearme con esa escultura de metal.

EDUARDO
No es metal, sino greda pintada. No estropearía esa linda reproducción del *Mercurio* de Juan de Bolonia en tu cabezota llena de odio y aserrín. Mi sentido del ridículo no me permite hacer esas cosas, marinerito. Tampoco podría. Tengo mucho miedo. Me tiemblan demasiado las manos y las piernas.

RUBÉN
Pero, puedes echarte por la ventana, eso sí. ¿Estamos en el décimo, no? Si prefieres morir apachurrado contra el asfalto, no tengo inconveniente.

Larga pausa.

EDUARDO
¿Cómo me vas a matar?

RUBÉN
Con este revólver. No tiene silenciador, como ves. Pero no importa. Gracias a la música de Mahler, el tiro no se oirá.

EDUARDO
(Luego de otra larga pausa.) ¿No te importa ir a la cárcel? Tarde o temprano, te pescarán. No hay crimen perfecto.

RUBÉN
Tu ejecución de la joven pintora Alicia Zúñiga fue un crimen perfecto.

EDUARDO
Todos los imbéciles del *vernissage* te vieron conversando conmigo.

RUBÉN
Pero ninguno nos vio salir juntos. Tú te encargaste de eso, gracias a tu sentido del ridículo. Tomaste tus pre-

cauciones para que nadie oyera que me invitabas a tomar una copa. ¿No te acuerdas? Me pediste que nos encontráramos en la calle, en la esquina del Banco Continental, con el pretexto de que tenías que sacar tu auto del *parking*. No querías que notaran que te levantabas un plancito. Y, en efecto, nadie nos vio. También hiciste lo necesario para que no nos vieran entrando a este edificio, no fuera que los vecinos se enteraran de que el periodista del décimo se había traído su amiguito. Por eso, metiste el auto en el sótano y subimos por el ascensor de servicio. Así que aquí tampoco nos vio nadie. ¿No fue así?

EDUARDO

Sí, así fue.

RUBÉN

Caíste como un manso corderito, Eduardo Zanelli.

EDUARDO

Como un manso corderito.

RUBÉN

Además de manos y piernas, te tiembla la voz, también.

EDUARDO

Es porque se me ha quitado la borrachera, ya te lo he dicho. Siento un río helado bajándome por la espalda. Y mi imaginación chisporrotea como una hoguera.

RUBÉN

Porque estás muerto de miedo.

EDUARDO

¡Al revés, idiota! Estoy muerto de miedo porque mi imaginación chisporrotea como una hoguera. *(Larga pausa.)* ¿De veras me vas a matar? Ya sé que es una pregunta estúpida.

RUBÉN

Sí: es una pregunta estúpida.

Larga pausa.

EDUARDO

Soy tan cobarde, tengo tanto miedo en este momento que...

RUBÉN

¿Que qué?

EDUARDO

Que estaría dispuesto a hacer cualquier cosa para que cambies de idea.

RUBÉN

¿Ofrecerme dinero? Pero si eres un muerto de hambre, Zanelli.

EDUARDO

Un hombre puede rectificar sus errores. Puedo ir a ver a Alicia, por ejemplo. Pedirle perdón por esa burla de mal gusto, por esa broma idiota con sus ojos y sus cuadros. Puedo ganarme su amistad. Animarla a que vuelva a pintar. Puedo guiarla en su carrera artística. Puedo comprometerme contigo, sin que ella lo sepa, a hacerla triunfar. En Lima, eso es fácil para mí. Mis opiniones sobre arte son seguidas y respetadas por el puñado de imbéciles que van a exposiciones y compran cuadros. Por coleccionistas, nuevos ricos, viejos ricos, por todos los que quieren sentirse cultos, por los que quieren formar parte de la elite. Puedo hacer que todos ellos compren sus cuadros. Yo puedo hacer que Alicia triunfe como artista, te lo juro. ¿De qué te ríes, hijo de puta?

RUBÉN
Me río, porque por fin entiendo eso de «como una rata asustada». Eso es lo que pareces ahora, Zanelli.

EDUARDO
No lo parezco. Eso es lo que soy en este momento. Una rata asustada. ¿Crees que me resigno a morir? ¿Qué dices de mi oferta? ¿No quieres que la ayude? Le devolveré el entusiasmo, esa alegría de vivir por la que te enamoraste de ella.

RUBÉN
¿Cómo sé que, apenas salga de aquí, no irás a la policía a denunciarme?

EDUARDO
Te firmaré una carta.

RUBÉN

¿Tendría validez legal un papel arrancado bajo la amenaza de un revólver?

EDUARDO

Dime tú qué constancia quieres y te la daré. Lo que sea. A mí no se me ocurre nada. Tengo miedo y el miedo me deja vacío de ideas. Te juro por lo más santo que cumpliré.

RUBÉN

Pero si tú no crees en nada, si tú eres un cínico.

EDUARDO

Te lo juro por el miedo que tengo. En eso sí creo. Además, escúchame bien. No es sólo el miedo. Te doy mi palabra de que esto es cierto. Lo que me has contado de Alicia me ha apenado. De veras, te lo digo de veras. Un crítico escribe a veces sin medir las consecuencias de sus opiniones, de sus juicios. Así ocurre cuando se escribe por obligación, todos los días, para llenar una columna. Con Alicia pude equivocarme, exagerar. Lo reconozco. ¿Crees que me gusta saber que arruiné la carrera de una muchacha que tenía tanta fe en mí? Esos desplantes que me oíste eran poses. Para disimular mi malestar, mi incomodidad. No soy un cínico ni un malvado. Sólo un farsante. Un frustrado. Artística, intelectual y sexualmente. Eso es lo que soy, nada más que eso. Y me vengo en los pobres pintores, en las pintoras como Alicia. Les hago pagar mi mediocridad, sentenciando que ellos son también mediocres. Dame una oportunidad de redimirme por lo menos con la chica que quieres. Yo encontraré una manera de hacerlo que parezca natural. Ella no se dará cuenta. Le iré devolviendo la confianza, iré atizando las cenizas de su amor por la pintura hasta que su vocación eche llamas de nuevo.

RUBÉN

«Iré atizando las cenizas de su amor por la pintura, hasta que su vocación eche llamas de nuevo.» ¡Qué bonito! Eres un poeta, Eduardo Zanelli. Sé que mientes. Aun así, si hubiera habido una sola posibilidad, una entre un millón, de que fuera cierto, habría aceptado. Lástima que no se me ocurriera antes. Ahora ya es tarde. No puedes resucitarla.

EDUARDO

¿Alicia está muerta?

RUBÉN

Ejecutada. Ya sabes por quién. *(Pausa.)* ¿Se te está ocurriendo lanzarte sobre mí, a ver si puedes dominarme? Sí, se te acaba de pasar por la cabeza, lo leí en tus ojos. Pero no te atreviste. Mejor, así podré contarte el final de la historia. Hace un mes, exactamente, cuando pensaba que nunca más sabría nada de Alicia, recibí esta carta suya. Léela, léela.

IX. RAREZAS

ALICIA

Te sorprenderá mucho recibir esta carta, querido Rubén. Después de tanto tiempo sin vernos ni saber nada uno del otro. ¿Como dos años, no? ¿Todavía estás enojado conmigo? Lo estabas, y mucho, la tarde en que rompimos. Y, por supuesto, tenías toda la razón del mundo. Me porté muy mal contigo, peleando así, de la noche a la mañana, sin que hubiera pasado nada, sin que hubiéramos tenido una discusión, ni nada de nada. Creías que me había enamorado de otro; mi mamá me contó que viniste varias veces a tratar de sonsacarle la verdad. No, Rubén, no había ningún otro. Tampoco lo ha habido en estos dos años. Ni lo habrá en el futuro. Tú has sido el único hombre en mi vida. El único enamorado en serio que he tenido. Esos chicos de los años de colegio eran juegos, coqueteos sin importancia. A ti sí te he querido y siempre recuerdo con ternura muchas de las experiencias que pasamos juntos. Y, la verdad, te confieso que, en estos dos años, de cuando en cuando, me remordía la conciencia haber roto contigo de esa manera tan brusca. Pero, es que no me podía casar, Rubén. Pese a quererte, no me sentía con ánimos, con el espíritu que hace falta para tener una vida familiar, dirigir una casa, criar niños, ocuparme de mi marido, en fin, todas esas cosas que tú esperabas de mí. Todas esas cosas que te dará tu mujer, cuando te cases. Yo sé que ése es el sueño de todas las chicas, que lo que más las asusta en la vida es quedarse para vestir santos, como dicen. A mí, en cambio, casarme no me hizo nunca ilusión; al contrario, el matrimonio me dio siempre espanto. Yo no hubiera podido ser una buena esposa, una mujer que ayudara a su marido en su carrera, que le tuviera la casa como una tacita de té. ¿Eso es lo que tú ambicionabas, no? A mí la sola idea de ser la esposa y la mamá modelo me deprimía, Rubén. Así como lo oyes. Ya sé que esto te parecerá otra de mis rarezas. Pero una es como es y no hay nada que hacer, ¿no es cierto? Tal vez por eso me vino la ventolera de ser pintora. Necesitaba algo que justificara mi falta de instinto familiar y maternal. Pero, una no puede creerse artista simplemente porque le repele la idea de ser ama de casa, ¿no, Rubén? Felizmente, el doctor Eduardo Zanelli tuvo la entereza de quitarme la venda de los ojos y me enfrentó a la realidad a tiempo. Si no, más tarde, hubiera sido muchísimo peor.

Bueno, bueno, me he hecho un lío mezclando tantos temas diferentes. Esta carta te parecerá un poco disparatada. Lo cierto es que nunca he sido muy buena escribiendo cartas, por eso te mandaba sólo tarjetitas cuando estabas de guardia y no podías venir a verme.

Te la he escrito sólo para que sepas lo que te decía al principio. Que, aunque rompí contigo, siempre te he querido mucho. Que siempre recuerdo lo bueno que fuiste conmigo y tu generosidad tratando de comprenderme aun en los momentos más difíciles. Así que, si te acuerdas de mí de vez en cuando, no lo hagas con rencor, querido Rubén.

Un beso de Alicia

X. BUENOS ENEMIGOS

EDUARDO

Es una carta melodramática e histérica, en la que, una vez más, se nota la espantosa influencia de las telenovelas.

RUBÉN

Yo sentí una gran alegría cuando la recibí. Creí que era una puerta abierta para la reconciliación. Pero, me equivoqué. Era su testamento, en realidad. ¿Está terminando la sinfonía de Mahler?

EDUARDO

¡No! ¡No! Es una pausa, quedan unos minutos. ¡Quita el dedo del gatillo!

RUBÉN

No dejó ninguna otra carta. Ni a su madre, ni a la policía, ni a nadie. Por eso hubo tantas versiones disparatadas sobre su muerte.

EDUARDO

¿Cómo se mató?

RUBÉN

Se tiró al barranco desde el Malecón, frente al Club Regatas, en Chorrillos. ¿No leíste los inmundos pasquines? ¿Toda esa pus amarilla que chorrearon sobre su cadáver? Que estaba drogada, que había sido violada y que los violadores la habían arrojado al barranco. Todas las maldades y estupideces del mundo. Pero la autopsia las desmintió: no tenía drogas ni una gota de alcohol en el cuerpo. Tampoco había sido violada. Ella se lanzó al vacío. Porque estaba vacía, porque era un simple cuadradito sin sustancia y sin vida, gracias a ti.

EDUARDO

Yo no soy culpable de su suicidio. Era un ser autodestructivo, sin duda. Por eso abandonó su vocación, por eso te abandonó a ti. ¿No ves que eso que crees no tiene pies ni cabeza?

RUBÉN

No lo creo. Estoy seguro. Ella se tiró al vacío, pero tú la mataste, al destrozar sus ilusiones. Tú la empujaste, para que se hiciera pedazos, en ese muladar donde la encontraron, mordisqueada por las ratas y los perros vagabundos.

EDUARDO

¡Espera! ¡Espera! Saca el dedo de ahí. Espera. ¡Tengo una idea! Te va a gustar, te lo juro. Una idea que le gustaría a ella. Sí, sí, a Alicia le encantaría.

RUBÉN

Puedes hablar sólo mientras haya música. ¿Qué idea?

EDUARDO

La que más podía gustarle: una exposición de desagravio. De todos sus cuadros, dibujos y grabados. En Trapecio, la misma galería donde hizo su exposición. ¿Qué mejor lugar para reparar el daño que le hice?

RUBÉN

¿No te he dicho que destruyó todos sus cuadros?

EDUARDO

No es verdad. No lo hizo. Ésas son cosas que los artistas dicen, pero no las hacen. ¿No tienes tú uno? Te aseguro que hay muchos otros, dispersos por Lima. En la Escuela de Arte, en la galería, donde amigos, donde parientes, donde colegas. Juntos los buscaremos, los reuniremos. La exposición será un gran homenaje a su memoria. Yo la organizaré, yo escribiré el catálogo. Me matarás después, si quieres. ¡Por favor! ¡No, no dispares, Rubén!

RUBÉN

Lo siento, pero se acabó. Arrepiéntete de lo que le hiciste, maricón. *(Cesa la música. En el silencio que sigue, se oye el ruido seco del gatillo del revólver al chocar contra el percutor vacío, entre los gemidos asustados del crítico de arte. No se escucha tiro alguno. Larga pausa, con el castañeteo de los dientes de Eduardo Zanelli.)* No necesitas seguir de rodillas. Puedes quitarte las manos de la cara, también. Tienes un aspecto totalmente ridículo en esa postura. *(Eduardo se incorpora torpemente con un jadeo ansioso.)*

EDUARDO
(Apenas puede hablar.) ¿Por qué no has disparado?

RUBÉN
He disparado. Pero el revólver no tenía balas. Pareces decepcionado. ¿Lo estás? ¿Lamentas que no te haya matado? Todavía puedo hacerlo. No necesito el revólver. Unos cuantos puñetes y un par de patadas me bastarían. O un solo golpe de karate. Soy cinturón negro, ¿sabes? A Alicia le daba vergüenza que yo hiciera karate, le parecía cosa de cuadrumanos. También podría levantarte en peso y tirarte por la ventana. Así, antes de hacerte una mazamorra contra el pavimento, sentirías lo que debió sentir ella, al caer.

Pausa.

EDUARDO
¿Cambiaste de opinión en el último momento? ¿O sólo querías humillarme?

RUBÉN
Quería hacerte pasar un mal rato.

EDUARDO
¿Estás satisfecho? Me has visto de rodillas, encogido, implorándote. Me he orinado y creo que hasta se me ha salido la caca, por si quieres saberlo. ¿Sientes que Alicia está vengada? ¿Te sientes contento?

RUBÉN
No. Tampoco lo estaría si te hubiera matado. Lo único que me pondría contento es que ella volviera conmigo. Como eso es imposible, al final, tú ganas.

EDUARDO
¿Te consuela que te diga que yo tampoco estoy contento con mi victoria?

RUBÉN
No me consuela en lo más mínimo.

EDUARDO
¿Te vas a ir, ahora?

RUBÉN
Supongo que no esperas que pase la noche contigo.

EDUARDO
No me disgustaría, desde luego. Pero sería un *fiasco* total, después de este psicodrama. Por lo demás, creo que después de lo que ha pasado esta noche no volveré a tener un deseo erótico en mi vida. No creo que mi libido haya sobrevivido a este susto. La pobre debe de haber quedado exhausta y aniquilada. ¿Quieres un último whisky, de despedida?

RUBÉN
No, gracias. Una última curiosidad. ¿Serás más cuidadoso, en el futuro, con los jóvenes artistas que exponen por primera vez y esperan tu crítica en estado de trance?

EDUARDO

Lo dudo. Es probable que siga siendo intratable con los malos pintores. Eso sí, seré mucho más desconfiado con los jóvenes guapos que me hagan sonrisitas y brindis en los *vernissages*.

RUBÉN

No creo que volvamos a vernos. No voy a exposiciones ni a conferencias de arte. La pintura jamás me interesó, sólo me interesaba en ella por Alicia. Ahora, odio la pintura tanto como te odio a ti. Si por casualidad nos encontramos, no me saludes.

EDUARDO

Entendido, buen mozo.

Los pasos de Rubén, alejándose. Se abre y cierra la puerta de la calle.

TELÓN

Este libro
se terminó de imprimir
en los Talleres Gráficos
de Anzos, S. L.
Fuenlabrada, Madrid (España)
en el mes de enero de 2006